LE DUC DE PERSIGNY

ET LES

DOCTRINES DE L'EMPIRE.

PARIS. — TYPOGRAPHIE DE HENRI PLON, IMPRIMEUR DE L'EMPEREUR,
8. RUE GARANCIÈRE.

DUC DE PERSIGNY

LE DUC DE PERSIGNY

ET LES

DOCTRINES DE L'EMPIRE

PRÉCÉDÉ

D'UNE NOTICE PAR JOSEPH DELAROA.

JE SERS

(Devise de M. le duc de Persigny.)

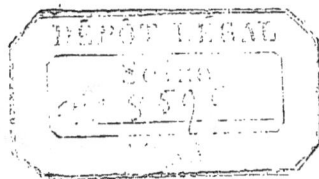

PARIS

HENRI PLON, IMPRIMEUR-ÉDITEUR,

10, RUE GARANCIÈRE.

1865.

AVERTISSEMENT

J'avais préparé ce recueil pour répondre aux vœux de plusieurs de mes compatriotes du Forez, qui sont les amis de M. le duc de Persigny; et, dans leur pensée comme dans la mienne, il ne devait avoir qu'une destination locale.

M. Henri Plon, dont les conseils m'ont conduit à en élargir le cadre, a jugé avec raison que M. le duc de Persigny n'appartient pas exclusivement au département de la Loire, mais qu'il appartient, avant tout, à l'Empire dont il a été successivement le volontaire, le ministre, le publiciste, et dont il est, en ce moment, un des conseillers. Il a exprimé le désir d'éditer cet ouvrage, afin de lui donner la publicité étendue qui convient à son importance.

Les amis de l'Empire ne pourront que lui savoir gré de son intelligente et patriotique initiative.

Paris, le 15 août 1865.

J. DELAROA.

1

AU FOREZ

Notre province, mes chers compatriotes, est comme une famille dont les membres sont solidaires, les intérêts dirigés vers le même but, et les affections confondues dans la même pensée. Cette union, qui est son honneur, s'est manifestée en diverses circonstances ; elle n'a jamais eu plus d'éclat et de force que lorsqu'il s'est agi de rendre hommage au caractère et à la vie publique de M. le duc de Persigny. Toutes les occasions de témoigner vos sentiments à son égard, vous les avez saisies avec joie, non-seulement parce qu'il vous aime, mais aussi parce qu'il est l'ami de l'Empereur et un de ses serviteurs les plus fidèles. Entre les Foréziens illustres, il tient le premier rang, autant par sa position dans l'État que par les services qu'il a rendus à notre pays. Nous nous associons à ses aspirations, à ses pensées, à ses actes ; c'est, pour ainsi dire, un patrimoine commun auquel chacun de nous sent qu'il a sa part d'intérêt et d'avenir. Aussi, chaque fois qu'il se rend dans sa « chère et noble province du Forez, » les populations s'attachent-elles à ses pas, et ses moindres paroles sont-elles fidèlement recueillies, afin qu'aucune des traces de son passage ne soit perdue.

C'est pour répondre à votre désir et par un pieux sentiment d'amitié que M. le vicomte de Vougy, en 1860,
M. le comte de Charpin-Feugerolles, en 1863, et
M. Boullier, maire de la ville de Roanne, en 1864, ont
publié le récit des visites de M. le duc de Persigny dans
notre département.

A leur exemple, et pour compléter leur œuvre, j'ai
voulu réunir non-seulement les divers discours prononcés par notre illustre compatriote, mais encore les principaux actes qui ont marqué son passage aux affaires,
plusieurs documents inédits ou peu connus, et des
extraits de son curieux ouvrage sur la destination des
Pyramides.

Si l'idée de me charger de cette publication ne m'avait
été suggérée que par la reconnaissance toute naturelle
que les bontés affectueuses de M. de Persigny inspirent
à l'un des enfants les plus humbles du Forez, cette idée
me paraîtrait suffisamment justifiée. Mais j'ai été dirigé
par une autre considération. En 1854, le lendemain
de sa première retraite du ministère de l'intérieur, j'ai
publié une biographie de M. de Persigny, avec des détails jusque-là ignorés et des documents particuliers qui
n'étaient pas encore sortis du portefeuille de quelques
amis intimes. Ce travail, en éclairant nettement le passé
de l'homme d'État, contribua à révéler, chose rare pour
ce temps, une existence politique sans suture. Les exis-
tences de ce genre méritent d'être rappelées souvent,
pour servir d'exemple. J'ai donc pensé qu'il serait utile
de reproduire mon ancien travail, et que sa place naturelle était en tête de la publication que j'entreprends.
Seulement, tout en y ajoutant de nouveaux renseignements, j'en ai retranché ceux qui ont cessé d'offrir de
l'intérêt, et je le restreins aux faits qui peuvent donner

la mesure du caractère et de la foi politique de M. le duc de Persigny.

M. le duc de Persigny appartient au Forez par sa naissance et par sa famille [1].

Après avoir fait ses études au collége de Limoges, il entra à l'école de Saumur, en sortit avec le premier numéro, et passa dans le 4ᵉ hussards. Quelques années après, la perspective d'une longue paix l'engagea à quitter le service militaire; et il se trouvait à Paris, occupé de travaux littéraires, lorsque des affaires de famille l'appelèrent en Allemagne. Ce voyage, entrepris dans un but d'intérêt privé, devait exercer une grande influence sur son avenir. En allant à Augsbourg pour recueillir des papiers concernant un parent mort pendant l'émigration, il fit une de ces rencontres char-

[1] Le père de M. le duc de Persigny était receveur des finances ; il appartenait à une famille noble et ancienne, originaire du Dauphiné, qui vint s'établir en Lyonnais, vers le commencement du dix-septième siècle, dans la terre et seigneurie de Beaulieu, près de Lyon (aujourd'hui à M. le marquis de Chaponay), par le mariage de noble Pierre Fialin, seigneur de Beaulieu, avec Ysabeau de Chiel, dame de Beaulieu et de Saint-Symphorien, héritière de sa maison. On les trouve dans des actes nombreux, depuis la première moitié du quinzième siècle, avec toutes les qualifications justificatives d'une position nobiliaire bien établie, et comme seigneurs de Beauregard, Saint-Michel, la Roche, Beaulieu, les Roynauds, Dalmès, Levert, Persigny et du Bois, dans les paroisses de Vif, Grane, Morancé, Cremeaux, Souternon, Saint-Julien d'Oddes, Saint-Paul de Vezelin, Saint-Georges de Barolles, Bussy, en Dauphiné, Lyonnais et Forez. Après plusieurs générations dans la terre de Beaulieu, la famille passa à huit ou dix lieues de là, en Forez, où elle figure à différentes montres et revues du ban et de l'arrière-ban, surtout à la fin du dix-septième siècle. Il est constaté dans l'ouvrage intitulé *Les fiefs du Forez avant* 1789, publié, en 1858, par Dassier de Valenches, que le grand-père de M. de Persigny, en vendant une partie des fiefs dont nous venons de parler, et dont son père percevait les rentes nobles en 1749, se réserva le manoir de Persigny, dans la paroisse de Cremeaux, d'où est venu son surnom.

mantes qui détournent si facilement un jeune homme de
son chemin. Rendez-vous fut pris pour se revoir à
Louisbourg, et il est inutile d'ajouter que M. de Persigny ne songeait pas à y manquer. Il se dirigeait donc
sur cette ville, lorsqu'en rencontrant sur la route une
voiture où se trouvait un jeune homme en costume de
cadet, il vit son cocher agiter son chapeau en l'air en
criant : *Vive Napoléon !* Ce cri au milieu de l'Allemagne
l'étonna, et il en demanda l'explication. Le cocher lui
apprit que ce jeune homme était un neveu de l'Empereur
Napoléon, qui était élevé à l'école militaire.

L'exclamation du cocher allemand fut une révélation
pour M. de Persigny.

Eh quoi! il existe donc encore des membres de la
famille de l'Empereur! La race de César n'est donc pas
éteinte! Auguste vit; il peut reprendre la succession
impériale! Si la mémoire de Napoléon est si vénérée
parmi ces populations étrangères qui ont subi les ravages
de la guerre, elle doit être chère au cœur de la France
dont il a fait la première nation du monde! Le duc de
Reichstadt n'est plus sans doute; mais la tradition napoléonienne n'est pas anéantie; elle peut être renouée par
un autre Napoléon! Il suffira de prononcer ce nom au
peuple, de rappeler les grandes choses auxquelles il est
impérissablement lié, de réveiller, à travers les campagnes, tous ces vieux soldats qui sommeillent sur leur
oreiller de gloire, et qui, au premier signal, se lèveront
comme un seul homme pour rendre témoignage de leur
Empereur; et le jour où le sentiment populaire pourra se
manifester, ce jour-là la dynastie impériale sera rétablie!

Telles sont les pensées qui s'emparèrent violemment
de l'esprit de M. de Persigny et le subjuguèrent. Pendant le reste de la journée, il erra dans le jardin du

palais, en proie à ces nouvelles préoccupations. Et chose
extraordinaire! ce jeune homme, qui venait de faire un
long voyage pour un rendez-vous d'amour, dominé maintenant par une idée puissante, oubliait ce rendez-vous.
Il passa la plus grande partie de la nuit sous un arbre,
dans une sorte d'extase, se représentant dans l'avenir un
Napoléon qui apparaissait au peuple et à l'armée, croyant
voir les masses populaires qui défilaient devant un nouvel Empereur en poussant des acclamations. Et pendant
cette hallucination, ou plutôt cette mystérieuse révélation, des larmes brûlantes inondaient son visage. Le
lendemain, il quittait Louisbourg sans penser à l'objet
qui l'y avait amené. Il avait hâte de rentrer en France
pour se dévouer à la réalisation de son rêve. Et quel
rêve! reconstruire un monde écroulé, ressusciter un
passé qui ne semblait plus appartenir qu'à l'histoire!

Dès ce moment, il étudia l'histoire impériale. La
France et l'Empire, l'autorité la plus forte à côté de la
démocratie la plus féconde, lui semblèrent plus que
jamais inséparables, et dans un élan tout chevaleresque
il s'écria : « Je veux être le Loyola de l'Empire! »
Comme l'action n'est que la logique de la pensée, il se
mit sérieusement à l'œuvre. « Quand j'ai entrepris, —
» a-t-il dit plus tard, — de servir la grande cause qui a
» si heureusement triomphé pour le bonheur et la gloire
» de la France, je ne me suis pas demandé si j'arrive-
» rais par là à la fortune ou à la misère, mais si l'idée
» était bonne pour mon pays, parfaitement résolu, du
» reste, ou à supporter la pauvreté avec résignation, si
» elle devait rester mon lot, ou à accepter la fortune avec
» modestie, si elle devait m'arriver un jour[1]. »

[1] Discours prononcé au comice agricole de Roanne, le 1er septembre
1860.

A cette époque, le duc de Reichstadt était mort, « em-
» portant en apparence dans sa tombe toutes les tradi-
» tions napoléoniennes [1] ; » Louis-Napoléon n'était connu
que par son héroïque conduite à Forli ; le roi Joseph,
héritier légitime de l'Empereur, vivait à Londres avec
le calme, la sagesse et le désintéressement d'un philosophe ancien. Le parti bonapartiste était peu de chose :
c'était un culte plus qu'une idée ; il tenait tout entier
dans le salon de madame la comtesse Regnaud de Saint-
Jean-d'Angély. Suivant l'expression d'un bonapartiste, le
gouvernement de Louis-Philippe « riait au nez de ces
gens-là. » En un mot, le retour de l'Empire n'était pas
même un rêve.

C'est à ce moment, où personne ne s'inquiète encore
de revendiquer l'héritage du grand capitaine, que M. de
Persigny fit paraître la *Revue de l'Occident français*,
pour formuler l'idée impériale, et, s'il était possible, la
restaurer jusque dans sa forme gouvernementale.

Une telle tentative ressemblait à de la témérité, presque à de la folie. En effet, cette initiative était d'autant
plus remarquable qu'elle était isolée ; car, lorsqu'il fonda
cette publication, il agissait sans autre mobile que ses
convictions, sans autre force que sa foi, et n'avait encore de rapports avec aucun des Princes de la famille
impériale.

Cette *Revue* a pour épigraphe ces paroles de Napoléon : « J'ai dessouillé la Révolution, ennobli les peuples
» et raffermi les rois. »

Dans la pensée de l'auteur, c'est moins une publication littéraire qu'un manifeste politique. Il n'écrit pas,
comme un académicien, pour occuper ses loisirs, mais

---

[1] Discours de M. de Persigny au conseil général de la Loire, le 23 août
1858.

pour remplir consciencieusement un devoir; et l'on sent
qu'il préférerait tenir dans sa main tout autre moyen
d'action qu'une plume. Il débute par cette déclaration
qui n'est point, à coup sûr, d'un homme de lettres de
profession : « S'il nous était permis d'agir, nous n'aurions garde de penser à la discussion publique. »

Dès les premières pages, il expose sa pensée en
termes significatifs : « Il n'est pas en Europe un seul
» homme instruit des affaires de son temps, qui n'attende
» une complète rénovation de ce continent. Il semble
» que la voix partie autrefois des régions orientales
» pour annoncer la venue d'un Messie proclame, à cette
» heure, la vaste synthèse politique vers laquelle nous
» avançons chaque jour davantage. A nous donc l'idée
» napoléonienne, suppliciée au rocher de Sainte-Hélène
» dans la personne de son glorieux représentant! En
» cette impériale idée résident la tradition tant cher-
» chée du dix-huitième siècle, la vraie loi du monde
» moderne, et tout le symbole des nationalités occiden-
» tales... Le temps est venu d'annoncer par toute la
» terre européenne cet évangile impérial qui n'a point
» encore eu d'apostolat. Le temps est venu de relever le
» vieux drapeau de l'Empereur, non-seulement l'éten-
» dard de Marengo et d'Austerlitz, mais celui de Burgos
» et de la Moskowa. L'EMPEREUR, TOUT L'EMPEREUR[1] ! »

Chose digne de remarque! M. de Persigny admire,
sans doute, le génie militaire de l'Empereur; son cœur
est ému par le souvenir de tant de batailles immortelles;
mais il admire encore davantage le génie politique qui a
créé des institutions plus étonnantes que ces batailles; il
s'inspire avec enthousiasme de l'esprit et des idées qui

---

[1] *L'Occident français*, Paris, Paul Dupont. Préface, p. VIII.

ont présidé à l'organisation de la société moderne. Il
examine successivement Napoléon relevant la religion
humiliée, dont le rétablissement fut, dit-il, « une véri-
» table conquéte à l'intérieur, » fondant de grandes
familles, créant des points de ralliement populaires,
opérant la fusion des partis, organisant l'instruction
publique, consolidant la propriété, encourageant l'agriculture, le commerce et l'industrie, enfin, concevant et
réalisant un code de lois admirable.

M. de Persigny termine par ces lignes : « Il n'y a pas
» d'autre tradition, en ce moment, pour la France et
» tout l'Occident. Napoléon est une tradition plus féconde
» que tous les comités parlementaires et toutes les écri-
» tures constitutionnelles. En 1815, l'Empereur deman-
» dait vingt ans et deux millions d'hommes pour refaire
» l'Empire détruit par l'invasion. Aujourd'hui, il suffirait
» de deux ans et de nos quatre cent mille hommes au
» pied de paix. »

Il y a, dans ce petit volume, des théories élevées, des
aperçus politiques et économiques qui ne manquent pas
de profondeur. Des pages entières pourraient être citées,
notamment sur la législation civile et l'économie politique, telles que les entendait l'Empereur.

La *Revue de l'Occident français* mettait en lumière le
côté le moins connu et le plus durable de l'époque impériale. C'est une idée sociale, un dogme nouveau, une
religion entière, dont les bonapartistes ne se doutaient
pas. Ils savaient bien l'histoire des guerres de l'Empire ;
ils étaient encore éblouis par le souvenir de ces car-
rousels gigantesques auxquels l'Europe avait assisté,
les armes à la main ; mais nul d'entre eux n'avait songé
à porter l'analyse dans toutes les parties de l'organisme
impérial. On ignorait qu'il pût convenir à nos besoins,

et que la société actuelle ne réaliserait un progrès sérieux qu'en l'adoptant de nouveau.

M. de Persigny se posait en adversaire de la « logo- » machie politique et des bavardages parlementaires, » et il ajoutait : « Jamais l'humanité n'a fait un pas que » par un homme, l'homme de l'œuvre actuelle, parce » que, en effet, il n'y a qu'un homme qui puisse être le » représentant vrai, l'expression active d'une phase hu- » manitaire. Pour empêcher, pour conserver comme » pour détruire, il se peut que des efforts divers s'em- » ploient avec avantage ; mais, pour agir, pour créer, » l'unité est la première condition [1]. »

Ainsi, outre que l'*Occident français* était, à propre- ment parler, une révélation, c'était aussi un appel for- mel au rétablissement du régime impérial.

Faut-il le dire, les chefs du parti ne saisirent point la portée de ce manifeste éloquent qui ouvrait sur l'objet de leur culte une perspective inconnue, et prêtait à leur foi stérile un point d'appui. Il résulte même d'une lettre de M. de Persigny qu'ils furent loin de l'encourager dans son entreprise.

L'*Occident français* ne parut qu'une fois. Néanmoins, cette unique livraison suffit pour éveiller l'attention des princes exilés. Le roi Joseph voulut voir l'auteur. M. de Persigny se rendit à Denham-Place, près de Londres. A peine arrivé, il passa la nuit à composer un long mé- moire sur les moyens de reconstituer le parti impérial ; puis il le discuta pendant plusieurs jours, et finit par convaincre Joseph, qui donna son assentiment aux idées et au plan proposés, et promit, en outre, une somme considérable destinée à leur réalisation. Mais le frère aîné

---

[1] *L'Occident français*, p. 75.

de l'Empereur retira bientôt sa parole : la foi en sa
propre cause avait déjà défailli. A ce propos, M. de Persigny écrivit au secrétaire du Prince : « Je regrette
» beaucoup de n'avoir pu être complétement compris.
» Cela me paraît un grand malheur ; mais quelque
» grand qu'il soit, il ne m'a pas arraché une seule
» larme. »

Si la publication entreprise par M. de Persigny excitait de médiocres sympathies dans le parti bonapartiste,
il trouvait ailleurs des compensations dans « les jeunes
» dévouements qu'il inspirait. » J'en ai la preuve dans
le passage suivant d'une lettre particulière : « J'ai mandé
» auprès de moi un de mes amis, afin de lui donner des
» instructions pour une mission à remplir dans une des
» grandes villes de France..... C'est un jeune homme
» d'une noble famille, qui aura une belle fortune, et
» d'un courage des plus audacieux. Jusqu'ici il n'était
» connu que par des duels brillants, le choix de ses
» chevaux et ses qualités de sportsman. C'est à quoi il
» dépensait sa vie, quand j'ai montré un but à cette
» âme ardente et lui ai donné une direction plus
» élevée..... »

Du reste, sa foi en « l'idée napoléonienne » était si
robuste qu'elle ne pouvait être abattue par aucun échec.
« Il faut me résigner à mes propres forces, — dit-il à un
» de ses amis, — n'importe ! ma volonté n'en sera pas
» ébranlée, car je ne sais pas d'obstacles de la part des
» hommes qui puissent briser mon courage et user ma
» foi. Quand on est indifférent aux jouissances maté-
» rielles et qu'on se moque de la vie sans gloire, on peut
» se dire plus fort que le commun des hommes. Je con-
» tinuerai mon œuvre d'apostolat et *je saurai trouver le*
» *point d'appui d'Archimède.* »

Je n'ai pas dit pourquoi M. de Persigny, malgré son
dévouement actif à la même cause, était si mal apprécié
par les chefs du parti bonapartiste. Il va lui-même,
dans une communication intime, en fournir la raison,
en établissant la différence qui existe entre eux et lui :
« Lorsque je ressentis l'inspiration d'une idée gigan-
» tesque, le hasard m'avait placé tout à fait étranger à
» certaines personnes. Pour arriver jusqu'à elles, je
» n'avais, il est vrai, qu'un pas à faire ; mille aboutis-
» sants se présentaient à moi. Mais j'ai répugné à faire
» la soumission de mes idées. Les chefs n'acceptent
» jamais les hommes nouveaux qu'à cette condition. Or,
» mes idées n'étaient de nature à s'humilier devant per-
» sonne. Je ne suis pas membre du parti bonapartiste ;
» je suis de la religion napoléonienne. Le principe de
» mon dévouement n'est pas seulement dynastique, il
» est religieux. Je ne pouvais donc pas m'enrôler sous le
» drapeau d'un parti. Je n'ai jamais été lié aux Princes
» Bonaparte que je ne connais point. Si je me dévoue à
» eux, c'est en vertu de ma foi. Ils portent en eux, indé-
» pendamment de leurs qualités personnelles, un prin-
» cipe dont ils ne sont pas maîtres, QUI AURA SES CONSÉ-
» QUENCES INÉVITABLES, quelles que soient leurs volon-
» tés..... Du reste, le dogme de ma foi est inconnu des
» bonapartistes, et il ne peut leur être sacrifié. Or, c'est
» ce qui aurait eu lieu, si je fusse arrivé à eux comme
» un inconnu. Il fallait absolument que je fusse placé
» dans une position indépendante. Je me sentais assez
» fort pour, de cette position, leur faire accepter mes
» idées, et, une fois ce résultat obtenu, assez conscien-
» cieux pour obéir aveuglément au chef désigné... Ma
» croyance est un tout complet, et les moyens d'exécu-
» tion s'y lient tellement qu'il est difficile de les en sé-

» parer..... A mon âge, on est toujours mieux organisé
» pour l'obéissance que pour le commandement. Je me
» sens tout le dévouement nécessaire à l'obéissance pas-
» sive que doit exiger un chef, mais à la condition qu'il
» aura la même foi, la même croyance, le même but que
» moi. Si je rencontre ce chef, c'est avec bonheur que je
» me mettrai à ses ordres, et que je lui confierai mes
» moyens, mes ressources... »

Le jeune auteur de *l'Occident français* avait donc ses
idées, son plan, ses moyens d'exécution. Il ne lui manquait que « le point d'appui » nécessaire pour réaliser
ses desseins. La conduite du comte de Survilliers et l'attitude des bonapartistes, loin de le décourager, avaient
imprimé une nouvelle ardeur à sa foi.

C'est qu'au milieu de ses déceptions, l'apôtre napoléonien était soutenu par une idée inflexible. Il savait,
en outre, par suite de renseignements pris sur la famille
impériale, qu'après le roi Joseph et le roi Louis, alors
les chefs de la dynastie, il existait dans l'ordre de l'hérédité un jeune prince qui, par son caractère énergique,
son courage et son esprit éminent, était le véritable chef
de sa race ; et c'est par lui qu'il avait l'espoir d'être enfin
compris.

En effet, pendant que M. de Persigny poursuivait
résolûment une idée dont le premier, en France, il avait
été inspiré, de son côté, Louis-Napoléon Bonaparte, le
neveu de l'Empereur, l'héritier de Napoléon II, était lui-
même plongé dans la même méditation. Il sentait que
c'était sur lui que reposait la tradition de la dynastie
impériale. Mais, depuis la mort du duc de Reichstadt,
tout le monde croyait que la tradition napoléonienne
était ensevelie dans sa tombe. Jusque dans sa société
la plus intime, le nouvel Auguste ne rencontrait per-

sonne à qui il pût confier ses secrètes et hautes pensées. M. de Persigny fut certainement le premier Français qui alla le saluer dans l'exil comme futur Empereur. Louis-Napoléon l'accueillit avec empressement, l'écouta, le comprit.

A partir de ce moment jusqu'aux événements de Strasbourg, l'existence de M. de Persigny fut un mystère pour sa famille et la plupart de ses amis. Il avait rencontré le chef qu'il avait tant cherché, et il lui consacrait son temps, ses forces, son activité. Il lui était enfin possible de tenter l'accomplissement de ses projets; il y travaillait donc de toute l'énergie de ses sentiments, de toute l'ardeur de ses convictions.

Il revint en France. Pendant sept mois environ, il parcourut les grands centres de l'Est, caché sous différents noms, pour faire de la propagande et recruter des partisans. Il regagna Arenemberg, emportant l'espérance que toutes les mesures étaient suffisamment prises pour le succès du grand mouvement qu'il avait préparé de concert avec le prince Louis-Napoléon.

Je ne veux pas raconter ici l'histoire de la tentative de Strasbourg. Il suffit de faire connaître la part qui en revient à M. de Persigny; c'est l'acte d'accusation qui nous l'apprendra. On sait que les documents de cette sorte ne flattent pas un accusé.

« Des six accusés qui, avec Persigny, sont parvenus » jusqu'à ce jour à se soustraire aux recherches de la » justice, Persigny est celui dont la fuite est le plus à » regretter.

» Dévoué depuis longtemps aux intérêts de Louis » Bonaparte, actif, intelligent, homme de tête et de » résolution, il possédait mieux que personne le secret » des ressorts sur lesquels reposait la conspiration.

» Présent dans tous les lieux où il s'agissait soit d'ac-
» tiver le complot, soit de gagner des adhérents, la preuve
» de son concours ressort de tous les documents; elle se
» rattache à la preuve de la culpabilité de chacun des
» conjurés, et il arrive que la tâche que l'accusation a
» dans ce moment à remplir à son égard est en quelque
» sorte terminée....

» Plus tard la justice a été saisie d'une pièce trouvée
» dans un habit de Persigny, et écrite de sa main; elle
» renferme le plan que l'on aurait suivi dans le cas où le
» mouvement aurait réussi.... »

Cette pièce tend à montrer que c'est M. de Persigny,
investi de la confiance du Prince, qui correspondait avec
les chefs secondaires; qu'il était le centre de l'unité d'action; en un mot, qu'il avait été l'âme de l'entreprise
préparée par ses soins et peut-être d'après ses plans.

M. de Persigny, qui avait été arrêté, parvint à
s'échapper des mains de la gendarmerie. A peine fut-il
en liberté qu'il regretta de ne pas partager le sort de son
noble chef. Il voulut se constituer prisonnier : le Prince
le lui fit défendre.

Son séjour à Strasbourg ne pouvant se prolonger
impunément, il gagna le grand-duché de Bade. Là, il
fut traqué par la police locale, qui avait ordre de le
livrer aux autorités françaises. Il erra plusieurs jours
dans les montagnes de la Forêt-Noire, par des chemins
inconnus, à travers des pays dont il ignorait la langue,
jusqu'à ce qu'il apprit la grâce accordée à Louis-
Napoléon.

Rassuré sur ce point, il partit pour la Suisse, séjourna
un mois environ à Arenemberg; puis reprenant la route
de l'Allemagne, il passa en Angleterre.

M. de Persigny voulant justifier l'entreprise de Stras-

bourg, en publia un compte rendu où l'on remarque
ces passages : « Le prince Louis-Napoléon (après l'établissement de la monarchie de juillet) comprit qu'il n'y
» avait plus de patrie pour sa famille, tant que la voix
» du peuple ne serait pas consultée. Déjà frappé de cette
» communauté d'intérêts, de gloire, de prospérité et de
» revers qui exista entre le peuple français et la dynastie
» impériale, il le fut encore plus vivement de cette com-
» munauté nouvelle qui ne lui assurait une patrie que
» dans le triomphe de la cause populaire. Il se demanda
» si, lui aussi, il n'avait pas de devoirs à remplir envers
» le peuple français; si, héritier du plus grand nom des
» temps modernes, il ne devait pas faire servir le prestige
» de ce nom à replacer la nation dans l'exercice de ses
» droits légitimes.... Si la France se montre satisfaite du
» régime actuel, si la paix intérieure se consolide sous la
» dynastie d'Orléans, le prince Napoléon s'est trompé.
» Mais si le mécontentement des partis, si ces mouve-
» ments partiels et répétés, précurseurs d'une révolution,
» continuent à éclater, on regrettera que le succès n'ait
» pas couronné l'entreprise d'un prince dont le noble
» caractère et le nom populaire assuraient à la France
» l'ordre, la gloire et la liberté[1]. »

Le plus grand mal qu'on puisse dire de cette tentative
impérialiste, c'est qu'elle ne réussit pas. D'après des
témoins honorables, que la différence d'opinion ne permet pas de suspecter, M. de Persigny a eu raison de dire :
«Ce n'est ni un général, ni un aide de camp, ni un colo-
» nel qui fit manquer cette expédition : c'est la fatalité[2]!»

Il en est un peu de la foi à une idée comme de l'amour :

---

[1] *Relation de l'entreprise du prince Napoléon-Louis et motifs qui l'ont
déterminée.* (Londres.)
[2] *Ibid.*

l'homme qui en a le cœur pénétré puise toujours une
énergie nouvelle dans l'insuccés même de ses entreprises.
M. de Persigny a beau attribuer à la fatalité la défaite
de Strasbourg : il espère la vaincre à force de courage et
de persévérance. Il écrit de Londres : « ... Je suis et
» serai toujours le même : *impavidum ferient ruinœ.*
» Lorsque le demi-dieu de notre siècle a été cloué, comme
» Prométhée, sur un affreux rocher, pour y expier sa
» gloire, de quoi pourrai-je me plaindre? La pensée de
» son long supplice ne me quitte jamais, parce qu'elle me
» donne la force de tout supporter. Quand j'ai commencé
» à vivre dans la foi de ce grand homme, je me suis pré-
» paré à tout. Il n'y a pas de tourment, il n'y a pas de
» douleur, de quelque genre que ce puisse être, qui
» m'étonnera. Rien donc ne saurait m'abattre. Tôt ou
» TARD, NOUS METTRONS LE PIED SUR LA TRACE DU GÉANT. »

Le parti bonapartiste, à Paris, qui aurait volontiers
profité de la victoire, n'approuvait pas l'expédition,
après qu'elle eut échoué. Je l'ai déjà dit, il adorait le
passé plus qu'il ne croyait à l'avenir. Il se livrait à des
récriminations amères jusqu'à l'injustice, surtout depuis
que les débats judiciaires avaient révélé la coopé-
ration de ce jeune homme qu'il avait si froidement
accueilli. M. de Persigny jouissait de toute la confiance
du Prince; de plus, on le savait capable d'essayer
indéfiniment, jusqu'à concurrence de sa vie, tous les
moyens qui pourraient faire triompher la cause impériale. On s'entendit donc tout naturellement pour le
perdre dans l'esprit de Louis-Napoléon. Des recherches
furent faites sur sa famille; son nom fut contesté, son
caractère abaissé, son désintéressement traité de calcul, son ambition mise au niveau de celle d'un intri-
gant. Un représentant du parti fut délégué auprès du

Prince pour lui exposer, en ce qui concernait M. de Persigny, le résultat de toutes les investigations auxquelles s'était livré le zèle exagéré des bonapartistes. Le Prince écouta tranquillement ce singulier réquisitoire. « On ne » me croit donc pas capable, — répondit-il, — d'appré- » cier un homme ! » Comme le député insistait, en fai- sant observer qu'il serait, tout au moins, prudent de se tenir sur la réserve vis-à-vis de M. de Persigny, et de soumettre son dévouement à une sorte de quarantaine, le Prince ajouta simplement : « Mon cher, on n'éprouve » pas ses amis ! »

M. de Persigny, ayant eu connaissance de cette mis- sion extraordinaire, versa des larmes ! Le Prince, lui prenant la main en souriant, la mit dans celle de l'en- voyé bonapartiste. En effet, comment aurait-il pu sacri- fier à une réclamation équivoque un serviteur d'une fidélité déjà éprouvée, doué de l'esprit de suite et d'ini- tiative, et qui, mieux que personne, avait compris la grandeur morale et l'avenir politique de l'idée napoléo- nienne ?

L'expédition de Boulogne mit de nouveau en relief le caractère de M. de Persigny. A peine arrivés dans cette ville, les insurgés furent repoussés et dispersés. Le Prince, avec cinq de ses amis, se jeta dans un canot ; la garde nationale fit feu ; l'un d'eux fut tué, un autre blessé, et l'embarcation chavira.

Le Prince et M. de Persigny, qui s'étaient mis à la nage, exposés pendant plusieurs minutes à une grêle de balles, furent bientôt arrêtés en mer et conduits au château de Boulogne, d'où quelques jours après Louis- Napoléon fut dirigé à Paris. Il y eut une scène touchante dans la cour de la prison, au moment où Son Altesse Im- périale montait en voiture. La cour de la prison était rem-

plie de soldats ; les prisonniers, vivement émus, étaient
aux fenêtres, lorsque, au milieu d'un silence pénible, la
voix de M. de Persigny se fit entendre : «Allez, Prince !
» — s'écria-t-il, — ne craignez rien ! l'ombre de l'Em-
» pereur vous protége. Vous triompherez de vos enne-
» mis ! » Au mois de juillet 1854, le prince Louis-Napoléon revenait comme Empereur à Boulogne ; il visitait
la prison où il avait été détenu, et arrivé dans la cour,
au milieu d'une nombreuse assistance, il rappelait à
l'Impératrice les paroles prophétiques de M. de Persigny,
en lui montrant la fenêtre d'où elles avaient été prononcées.

Voyons maintenant quelle fut l'attitude de M. de Persigny dans le procès qui s'ouvrit devant la cour des Pairs.

L'organe du ministère public affirme « qu'il a pris à
» ce complot une des parts les plus ardentes et les plus
» obstinément coupables. » Il faut le croire !

Est-ce à dire que M. de Persigny vise à s'attribuer la
gloire de chef de parti et qu'il manifeste la velléité de
se poser comme un homme important ? Non. Et, sans
vouloir repousser la responsabilité qui peut lui incomber,
il répondra : « Je n'avais qu'à obéir. J'appartiens au
» Prince, je suis son soldat ; je lui ai obéi en tout ce
» qu'il m'a commandé. » Le chancelier insistant, il
coupe court à toutes ses questions par ces mots : « Je
» n'ai rien de plus à dire, j'ai apporté ma tête ici. »

En suivant la fortune du neveu de l'Empereur, M. de
Persigny était préparé à toutes les éventualités qui pourraient l'atteindre personnellement. Le président de la
cour des Pairs lui ayant accordé la parole pour se défendre, il oublia son propre intérêt pour s'occuper exclusivement de la cause dont il s'était fait le champion. Il
ne voulut profiter de l'heure de liberté qui lui était

laissée que pour glorifier encore une fois publiquement,
solennellement, l'idée à laquelle il s'était dévoué corps
et âme. Mais le chancelier l'empêcha de terminer sa
défense.

M. de Persigny fut condamné à vingt ans de détention, et enfermé dans la citadelle de Doullens.

L'avenir est à ceux qui savent attendre dans la paix
de leur conscience et la force de leurs idées. Je ne sais
pas de plus noble conspiration contre l'adversité que la
résignation du courage et le travail dans la confiance de
l'avenir.

Pendant leur captivité, Louis-Napoléon et ses amis,
toujours fermes dans leurs espérances, remplis de cette
patience calme qui est souvent l'instinct d'une destinée
meilleure, persuadés qu'ils ne s'étaient trompés que de
date, se consolaient des rigueurs momentanées de la
fortune par les plus sérieuses études. C'est du fond de
cette retraite qu'est sorti le livre de M. de Persigny sur
les Pyramides [1].

Comme le titre l'indique, cet ouvrage a pour but de
rechercher la véritable destination de ces monuments,
et de prouver qu'ils ont été construits pour opposer une
digue insurmontable aux irruptions du désert.

Pour arriver à la solution du problème qu'il s'était
posé, M. de Persigny a tour à tour invoqué l'histoire,
la géographie, l'archéologie, la géométrie, la mécanique,
l'aérostatique, la météorologie ; il a consulté tous les
documents relatifs à l'Égypte, depuis Hérodote jusqu'à
Champollion-Figeac ; il a pesé toutes les assertions ; il a

---

[1] *De la destination et de l'utilité permanente des Pyramides d'Égypte
et de Nubie contre les irruptions sablonneuses du désert,* par M. Fialin
de Persigny. Paris, chez Paulin. — Le lecteur trouvera plus loin des
extraits de ce travail.

discuté tous les faits ; il s'est livré à de hautes considérations tirées de la politique et de la religion ; enfin, il a
présenté des preuves morales et des preuves mathéma-
matiques du problème.

Avant de publier son livre, M. de Persigny l'avait
adressé sous la forme d'un mémoire à l'Académie des
sciences, qui avait nommé une commission de cinq
membres pour l'examiner. En le présentant à la savante compagnie, M. Arago avait implicitement donné
son approbation en ces termes : « Les Pyramides ont
» l'emplacement, les dimensions et l'orientation pour
» représenter les aiguilles d'un barrage unique [1]. » C'est
là toute la thèse soutenue dans le livre.

M. de Persigny, qui était resté détenu jusqu'à la Révolution de 1848, fut un des premiers à se réjouir de voir
la nation, par l'établissement du suffrage universel, mise
en possession du droit de se donner un gouvernement.
Lui et ses amis jetèrent aussitôt en avant le nom de
Napoléon. A peine ce nom fut-il prononcé, qu'il devint
une espérance et un signe de ralliement. M. de Persigny,
soupçonné de provoquer des sympathies en faveur de
l'héritier de l'Empereur, fut arrêté par les ordres du
gouvernement provisoire et enfermé à la Conciergerie,
où il se trouvait encore pendant les sanglantes journées
de juin. Mais bientôt le 10 décembre réalisa le rêve qui
avait occupé sa vie.

Depuis l'avénement du prince Louis-Napoléon à la Présidence de la République jusqu'à l'ouverture de l'Assemblée législative, M. de Persigny ne fut investi d'aucune
fonction officielle. Il se contenta de rester l'ami et le
conseiller intime du chef de l'État.

---

[1] *Procès-verbaux de l'Académie des sciences.*

Aux élections générales de 1849, il fut nommé représentant du peuple par les départements de la Loire et
du Nord.

On sait quelle fut la participation active des fonctionnaires publics à l'élection présidentielle. Choisis par le
général Cavaignac, ils soutinrent tout naturellement sa
candidature. Mais, cette fois, l'opinion du pays se trouva
en désaccord éclatant avec les agents de l'administration.

Après l'installation du Prince Président, la première
question qui se présenta fut donc celle de savoir si les
fonctionnaires supérieurs des départements seraient ou
révoqués, ou maintenus, ou bien déplacés. Un document
particulier, publié plus loin, nous apprend comment
M. de Persigny était d'avis qu'on la résolût. La politique
développée à ce sujet était tout à fait élémentaire ; sa
simplicité en faisait l'habileté. Elle était doublement
sage, en ce sens qu'elle était prudente et ne froissait
personne. En outre, elle présentait un avantage moral
dont on aurait dû tenir compte, c'était de dégager la situation des fonctionnaires, en ôtant à leur conduite passée
l'apparence d'une défection scandaleuse, et à leur dévouement pour le gouvernement nouveau l'apparence
d'un concours équivoque.

Mais les amis du lendemain se préoccupaient de bien
autre chose ! Le crédit de M. de Persigny les gênait; ils
essayèrent de le ruiner à force de zèle et de calomnies.
Ils ne pouvaient pas rendre suspect son attachement au
Prince : ils prirent la difficulté de biais. On lui attribua
des discours qu'il n'avait pas tenus, des opinions qui
n'étaient pas les siennes. Il fut représenté comme un
homme absolu, exclusif, extravagant même dans les
desseins qu'on lui prêtait, et qui mettait une persistance
satanique à suggérer des folies.

Après avoir été débités dans les journaux et colportés à travers les couloirs de l'Assemblée, ces propos eurent les honneurs de la tribune. On se souvient des « passions » détestables » dénoncées par M. Odilon Barrot. M. de Persigny aurait pu opposer pour sa défense les principes qu'il avait toujours professés ; il s'était borné, un jour, au plus fort de la lutte, à dire de ses adversaires : « Ils » me poursuivent? J'ai un bon moyen de les réduire à » l'impuissance : c'est de les laisser faire! » Il avait raison. Néanmoins, le Prince Président, voulant ôter tout prétexte à une hostilité qui devenait excessive, envoya M. de Persigny en ambassade à Berlin, et ouvrit ainsi une nouvelle carrière à son activité.

Mais bientôt les partis allaient rendre nécessaire le coup d'État du 2 décembre.

La lutte entre le Président et l'Assemblée était, en effet, flagrante, la guerre civile près d'éclater, la conciliation désormais impossible : le coup d'État était légitime.

Parmi les conseillers de cette haute mesure qui devait mettre un terme à une situation aussi tendue, s'est trouvé naturellement M. de Persigny. Ici, qu'il me soit permis de noter un fait qui éclaire d'une vive lumière le caractère de notre illustre compatriote! Il avait été désigné pour remplir les fonctions de ministre de l'intérieur au moment du coup d'État. Il s'était préparé à cette mission importante, et il avait déjà écrit et signé la circulaire qui devait annoncer l'événement aux départements, lorsqu'à la veille du 2 décembre, frappé d'une grave considération, il engagea le Prince Président à ne pas lui donner un rôle aussi en évidence dans la mesure projetée. Il lui représenta que, dans un acte si considérable qui avait pour objet le salut de la société en péril, ses opinions impérialistes bien connues pourraient en com-

promettre la moralité, en lui imprimant le caractère
d'une entreprise de parti. Il lui paraissait plus politique
de choisir comme ministre du coup d'État un homme
également dévoué et résolu, mais dont les affinités avec
les classes moyennes et les relations amicales avec les
représentants de tous les partis étaient de nature à rassurer les intérêts effrayés, en maintenant à la mesure le
caractère exclusivement social qui la justifiait. C'est ainsi
que M. de Morny fut appelé au rôle éminent qu'il sut
remplir avec tant de courage et d'habileté.

Quant à M. de Persigny, il fut chargé de surveiller, à
la tête d'un piquet d'infanterie, la prise de possession
du palais législatif. Singulière coïncidence! l'homme
choisi pour cette mission était le même qui, plusieurs
années auparavant, avait dénoncé « l'inutilité de la tribune », et avait dit : « S'il nous était permis d'agir, nous
» n'aurions garde de penser à la discussion publique. » Il
dut y avoir une satisfaction profonde dans le cœur d'un
homme d'action, tel que M. de Persigny, assistant, les
bras croisés, à la clôture de ces séances vaines et agitées
où il s'était contenté du rôle d'observateur.

Il était ministre de l'intérieur depuis le 22 janvier,
lorsqu'en septembre 1852, le Prince Président entreprit,
à travers la France du Midi, ce voyage triomphal où
les populations l'accueillirent aux cris de *Vive l'Empereur ! vive Napoléon III !* et à la suite duquel l'Empire
fut proclamé.

Le 21 juin 1854, M. de Persigny donna sa démission. Les actes de son administration, pendant son
premier ministère, ont été résumés dans un rapport
considérable, où il rend compte à l'Empereur de l'usage
qu'il a fait du pouvoir qui lui avait été confié. Ce document commence ainsi : « Sire, lorsque, le 22 janvier 1852,

» Votre Majesté m'appela au ministère de l'intérieur,
» elle voulut avoir, à cause de la gravité des circon-
» stances, moins un administrateur expérimenté qu'un
» homme dévoué depuis de longues années à sa personne,
» à son système politique, et dans lequel elle plaçait une
» entière confiance. Il importait alors, en effet, de com-
» muniquer à tous les fonctionnaires publics le sentiment
» de la force de la cause de Votre Majesté et la foi dans
» son avenir. Oserai-je le dire sans trop de présomption ?
» Je crois avoir justifié son choix par l'accomplissement
» de la mission qu'elle m'avait donnée de concilier, dans
» l'application du nouveau système de gouvernement, la
» fermeté avec la modération. »

L'administration de M. de Persigny fut, en effet,
modérée, conciliante, ferme, équitable. Dans une circulaire en date du 5 mai 1852, il donnait aux préfets ces
belles instructions : « N'oubliez jamais que la justice est
» le premier besoin des populations, et qu'elle seule peut
» donner une véritable force à l'autorité. Ne perdez
» jamais de vue qu'une bonne administration est la meil-
» leure politique. »

En ce qui concerne la presse, dans l'espace d'une
année, du 10 juin 1853 au 10 juin 1854, trente-trois
avertissements seulement frappèrent les journaux de
Paris et des départements. Dans l'espace de quatorze
mois, le ministère de la police générale en avait donné
quatre-vingt-onze. M. de Persigny, ainsi qu'il le disait
lui-même, voulait assurer à la société une protection
efficace; mais il n'a *demandé aucun sacrifice à la pensée
humaine*. Ses dispositions libérales n'ont pas changé.
Dans son rapport du 10 décembre 1860, par lequel il
demande à l'Empereur de prononcer la remise des avertissements qui ont atteint les journaux, M. de Persigny

dit : « Un certain nombre de feuilles périodiques ont
» reçu deux avertissements et se trouvent ainsi sous le
» coup de la suspension. En les dégageant de ce péril, le
» gouvernement les replacera dans les conditions d'in-
» dépendance qu'elles ont compromises, et cet oubli du
» passé sera un nouveau gage donné à cette généreuse
» politique qui tend à la réconciliation et à l'union de
» toutes les intelligences du pays. »

Lorsque M. de Persigny se retira du ministère en 1854,
l'Empereur lui adressa la lettre suivante :

« Saint-Cloud, le 22 juin 1854.

» Monsieur le ministre, je regrette vivement que votre
» santé vous oblige à me donner votre démission, et
» je ne regrette pas moins que vous n'ayez pas cru de-
» voir accepter la position de ministre sans portefeuille ;
» car cette dernière combinaison ne m'aurait pas privé
» des lumières et des conseils loyaux d'un homme qui,
» depuis vingt années, m'a donné tant de preuves de
» dévouement. Comme témoignage de ma satisfaction
» particulière, je vous nomme grand officier de la Légion
» d'honneur, et j'espère que votre santé vous permettra
» plus tard de me rendre de nouveaux services.

» Sur ce, je prie Dieu qu'il vous ait en sa sainte garde.

» NAPOLÉON. »

Depuis 1855, il a représenté deux fois la France à
Londres. Pendant ses deux ambassades, il s'est efforcé
de raffermir l'alliance anglaise, en calmant les alarmes,
en dissipant les craintes, en détruisant les préjugés qui
étaient de nature à la compromettre. Il n'a manqué
aucune occasion de démontrer l'intérêt réciproque de la

France et de l'Angleterre à une alliance intime. Et, à ce
sujet, il s'est élevé à des considérations pleines de bon
sens politique, dans les discours qu'il a prononcés, en
janvier 1858, à la députation des autorités de la Cité de
Londres, en août de la même année, devant le conseil
général de la Loire, et, le 10 novembre 1860, au banquet annuel du Lord Maire.

Les discours de M. de Persigny ont le privilége d'intéresser vivement l'opinion publique, en Europe comme
en France, non-seulement parce qu'ils contiennent la
pensée de l'Empire, mais encore parce qu'ils ont une
sorte de personnalité où l'indépendance de l'esprit et
la fidélité respectueuse du serviteur prennent un caractère original et chevaleresque. Les hommes d'État vulgaires, lorsqu'ils se trompent, s'attachent à dissimuler
ou même à justifier leurs erreurs. Dans une grave circonstance, avant la guerre d'Italie, M. de Persigny était
allé jusqu'à faire des *reproches* à son gouvernement et à
lui donner des conseils qui ne pouvaient être écoutés.
Plus tard, il n'hésite pas à avouer ses torts, et il les
avoue publiquement, dans un langage qui mérite d'être
cité comme un exemple de modestie et de loyauté.

« . . . . . . J'arrive maintenant à un point délicat.
» Après avoir résolu les deux grandes questions qui trou-
» blaient la paix du monde, après avoir pris une part si
» glorieuse aux affaires de notre temps et vu notre pays
» occuper une place si élevée dans les conseils de l'Eu-
» rope, nous ne devons pas nous étonner que de si
» grandes choses n'aient pu s'accomplir sans créer, en
» Europe, des inquiétudes et des méfiances. C'est un des
» malheurs de la guerre de produire dans les esprits un
» ébranlement qui survit à la guerre même. Mais pour
» moi, Messieurs, profondément convaincu que la mis-

» sion du nouvel Empire est de réconcilier l'ancienne
» France révolutionnaire ou conquérante avec toutes les
» puissances, si nous avions rien fait qui méritât de
» nous faire perdre la confiance de l'Europe, je consi-
» dérerais comme bien chèrement acquise la gloire de ces
» dernières années. Un moment, je l'avoue, et quelque
» temps avant la guerre d'Italie, les apparences sem-
» blaient être si fort contre nous, que tout le premier,
» comme saint Pierre reniant son maître, j'ai cru que
» mon gouvernement, dans l'enivrement du succès, avait
» oublié le programme de Bordeaux, et je m'en affli-
» geai profondément. Bientôt, éclairé sur l'état des
» affaires, je rougissais d'avoir douté de la sagesse de
» l'Empereur; mais je n'en étais pas moins affecté d'une
» situation qui nous donnait les apparences de l'agres-
» sion. . . . .

» . . . . . Je reprochais à mon gouverne-
» ment une attitude diplomatique qui lui avait donné
» l'apparence des torts, quand il avait, en réalité, les
» mérites d'une grande et noble politique.

» Messieurs, qu'il me soit permis de le dire ici, l'Em-
» pereur ne dédaigna pas de répondre à ces observations
» d'un fidèle sujet, et, je m'empresse de l'avouer, sa
» haute sagesse avait raison des conseils du serviteur.

» C'est qu'en effet, je l'ai bien compris depuis, faire
» connaître publiquement l'obligation où nous étions .
» placés, au lieu de se borner à appeler, malheureuse-
» ment en vain, l'attention des cabinets sur la situation
» de l'Italie, qui leur était du reste aussi parfaitement
» connue qu'à nous-mêmes, c'était nous donner non
» plus l'apparence, mais la réalité même de l'agression
» contre l'Autriche; car du moment que l'Italie savait
» sur quel puissant secours elle pouvait compter, il n'y

» avait plus moyen de la contenir, et ce qui vous était
» encore permis d'espérer, ce que l'Angleterre a espéré
» jusqu'au dernier moment de la sagesse de l'Autriche,
» il était impossible de l'attendre d'un peuple altéré de
» haine et de vengeance. Ainsi ce silence qu'on repro-
» chait à l'Empereur n'était défavorable qu'à lui, et sa
» loyauté éclatait d'autant plus grande qu'elle était plus
» injustement et plus cruellement soupçonnée. »

Le 1ᵉʳ février 1858, M. de Persigny a été nommé
membre du conseil privé. Le choix de l'Empereur est
expliqué dans le *Moniteur* du 12 du même mois en ces
termes : « L'Empereur a fait entrer dans le conseil privé
» les représentants les plus élevés de la religion, de l'ar-
» mée, de l'administration, les présidents des grands
» corps de l'État, enfin *l'homme qui, par ses antécédents,*
» *personnifie le dévouement à la dynastie dans les jours*
» *d'épreuves.* »

M. de Persigny, appelé pour la seconde fois au ministère de l'intérieur, le 24 novembre 1860, a été remplacé
le 23 juin 1863.

Le 9 septembre suivant, l'Empereur, voulant lui donner un témoignage de sa bienveillance pour les services
qu'il a rendus à l'État et pour son dévouement à sa personne, lui a conféré le titre héréditaire de duc de Persigny.

Il ne m'appartient pas, et du reste je crois inutile
d'apprécier les actes politiques et les discours de M. le
duc de Persigny. Le lecteur pourra les apprécier lui-
même. Mais quels que soient son jugement et ses préoccupations, il ne pourra s'empêcher de reconnaître que
partout et toujours, à Strasbourg, à Boulogne, comme
dans les conseils de l'Elysée, M. le duc de Persigny a
poursuivi le rétablissement de l'Empire; qu'à cet égard

il a devancé pendant près de vingt ans l'opinion publique[1], et qu'il est la personnification la plus chevaleresque du régime actuel.

Joseph DELAROA.

[1] M. Émile de Girardin le reconnaît en ces termes : « A une époque
» où rien ne pouvait faire soupçonner que la République ramènerait en
» 1852 l'Empire par le même chemin qu'elle lui avait frayé en 1799,
» M. de Persigny, qui est né avec la vocation de prophète et d'apôtre,
» a été le prophète de la nouvelle ère impériale. — Ne voyez-vous pas
» que l'Empire est proche, qu'il est imminent et inévitable! venait-il
» souvent crier, en 1847, à nos oreilles incrédules. Il voyait alors ce que
» ne voyaient pas nos yeux ; car ce qui nous paraissait invraisemblable s'est
» accompli : l'Empire, deux fois défait, en 1814 et en 1815, s'est refait
» en 1852. » (*Presse*, mai 1864.)

On lit dans une lettre du même publiciste à M. le duc de Persigny :
« ... S'il est un homme en France qui n'ait pas le droit de tenir en sus-
» picion ceux qui voient trop loin et trop vite pour leur temps, ceux qui
» devancent l'opinion, permettez-moi de vous le dire, c'est vous, qui
» avez devancé de si loin l'opinion, alors qu'indifférente, elle laissait
» en 1840 condamner sans s'émouvoir le prince Louis par la cour des
» Pairs... » (15 novembre 1864.)

LE DUC DE PERSIGNY

ET

LES DOCTRINES

DE L'EMPIRE

I

POLITIQUE

CIRCULAIRE

DU COMITÉ DE LA RUE MONTMARTRE EN VUE DES ÉLECTIONS
GÉNÉRALES A L'ASSEMBLÉE LÉGISLATIVE [1].

Paris, le 8 avril 1849.

Messieurs les Électeurs, permettez-nous de vous rappeler les principes qui doivent nous guider dans les
prochaines élections.

Ces principes sont ceux qu'adopta l'Empereur Napoléon quand, parvenu au pouvoir, au milieu d'une
société bouleversée par des partis acharnés les uns contre

---

[1] Nous trouvons cette circulaire dans la *Patrie* du 10 avril 1849, et
nous la reproduisons, parce qu'elle a été écrite par M. de Persigny,
vice-président de ce comité électoral.

les autres, il entreprit de les réconcilier, de les fondre
dans un grand parti national, en appelant à lui tous les
hommes de mérite, tous les honnêtes gens, à quelque
drapeau qu'ils eussent appartenu. Ces principes, ce sont
les mêmes que professe aujourd'hui le neveu de l'Empereur, et dont il poursuit l'application avec tant de
sagesse et de fermeté.

Imitons le noble exemple du Président de la République. Bonapartistes de la veille, soyons les premiers à
renoncer à ces distinctions qui ne servent qu'à perpétuer les haines et à exciter des méfiances funestes.

Il n'y a, d'ailleurs, que les partis faibles qui redoutent le contact des partis qu'ils ont combattus. Nous,
forts des sympathies populaires, nous savons bien que
si l'élu du peuple était menacé, des milliers d'hommes
se lèveraient pour défendre leur ouvrage. Ne craignons
donc pas de sacrifier à l'intérêt public le souvenir des
griefs et des dissidences du passé, et associons-nous
franchement à tous les éléments d'ordre de notre pays.
Déjà, nous avons donné le premier exemple de cet esprit
d'union et de conciliation par l'adjonction de plusieurs
d'entre nous au comité de la rue de Poitiers.

Mais, plus les véritables bonapartistes font appel à la
concorde, plus les populations doivent mettre de scru-
pule à n'élire que des représentants fermement résolus
à soutenir le Président de la République. La France
accepte tous les hommes honorables, sages et intelli-
gents des anciens partis ; toutefois, elle a le droit de leur
demander comment ils comprennent le sentiment national et ce qu'ils feront pour le satisfaire. Le pays a donc
à choisir entre les candidats qui désirent le renversement
de l'œuvre du 10 décembre et ceux qui en veulent l'affer-
missement.

DE LA POLITIQUE DE FUSION [1].

Paris, 18 avril 1849.

Monsieur, après le 10 décembre, une fois le Président de la République établi, je crus devoir, pour répondre à sa confiance, insister beaucoup sur la nécessité de changer toutes les autorités qui s'étaient compromises dans le vote du 10 décembre en appuyant ouvertement la candidature du général Cavaignac. En fait, j'étais le premier à reconnaître que le parti qui avait cru voir dans le brave général Cavaignac la personnification politique de l'ordre, était, en grande partie, composé d'excellents citoyens, d'hommes d'ordre sincères et dévoués; que ce parti serait, dans l'avenir, un des plus fermes appuis du gouvernement du neveu de l'Empereur; qu'il fallait le rallier par la conciliation, la sagesse, la modération, mais que la conciliation ne pouvait se faire que par en haut et non par en bas. Les populations exaltées par le vote du 10 décembre ne comprendraient pas qu'après avoir triomphé des autorités, elles devraient obéir aux mêmes autorités. Il en résulterait une méfiance réelle à l'égard de ces dernières; et cette situation amènerait l'énervation du pouvoir, ainsi que le désenchantement des masses. Il fallait donc sans tarder, non pas destituer les fonctionnaires publics compromis, mais les changer de résidence.

---

[1] Nous devons la communication de cette lettre à l'obligeance de M. G., qui s'était adressé à la bienveillance de M. de Persigny, parce qu'il craignait que sa position de sous-préfet ne fût compromise par suite de l'appui officiel qu'il avait donné à la candidature du général Cavaignac. Ce document offre de l'intérêt, et nous le reproduisons malgré son caractère privé, car il témoigne de la constante modération des sentiments politiques de M. le duc de Persigny.

Cette politique, je la développai sous toutes ses faces
et avec toute la persévérance dont j'étais capable. Cette
politique ne fut pas celle du ministère. Parce qu'il était
convaincu, comme je l'étais moi aussi, du reste, que
la plupart des fonctionnaires étaient des hommes honnêtes et capables, il ne put pas se décider à une grande
mesure. Je n'ai pas à dire ce que je pense de cette
politique qui est jugée aujourd'hui.

Quant aux questions politiques de parti, je ne partage aucune prévention; car vous savez peut-être que
je suis l'un des plus chauds partisans de la *politique de
fusion*. Bonapartiste de la veille, j'ai le premier com-
battu l'idée de former un parti bonapartiste, et désiré
un grand parti national constitué de tous les éléments
d'ordre de notre pays. La circulaire du *Comité de la
rue Montmartre*, que j'ai rédigée, vous indique suffisamment cette politique. Le *Comité de la rue de Poitiers*,
en m'appelant à l'honneur d'être membre de la Commission exécutive, avec les hommes les plus éminents
de ce pays, m'a donné une preuve de sa haute confiance. Je suis fermement convaincu que, dans cette
fusion des grands partis de l'ordre, est le salut de notre
pays. Je m'expose, il est vrai, aux attaques des *queues*
de mon propre parti; mais je ne reculerai jamais
devant des difficultés de cette nature.

Quand vous me connaîtrez, vous verrez bien vite que
je suis incapable de ces hostilités personnelles sans
raison, dont on parait m'avoir accusé à votre égard.

CIRCULAIRE

AU SUJET DES ARRESTATIONS OPÉRÉES A LA SUITE DU 2 DÉCEMBRE 1851.

Paris, le 29 janvier 1852.

Monsieur le préfet, les nouvelles que reçoit le gouvernement sur la manière dont se poursuit l'instruction des troubles du mois dernier, l'autorisent à penser que dans quelques départements le zèle des autorités administratives n'est pas suffisamment pénétré de ses intentions; et en conséquence il croit nécessaire de vous les faire connaître d'une manière précise.

Lorsque, à la suite du 2 décembre, des mouvements insurrectionnels éclatèrent sur plusieurs points du territoire, il fallait qu'une répression prompte et énergique vînt garantir la sécurité du pays et assurer la liberté du suffrage universel. Alors il était sage et prudent non-seulement de comprimer par les armes toute tentative de rébellion, mais de prévenir par des arrestations les efforts désespérés des factions vaincues.

Aujourd'hui que le peuple tout entier a donné ses pouvoirs au neveu de l'Empereur; aujourd'hui qu'il a constitué de ses mains un gouvernement puissant dont l'autorité légitime impose à tous les partis le respect et l'obéissance, rien ne doit plus s'opposer à ce que les généreuses intentions du chef de l'État soient promptement réalisées.

Vous savez, monsieur le préfet, que s'il existe parmi les insurgés de décembre de ces hommes pervers et dangereux dont il importe de débarrasser le pays, les autres sont, pour la plupart, de malheureux ouvriers ou habitants des campagnes qui n'ont été entraînés à la révolte que par faiblesse ou par ignorance. N'est-il pas affligeant de penser que de pauvres gens égarés qui n'ont été que des instruments entre les mains des véritables coupables soient livrés, comme ces derniers, aux rigueurs d'une détention si prolongée, et que tant de familles privées de leurs soutiens gémissent dans la misère et dans les larmes ?

Une telle situation a ému le Prince Président, et en conséquence il me charge de vous transmettre les pouvoirs nécessaires pour faire sortir immédiatement des prisons et rendre à leurs familles, quel que soit, d'ailleurs, l'état de l'instruction commencée à leur égard, tous ceux des détenus que vous jugerez n'avoir été qu'égarés et dont la mise en liberté ne peut offrir de danger pour la société.

Le caractère de vos fonctions, en vous rapprochant des sources les plus naturelles d'information, vous permettra, je l'espère, de faire aisément la distinction que je vous signale. Je vous préviens, d'ailleurs, que les autorités militaires et judiciaires avec lesquelles vous aurez à vous entendre à ce sujet, vont recevoir en même temps que vous, par l'intermédiaire des ministres de la guerre et de la justice, les ordres du Prince Président.

Quant à moi, monsieur le préfet, je suis heureux d'avoir à vous transmettre cette mission de haute confiance. J'espère que vous la remplirez avec la sagesse et le discernement qu'elle exige.

Recevez, etc.

CIRCULAIRE

SUR LES ÉLECTIONS DE 1852.

Paris, le 11 février 1852.

Monsieur le préfet, vous connaissez par la circulaire de mon honorable prédécesseur la ligne de conduite que vous devez suivre dans les élections qui se préparent.

Ce n'est pas, comme sous les gouvernements précédents, par des influences clandestines qui abaissent les caractères et dégradent les consciences, que vous avez à exercer votre action. Sous le gouvernement légitime de l'élu du peuple français, le temps des intrigues et des corruptions parlementaires est passé. Ce que vous avez à faire aujourd'hui, c'est au grand jour que vous le ferez.

Quelle est, en effet, la situation politique? Le peuple français a donné mission au neveu de l'Empereur de faire une constitution sur des bases déterminées ; de former un ministère ne relevant que du pouvoir exécutif ; de créer un Sénat choisi parmi les illustrations du pays ; d'organiser un conseil d'État recruté des principales capacités politiques ; enfin, de convoquer un Corps législatif qui doit être élu par le suffrage universel. Par un seul vote, clair, simple, compris de tous, le peuple a donc créé lui-même tous les pouvoirs publics, et il ne lui reste plus, pour terminer son œuvre, qu'à nommer les députés au Corps législatif.

Ce second vote du peuple, quoique infiniment moins solennel que le premier, a cependant son importance. La nouvelle constitution ne permet plus, sans doute, ces vaines agitations parlementaires qui ont si longtemps paralysé les forces du pays; mais il ne suffit pas d'avoir rendu ce régime impuissant à faire le mal, il faut rendre le gouvernement puissant pour faire le bien. Or, le bien ne peut se faire aujourd'hui qu'à une condition : c'est que le Sénat, le conseil d'État, le Corps législatif et l'administration soient, avec le chef de l'État, en parfaite harmonie d'idées, de sentiments, d'intérêts; car c'est l'unité de vues dans les pouvoirs publics qui seule constitue la force et la grandeur des nations.

Dans les élections qui se préparent, le peuple français a donc un rôle important à remplir. Mais, dans cette circonstance, quel ne serait pas son embarras sans l'intervention du gouvernement! Comment huit millions d'électeurs pourraient-ils s'entendre pour distinguer, entre tant de candidats recommandables à des titres si divers, et sur tant de points à la fois, deux cent soixante et un députés, animés du même esprit, dévoués aux mêmes intérêts, et disposés également à compléter la victoire populaire du 2 décembre? Il importe donc que le gouvernement éclaire à ce sujet les électeurs. Comme c'est évidemment la volonté du peuple d'achever ce qu'il a commencé, il faut que le peuple soit mis en mesure de discerner quels sont les amis et quels sont les ennemis du gouvernement qu'il vient de fonder.

En conséquence, monsieur le préfet, prenez des mesures pour faire connaître aux électeurs de chaque circonscription de votre département, par l'intermédiaire des divers agents de l'administration, par toutes les voies que vous jugerez convenables, selon l'esprit des localités, et, au besoin, par des proclamations affichées dans les communes, celui des candidats que le gouvernement de Louis-Napoléon juge le plus propre à l'aider dans son œuvre réparatrice.

Je vous recommande surtout, monsieur le préfet, de mettre l'intérêt de l'État au-dessus des questions de personnes. Le gouvernement ne se préoccupe pas des antécédents politiques des candidats qui acceptent avec franchise et sincérité le nouvel ordre de choses ; mais il vous demande en même temps de ne pas hésiter à prémunir les populations contre ceux dont les tendances connues, quels que soient d'ailleurs leurs titres, ne seraient pas dans l'esprit des institutions nouvelles. Ceux-là seuls sont dignes du choix du peuple qui sont résolus et s'engagent à défendre son ouvrage.

Il est bien entendu, d'ailleurs, que vous ne devez rien faire qui puisse gêner ou embarrasser en quoi que ce soit l'exercice du suffrage universel. Toutes les candidatures doivent pouvoir se produire sans opposition, sans contrainte. Le Prince Président se croirait atteint dans l'honneur de son gouvernement, si la moindre entrave était mise à la liberté des votes.

Recevez, etc.

TOAST A L'ARMÉE[1].

Messieurs, j'ai l'honneur de proposer un toast qui sera accueilli du corps municipal de Paris comme l'expression de la reconnaissance publique : *A l'armée !* qui, au milieu du désordre des esprits, de l'anarchie des idées, et quand tout semblait corrompu ou démoralisé autour d'elle, a conservé dans ses rangs le sentiment

---

[1] Ce toast a été porté dans le banquet offert, le 14 mai 1852, par le conseil municipal de Paris aux officiers délégués pour recevoir des mains du Prince Président les aigles destinées à leurs régiments.

du devoir, le dévouement au pays, et, avec le dédain des richesses, toutes les vertus qui font les grands peuples. (*Bravo! bravo!*)

Messieurs, vos pères de Marengo, d'Austerlitz, de Wagram et de la Moskowa ont fait de grandes choses. Ils ont fécondé avec leur sang de par le monde les germes d'une idée civilisatrice, et, en illustrant la révolution française, ils l'ont tellement purifiée, agrandie et enracinée dans l'esprit des peuples qu'elle est désormais invincible. (*Sensation prolongée.*)

Eh bien, vous avez fait plus encore; car, dans un temps de corruption et de vertige, vous avez conservé la vertu de vos pères, et, en suivant le neveu de l'Empereur dans sa courageuse entreprise, vous avez sauvé l'honneur même de la France. (*Applaudissements. — Vive l'armée!*)

Soyez donc fiers, messieurs, de reprendre vos aigles : le monde entier sait que vous êtes aussi dignes que vos pères d'en décorer vos étendards.

A l'armée française !

DISCOURS

A LA SUITE DE L'EXPOSITION DES BEAUX-ARTS DE 1852[1].

Messieurs, nous célébrons presque au même moment, et à cent lieues de distance, deux fêtes nationales : une fête de l'industrie à Strasbourg et une fête de l'art à Paris.

Dans son désir d'encourager tout ce qui contribue à la gloire et à la grandeur de notre pays, le Prince

[1] 20 juillet.

Président aurait voulu assister à ces deux solennités ; mais les sympathies d'une généreuse province le tenant éloigné au delà du terme qu'il s'était proposé ; c'est avec regret qu'il a dû renoncer à venir applaudir lui-même à vos succès.

L'honorable mission dont il m'a chargé auprès de vous sera bien facile à remplir. J'ai à peine besoin de vous dire, en effet, quel est le sentiment du gouvernement de Louis-Napoléon pour les arts.

Vous ne devez pas craindre, messieurs, que ses préoccupations pour le développement de la richesse publique le détournent jamais de ce qu'il doit aux artistes. (*Bravos.*) Si un gouvernement qui a son origine, son principe même dans le sentiment poétique des masses, dédaignait le culte des arts pour le culte de la matière, il manquerait lui-même aux conditions de son existence et méconnaîtrait le génie de son pays. (*Très-bien ! très-bien !*)

Ce n'est pas en France, en effet, que les arts doivent s'effrayer des tendances industrielles et commerciales de la civilisation moderne. Quel que soit le mode d'activité de notre société, rien ne peut affaiblir en nous le côté chevaleresque et artistique du caractère national.

Vous le savez tous, messieurs, dans l'atelier, dans la boutique, dans le comptoir, comme dans les salons et les chaumières, en France, c'est toujours la vie morale qui l'emporte sur la vie matérielle. Et, tandis que chez certains peuples l'activité industrielle dessèche le cœur et éteint l'imagination, chez nous, quoi qu'on fasse, quelque direction qu'on donne aux esprits, on ne fera jamais de nous exclusivement une nation positive, froide, calculatrice. (*Applaudissements.*)

Or, chez un peuple aussi éminemment artiste et chevaleresque, que faut-il donc pour que les arts prospèrent? Une seule chose : un gouvernement qui ait ses racines dans les profondeurs de la nation, sa force et son avenir dans la foi populaire, et qui, pouvant dédaigner les intrigues des partis, inspire le respect à l'étranger, la crainte aux factions et la confiance au peuple. (*Nouveaux applaudissements.*)

Eh bien, ce gouvernement, je vous jure que vous l'avez : je vous jure que ceux qui ne le voient pas sont des aveugles ; je vous jure enfin qu'avec le développement de la richesse publique, l'art ne sera point oublié, et que ce gouvernement vous prépare une grande ère de prospérité ! (*Bravos et acclamations.*)

COLPORTAGE[1].

« Pour la première fois qu'elle est rattachée au ministère de l'intérieur, la commission permanente chargée de l'examen des livres destinés au colportage s'est réunie, sous la présidence de M. le directeur de la sûreté générale. M. le comte de Persigny, ministre de l'intérieur, assistait à la séance.

» Le ministre a commencé par déclarer qu'il venait témoigner, par sa présence, de l'importance qu'il attachait à une institution qui avait pour but la moralisation et l'instruction du peuple.

« Le colportage, a-t-il dit, est la presse des classes » populaires et l'instrument avec lequel on peut égale-

---

[1] Extrait de la *Patrie*. Juillet 1853.

» ment les corrompre ou les moraliser. Rien n'est donc
» plus important, au point de vue des intérêts politiques
» et des intérêts religieux, que le choix des livres répan-
» dus par ses innombrables agents. » M. le ministre a
continué en appréciant le rôle et la situation sociale des
classes populaires vis-à-vis des gouvernements. Il a dit
qu'il n'y avait de gouvernements stables, forts et conservateurs, dans l'acception la plus vraie de ce mot, que
ceux en qui revivaient les sentiments, les instincts, les
croyances et les enthousiasmes des masses. « Faire ac-
» cepter l'autorité à ceux qui ont reçu de la Providence
» le lot du travail et de la misère, et développer ainsi
» dans leur cœur, par les plus nobles mobiles, le patrio-
» tisme du désintéressement et de la résignation, voilà
» le problème à résoudre. »

    » Rappelant l'exemple des Stuarts, il a montré l'in-
compatibilité des dynasties avec les nations dont elles
ne représentaient plus l'esprit : « Si les Stuarts sont
» tombés, a-t-il dit, c'est que la Réforme avait pénétré
» toutes les couches de la société en Angleterre, et créé un
» état social nouveau auquel ils ne correspondaient plus.
» Les révolutions qui ont amené en France la chute des
» anciennes monarchies sont la démonstration la plus
» éclatante de cette grande vérité. La dynastie napo-
» léonienne s'est fondée et s'est relevée, parce qu'elle
» était l'expression la plus vraie et la plus glorieuse des
» sentiments et des intérêts du peuple. Après avoir or-
» ganisé, il y a cinquante ans, la Révolution française
» dans ce qu'elle avait de juste et de nécessaire, elle a
» vaincu le socialisme, il y a deux ans, en attirant à elle
» toutes les populations égarées que la démagogie avait
» enrôlées sous son drapeau. »

    » M. de Persigny a ajouté que la satisfaction donnée

aux intérêts moraux des classes populaires était la meilleure garantie des classes riches. « Quand le peuple est
» satisfait, a-t-il dit, et qu'il croit à la sollicitude et à
» la justice du gouvernement, alors la société peut être
» rassurée, car elle a pour la défendre les forces mêmes
» qui servent aux révolutions. » Il a terminé en enga-
geant la commission à ne pas perdre de vue le but de
son institution, et à continuer tous ses efforts pour l'instruction et la moralisation du peuple. »

RAPPORT

SUR L'ADMINISTRATION DU MINISTÈRE DE L'INTÉRIEUR [1].

Sire, lorsque, le 22 janvier 1852, Votre Majesté
m'appela au ministère de l'intérieur, elle voulut avoir,
à cause de la gravité des circonstances, moins un administrateur expérimenté qu'un homme dévoué depuis de
longues années à sa personne, à son système politique,
et dans lequel elle plaçait une entière confiance. Il importait alors, en effet, de communiquer à tous les fonctionnaires publics le sentiment de la force de la cause
de Votre Majesté et la foi dans son avenir. Oserai-je le
dire sans trop de présomption? Je crois avoir justifié
le choix de Votre Majesté par l'accomplissement de la
mission qu'elle m'avait donnée de concilier, dans l'application du nouveau système de gouvernement, la fermeté avec la modération.

---

[1] Ce rapport embrasse l'administration de M. de Persigny, du 22 janvier 1852 au 23 juin 1854. — Il a été inséré au *Moniteur* du 24 juin
1854.

ÉLECTIONS.

J'ai eu pour tâche, au début même de mon administration, de mettre en vigueur la nouvelle loi électorale.
La nomination des membres du Corps législatif et le
renouvellement des conseils locaux m'ont donné l'occasion d'appliquer le premier, en matière d'élection, les
principes que Votre Majesté a proclamés. Jusqu'ici, le
pouvoir n'osait point avouer ouvertement ses candidats :
désireux d'obtenir le concours des corps électifs, c'est
par des voies détournées qu'il s'efforçait d'arriver à son
but, en se cachant derrière des coteries locales, en
flattant des intérêts particuliers, en mettant obscuré-
ment au service de mesquines rancunes ou de prétentions illégitimes cette influence qui appartient toujours
à l'autorité, mais qui ne s'exerce honorablement qu'au
grand jour. Le gouvernement de Votre Majesté a tenu à
honneur de répudier ces pratiques et de substituer le
vœu du pays aux menées de l'intrigue. Votre gouvernement a donc désigné lui-même aux électeurs les hommes
qu'il croyait devoir préférer, mettant la nation en demeure de lui donner ou de lui refuser, dans la liberté
de ses votes, une preuve incontestable de sa confiance.
Il a provoqué ainsi sur lui-même, dans la personne de
ses candidats, le jugement de la France. Le résultat de
cet appel, ainsi que l'attestent les élections générales de
1852, confirmées par toutes les élections particielles qui
ont suivi, a été une nouvelle et imposante manifestation de l'opinion publique.

PRESSE.

Le même esprit de franchise et de décision a dirigé
l'administration, lorsqu'elle a eu à appliquer la loi qui

régit actuellement la presse, et qui sera considérée
comme un des plus grands services que le gouvernement de Votre Majesté ait rendus au pays. Sous l'empire de cette législation, toute opinion sérieuse et sincère
peut se produire librement, à la condition de revêtir
cette modération et cette mesure qui ne sont pour la
vérité elle-même qu'une force de plus. Mais il ne sera
plus donné à la presse de reconstituer en face du pouvoir ce gouvernement irresponsable et occulte qui avait
ses mots d'ordre trop fidèlement obéis, qui rendait
possibles et enfantait, à force de les prédire, les périls
qu'il voulait faire naître, et qui, en éveillant les inquiétudes, en irritant la curiosité par d'artificieuses alarmes
et jusque par d'hypocrites conseils, savait faire de citoyens paisibles les dociles et involontaires instruments
d'une pensée qu'ils ne connaissaient pas. Ainsi l'approche de certains jours, le retour de certains anniver-
saires amenaient invariablement l'annonce d'imposantes
démonstrations ; on propageait l'agitation en feignant
de la craindre et de la déplorer ; on excitait les passions
en prêchant la méfiance et la modération ; et, quand
l'esprit public avait été tenu quelque temps en éveil,
qu'une fermentation s'était produite et que de graves
appréhensions avaient été créées, au jour dit, quatre
cent mille curieux entraînés dans le piége par une habile mise en scène, se répandaient dans les rues et
faisaient eux-mêmes, sans s'en douter, la manifestation
qu'ils venaient voir. Alors l'alarme se répandait dans le
pays ; les esprits les plus fermes ne pouvaient se défendre de certaines craintes ; les moins prévenus admet-
taient l'existence, au sein de la nation, de maladies
morales qui n'étaient qu'artificielles, et, grâce à l'audace qu'une apparence d'appui donnait aux passions

anarchiques, des dangers sérieux naissaient d'une men-
teuse fantasmagorie. Aujourd'hui, la presse ne peut plus
déserter son rôle véritable pour se mettre au service des
factions ; elle ne peut plus inoculer au pays l'esprit de
désordre par la peur ou l'imposture ; et ainsi se trouve
conjuré un grand péril, sans pourtant qu'aucune atteinte
soit portée à la liberté des intelligences. En effet, je
ne crains pas de le dire, si le gouvernement de Votre
Majesté, si soigneux d'accueillir tout ce qui est noble,
juste et utile, laissait en dehors de son action quelque
idée grande et féconde, il ne serait pas au pouvoir de la
législation actuelle, pas plus que d'aucune autorité au
monde, d'empêcher cette idée de se produire et de se
faire jour ; et elle puiserait dans la modération même,
imposée par la loi, un nouvel et irrésistible élément
de succès. Le gouvernement de Votre Majesté a donc le
droit de dire qu'en assurant à la société une protection
efficace, il n'a demandé aucun sacrifice à la pensée humaine.

Si l'on considère l'attitude de la presse aujourd'hui,
on est forcé de reconnaître qu'en aucun temps elle n'a
eu un langage aussi sage, aussi modéré, aussi conforme
à la dignité des écrivains. Jamais elle n'a montré des
sentiments plus patriotiques.

Les avertissements ont toujours été en diminuant.

Du 1er mars 1852 au 10 juin 1853 (ministère de la
police générale), quatre-vingt-onze avertissements ont
été donnés aux journaux publiés à Paris et dans les départements ; un de ces journaux (le Corsaire) a été
frappé de la suppression. Du 10 juin 1853 au 10 juin
1854 (ministère de l'intérieur), trente-trois avertissements seulement ont été donnés : un seul journal (l'Assemblée nationale) a été suspendu pendant deux mois.

Je dois faire observer que le plus grand nombre de ces
avertissements s'appliquent à des journaux de départements, et ont été motivés par des polémiques se ratta-
chant à des intérêts secondaires et à des questions personnelles ou locales.

Au point de vue de la répression judiciaire, les effets
de la législation actuelle sur la presse sont encore plus
remarquables. On se souvient du temps où les procès
de presse avaient le privilége de surexciter l'opinion et
d'absorber l'attention publique, en provoquant des scandales qu'ils avaient au contraire pour but de réprimer
et de punir. Aujourd'hui, le régime des avertissements
suffit ; je constate, comme un résultat digne d'attention,
que, depuis plus d'un an, aucun procès de presse pour
délit politique n'a été porté devant les tribunaux.

COLPORTAGE.

Je dois aussi signaler à Votre Majesté les importants
services que continue à rendre la réglementation du
colportage.

La commission d'examen poursuit, avec un zèle et
un dévouement auxquels je me plais à rendre justice,
l'œuvre de moralisation qui lui a été confiée. Tous les
livres, toutes les brochures, offrant quelques dangers
pour les principes religieux et pour les mœurs publiques, ont été soigneusement écartés. C'est ainsi que
la commission a repoussé plus de six mille publications
qui allaient autrefois, sous forme de romans, d'alma-
nachs ou de pamphlets, alimenter le colportage et per-
vertir l'esprit des campagnes. Les éditeurs de cette
mauvaise littérature, comprenant que leur véritable intérét est désormais d'accord avec la réforme poursuivie
par l'administration, n'impriment plus pour le colpor-

tage que des ouvrages d'un caractère essentiellement moral.

Peu à peu une heureuse transformation s'opère donc dans cette industrie, et le colportage, cette presse du peuple, qui a été longtemps un agent de démoralisation, devient enfin un enseignement utile.

POLICE GÉNÉRALE.

La police générale dont relève la presse a été rattachée, il y a un an, au ministère de l'intérieur, après en avoir été momentanément distraite.

Votre Majesté a jugé qu'elle pouvait renoncer à une organisation défensive que le retour du calme, le silence des factions et la confiance sympathique du pays dans le pouvoir concouraient à rendre superflue; et cette opinion a été pleinement justifiée par l'événement.

Chaque jour a été marqué par un nouveau progrès dans la restauration de l'ordre matériel et moral; et tel est maintenant l'état d'affaissement des partis et l'unanimité des esprits qu'à aucune époque, la police politique ne s'est exercée avec plus d'autorité et n'a rencontré moins d'obstacles.

La crise des subsistances, que les douloureux souvenirs de 1847 devaient rendre redoutable, a été traversée sans que sur aucun point l'ordre et la liberté des transactions aient été un seul instant menacés.

Les complications de la guerre d'Orient et les levées d'hommes extraordinaires qu'elles ont nécessitées ont été pour les populations une occasion nouvelle de manifester leurs sentiments patriotiques et leur dévouement à Votre Majesté.

L'organisation des commissaires de police laissait à désirer. Je m'efforce chaque jour de l'améliorer. Un règlement d'administration publique, soumis en ce moment au conseil d'État, assure à cette branche importante du service la régularité et l'uniformité que des abus regrettables introduits dans la pratique avaient altérées jusqu'au point de compromettre l'institution elle-même.

Les commissaires départementaux ont été supprimés. Une expérience de près d'une année a suffi pour démontrer qu'ils n'apportaient aux préfets qu'un concours très-contestable, et que leur intervention, d'ailleurs, gênait l'action des sous-préfets et portait atteinte à leur autorité.

Je dois rendre compte à Votre Majesté des mesures importantes et des réformes dont elle m'avait confié l'exécution.

I.

DÉCENTRALISATION ADMINISTRATIVE.

Entre tous les actes que ce rapport doit embrasser, je place en première ligne le décret sur la décentralisation administrative, en date du 25 mars 1852.

Ce décret a été conçu d'après cette pensée féconde que, si *l'on peut gouverner de loin, on n'administre bien que de près,* et qu'en conséquence, *autant il importe de centraliser l'action gouvernementale et politique de l'État, autant il est nécessaire de décentraliser l'action purement administrative.*

La centralisation fait la force de la France, en rendant partout présente la main du pouvoir; mais il n'en faut pas exagérer l'application jusqu'à dépouiller les autorités locales de toute initiative.

S'il importe, en effet, que l'administration d'un grand pays soit juste, ferme et éclairée, il n'est pas moins essentiel que son action soit rapide et assure à tous les besoins une prompte satisfaction. C'est ce qu'on avait trop perdu de vue depuis la chute de l'Empire : pour avoir voulu attribuer à l'autorité centrale la décision de toutes choses, on avait multiplié sans mesure les lenteurs et les formalités. Un changement radical était nécessaire, car on en était arrivé à ce point que la plupart des affaires départementales et communales, même les moins importantes, nécessitaient l'intervention successive du maire, du sous-préfet, du préfet, du ministre et souvent de plusieurs ministères, du conseil d'État, et enfin du chef du gouvernement lui-même.

Cette multiplicité des formalités et des écritures n'était pas l'inconvénient le plus grave de la centralisation ainsi dénaturée : la responsabilité avait été partout détruite. Les autorités locales, n'ayant que des avis à donner, étudiaient rarement les affaires avec cette application et ce soin qu'exige la nécessité de prendre une détermination ; d'autre part, l'administration supérieure, statuant à distance et d'après l'avis des préfets, se voyait presque toujours obligée d'adopter les propositions qui lui étaient faites ; en sorte que la responsabilité des décisions prises, partagée entre le ministre, le conseil d'État et le préfet, le sous-préfet et le maire, ne pesait en réalité sur personne.

Cette absence du sentiment de la responsabilité est destructive de toute bonne administration : elle substitue l'apathie à l'activité, la mollesse à la décision. Une législation qui permettrait aux fonctionnaires de s'abriter les uns derrière les autres, et dont l'application journalière ne leur donnerait pas l'habitude de résoudre eux-mêmes les difficultés, serait en opposition avec les principes les plus essentiels de gouvernement. La décen-

tralisation, en faisant peser sur les préfets seuls une responsabilité jusqu'ici partagée, stimule chez ces fonctionnaires l'esprit d'initiative; en leur imposant de plus
graves devoirs, elle leur ouvre une sphère d'action plus
étendue, et développe chez eux cette élévation et cette
fermeté de vues que donne l'exercice habituel d'une
grande autorité.

La décentralisation administrative n'aura donc pas
seulement pour résultat d'accélérer l'expédition des
affaires; elle aura encore l'avantage de former des
hommes de gouvernement.

Pour s'être dépouillée de la plupart des attributions
qu'elle exerçait comme tutrice des départements et des
communes, l'administration supérieure n'a point diminué l'importance de sa mission à leur égard. Seulement,
au lieu de descendre comme autrefois dans toutes les
minuties des affaires locales, elle s'en tient maintenant
à surveiller l'action des préfets. Échappant aux détails,
l'œil et la main plus libres, elle peut exercer sur ces
fonctionnaires un contrôle vigilant et de tous les jours,
qui prévient toute appréhension sur l'étendue des pouvoirs qui leur sont confiés. De même que la cour des
comptes est toujours présente à la pensée des compta-
bles, de même l'idée de l'appréciation souveraine de
l'administration centrale agit sans cesse sur l'esprit des
préfets. Par l'usage du droit qui lui appartient d'annuler
ou de réformer leurs actes, par les instructions qu'il leur
transmet, le ministre peut prévenir ou réprimer tous les
excès de pouvoirs, faire cesser les divergences d'opinion,
et concilier ainsi tous les avantages de la décentralisation avec la nécessité de conserver en France l'unité des
traditions et des principes.

Tel a été l'objet de trois circulaires que j'ai adressées

aux préfets, les 10 avril et 5 mai 1852. Les deux dernières surtout, qui sont de la même date, et qui traitent séparément des affaires départementales et de celles des communes et des établissements de bienfaisance, contiennent des instructions fort étendues et des modèles de décisions sur chacune des matières nouvellement placées sous l'autorité immédiate des préfets. Elles ont assuré l'exécution prompte et uniforme du décret du 25 mars 1852 dans tous les départements.

Lorsque, après un certain temps, l'esprit d'initiative et l'habitude d'une exacte application des lois se seront fortifiés dans les préfectures, il conviendra, je crois, d'étendre la nomenclature des objets décentralisés, ou du moins de réduire le contrôle des ministres; peut-être même ces deux progrès pourront-ils s'effectuer à la fois; car le but marqué par le décret du 25 mars 1852 est d'investir le plus possible les préfets de l'administration des localités, pour rendre plus rapide l'action du pouvoir de tutelle sur la gestion des affaires départementales et communales.

INSPECTION DES PRÉFECTURES.

Cependant il vous a paru, Sire, que l'organisation d'un mode de surveillance tout spécial était l'indispensable corollaire de la grande réforme qui venait d'être accomplie : vous avez décidé, par un décret du 2 février 1853, qu'une inspection générale des préfectures de l'Empire aurait lieu d'après des instructions rédigées par le ministre de l'intérieur. De hauts fonctionnaires, conseillers d'État ou sénateurs, ont été chargés de constater, dans chaque département, l'influence du décret de décentralisation sur la marche des services publics, et de recueillir tous les renseignements propres à faire connaître les modifications ou les développements que ce décret pourrait comporter. Leurs instructions, rédigées surtout en vue de l'application du décret de décentralisation, mais qui s'étendaient néanmoins à toutes les matières auxquelles elles pouvaient utilement s'appliquer, ont servi de base à une vaste enquête administrative qui est aujourd'hui presque entièrement terminée.

Depuis leur retour, les inspecteurs des préfectures se sont réunis en commission sous ma présidence; ils apportent à Votre Majesté des appréciations concordantes et précises qui font connaître la situation administrative et économique de l'Empire, les vœux et les besoins des populations, les progrès déjà accomplis, grâce à l'initiative de votre gouvernement, et ceux qu'il appartient encore à l'avenir de réaliser.

Je compte vous proposer prochainement, Sire, plusieurs mesures qui me paraissent devoir apporter de notables améliorations dans les services administratifs; mais je m'empresse, dès à présent, de déclarer que les inspecteurs des préfectures ont constaté l'heureuse influence et les bienfaits du décret de décentralisation; ils ont reconnu dans les préfectures, dans les sous-préfectures et dans un grand nombre de mairies, que les affaires, d'autant plus soigneusement étudiées que le contrôle de l'administration centrale ne doit plus s'exercer sur elles qu'après leur solution, s'expédient maintenant avec une activité jusqu'ici sans exemple et à la grande satisfaction des administrés.

Cependant, et avant même que l'expérience du décret de décentralisation eût été faite complétement, une grave atteinte lui a été portée par la loi du 10 juin 1853, qui, en enlevant aux préfets le droit d'autoriser, dans certaines limites, les impositions extraordinaires et les

emprunts communaux, a remis en vigueur l'ancienne
législation en ce qui concerne ces deux objets. Certains
esprits s'étaient effrayés des conséquences de la réforme
accomplie; d'autres avaient consenti à leur faire une
concession qui pouvait d'ailleurs se justifier à cette
époque par le désir d'effectuer d'une manière uniforme
les opérations relatives à la conversion des dettes des
communes. Il est démontré aujourd'hui que les craintes
relatives à la décentralisation étaient chimériques ou
exagérées, et que les dispositions du décret du 25 mars
1852 auraient pu, sans inconvénient, être maintenues
dans leur intégrité.

L'abrogation partielle de ce décret a soulevé de vives
réclamations dans les départements; la nécessité de soumettre les emprunts communaux aux formes solennelles
des règlements d'administration publique retarde d'une
manière fâcheuse la solution des affaires urgentes.

Il est donc regrettable que les préfets ne soient plus
investis de l'attribution qu'ils tenaient du décret du
25 mars 1852, en matière d'impositions et d'emprunts
communaux, et il est à désirer que cette disposition
fâcheuse de la loi du 10 juin 1853 soit rapportée le plus
promptement possible, si l'on ne peut pas la considérer
comme ayant déjà cessé d'exister avec la loi elle-même,
qui était transitoire et ne devait durer que pendant l'intervalle de la session législative de 1853 à celle de 1854.
Je prendrai incessamment les ordres de Votre Majesté
à ce sujet.

AVANCEMENT ET TRAITEMENTS DES FONCTIONNAIRES.

L'expérience a montré qu'une trop grande instabilité
du personnel avait de fâcheux effets et nuisait à la bonne
administration. Le décret du 27 mars 1852 a obvié à

cet inconvénient, en rendant l'avancement indépendant
de la résidence. Le gouvernement y gagne d'avoir plus
de liberté dans ses choix, et de pouvoir récompenser les
services d'un administrateur habile, sans l'enlever à la
circonscription où la connaissance des lieux et des
mœurs, une aptitude spéciale, ou même des circonstances exceptionnelles lui permettent de se rendre plus
particulièrement utile.

Il était également nécessaire d'assurer aux représentants de l'autorité, dans les départements, une situation
en rapport avec l'importance de leurs fonctions. Le décret
du 27 mars 1852 a élevé les traitements des préfets,
sous-préfets et conseillers de préfecture, trop amoindris
après la révolution de février, et les a reportés à un
chiffre plus conforme à ce qu'exige la position de ces
fonctionnaires. La sollicitude du gouvernement s'est
étendue jusque sur les employés des préfectures, dont
le sort a été amélioré. Un second décret, en date du
28 mars 1852, en mettant au nombre des dépenses
départementales l'ameublement et l'entretien des hôtels
de sous-préfectures, a affranchi les sous-préfets d'une
servitude onéreuse et a fait cesser une anomalie.

Le décret du 2 juillet 1853 a préparé un nouveau progrès, en rétablissant les secrétaires généraux dans les
préfectures de 1re classe.

Tout récemment enfin, Votre Majesté a donné aux
fonctionnaires de l'ordre administratif une preuve nouvelle de son équitable sollicitude en décidant que les
préfets et sous-préfets qui, au moment où ils cessent
d'être en activité, ne réunissent pas les conditions voulues pour obtenir une pension de retraite, pourront recevoir un traitement de non-activité.

Le décret qui établit le cadre de disponibilité n'a pas

eu seulement pour objet d'assurer le sort des fonctionnaires : en l'instituant, Votre Majesté a remédié à un
vice grave de l'organisation administrative.

Jusqu'ici, quand le remplacement d'un préfet ou d'un
sous-préfet était nécessité par des circonstances particulières, il fallait ou révoquer ce fonctionnaire ou opérer
une série de déplacements toujours fâcheux. Aujour-
d'hui, le cadre de non-activité permet de pourvoir à
toutes les exigences du service par un seul déplacement,
et le fonctionnaire mis en disponibilité peut attendre
ainsi le moment d'être rappelé aux fonctions actives.

II.

SITUATION FINANCIÈRE DES COMMUNES.

Bien peu de temps encore nous sépare d'une époque
de ruineuses agitations; cependant, Sire, j'ai la satisfaction de pouvoir dire à Votre Majesté que, malgré les
sacrifices rendus nécessaires par la crise des subsistances,
la situation financière des communes de l'Empire est des
plus satisfaisantes. Pour la moitié d'entre elles environ,
le nombre des centimes additionnels de toute nature,
tant ordinaires qu'extraordinaires, est inférieur à cinquante ; et quant aux communes où ce chiffre est
dépassé et dont un petit nombre seulement voient les
centimes additionnels atteindre le montant du principal,
rien ne donne à penser que le fardeau qu'elles sup-
portent excède leur force contributive. Il ne faut pas
oublier, d'ailleurs, dans l'appréciation des charges communales, que toute imposition nouvelle représente habituellement un progrès, et toute dépense une augmentation correspondante du bien-être général. Je saisirai
cette occasion de réfuter l'erreur qui fait croire à un

accroissement exagéré dans les charges de la propriété
immobilière. Le montant de la contribution foncière en
principal et centimes additionnels figure au budget de
1855 pour une somme de 264 millions; si l'on cherche
ce qu'il était en 1802, on trouve un chiffre presque égal.
Cependant, par suite du développement de la richesse
nationale, la valeur du sol est aujourd'hui quadruple de
ce qu'elle était alors. Je n'insisterai pas, du reste, sur
ce rapprochement significatif; je me borne à constater
que les facultés contributives de la France sont bien loin
d'être compromises par les grands travaux d'utilité publique exécutés ou en cours d'exécution sur tous les
points du territoire. Ces travaux préparent la prospérité
des générations futures : l'avenir doit donc contribuer à
la dépense qu'ils exigent.

C'est cette pensée qui a inspiré au gouvernement le
système de la conversion des dettes des départements et
des communes, au moyen d'emprunts à longs termes,
remboursables par annuités. Si les complications de la
politique extérieure, en inquiétant les capitaux, n'avaient
arrêté dans leur développement les nouvelles institutions
de crédit fondées par votre gouvernement, les départements et les communes auraient pu profiter immédiatement du bénéfice de cette opération financière. Les
avantages en sont évidents. Par la conversion de ses
dettes, la commune la plus obérée peut échapper à la
nécessité de rembourser intégralement, à un jour donné,
le capital emprunté. En répartissant cette charge sur
un assez grand nombre d'années pour qu'elle devienne
presque insensible, la commune peut rendre sur-le-
champ disponible et féconde la portion de ses ressources
qui aurait été affectée au remboursement de la dette con-
vertie. C'est pour permettre aux départements et aux

grandes villes d'effectuer sans retard la conversion de leurs dettes, qu'avait été rendue la loi du 10 juin 1853, qui donnait au gouvernement le droit d'autoriser ces opérations, en l'absence du Corps législatif, dans l'intervalle des sessions de 1853 et de 1854. De nombreuses demandes de conversion avaient été adressées au gouvernement par les administrations locales ; s'il n'a pu y être donné suite, et si de justes espérances ont été déçues, il faut s'en prendre aux circonstances de force majeure que je viens de rappeler.

TRAVAUX COMMUNAUX. — SUBVENTIONS DE L'ÉTAT.

Cependant, ces difficultés n'ont pas arrêté l'élan des administrations municipales. Un grand nombre ont emprunté de la caisse des dépôts et consignations, à des termes d'échéance plus ou moins éloignés, les sommes dont elles avaient besoin ; des chemins vicinaux ont été ouverts ou réparés ; des églises, des maisons d'école, des mairies ont été construites. Il y a plus : pendant la crise déterminée par la cherté des subsistances, les communes ont redoublé de zèle ; unissant leurs efforts à ceux des particuliers, elles se sont imposé des sacrifices considérables en vue de procurer du travail aux ouvriers indigents. Engagées dans cette voie par l'initiative de Votre Majesté, elles y ont été suivies par sa constante sollicitude. Deux décrets ont mis à ma disposition une somme totale de six millions pour accorder des subventions aux communes qui voteraient des fonds dans l'intérêt des indigents. Un décret postérieur a ouvert un crédit de deux millions destinés aux communes que leur pauvreté mettait dans l'impossibilité de voter de semblables allocations.

En résumé, 8 millions ont été distribués aux com-

munes qui, de leur côté, ont répondu à l'appel que leur
faisait le gouvernement, en votant pour le même objet
des sommes dont le total atteint 16 millions. C'est donc
une somme de 24 millions qui, en moins de deux mois,
aura été réalisée et répartie sur les classes malheureuses
les plus cruellement atteintes par la cherté des subsistances.

TRAVAUX DE LA VILLE DE PARIS.

Les deux années 1852 et 1853 marqueront dans les
annales de la ville de Paris par les travaux immenses qui ont été exécutés ou entrepris. Le décret du
20 mars 1852, qui ordonne la réunion du Louvre
aux Tuileries, a entraîné, par voie de conséquence, des
travaux considérables d'embellissement aux abords de
ces deux palais et le prolongement de la rue de Rivoli.
Je dois rappeler ici l'établissement du boulevard de
Strasbourg et le décret du 14 mars 1854 qui déclare
d'utilité publique l'ouverture du boulevard Malesherbes,
la construction des halles centrales, celle du palais de
l'Industrie, assez avancée déjà pour présenter l'aspect
d'un admirable édifice, les projets d'embellissement de
la place de la Concorde et les travaux du bois de Boulogne. Enfin, en ce qui concerne les maisons particulières, les règles suivies jusqu'à ce jour en matière de
voirie urbaine dans l'intérieur de Paris ont été complé-
tées et modifiées. Le décret du 26 mars 1852, rendu à
cet effet, contient des dispositions qui, dans l'intérêt de
la salubrité et de l'embellissement général, soumettent
à certaines conditions réglementaires le mode de construction des maisons et étendent le droit d'expropriation
qui appartient à la ville. Ce décret porte, en outre, qu'il
pourra être appliqué, sur leur demande, aux autres villes

qui seraient pourvues d'un alignement général; et déjà
un assez grand nombre ont réclamé et obtenu le bénéfice
de cette disposition.

TRAVAUX DES GRANDES VILLES.

A Marseille, l'État et la ville ont entrepris d'un commun accord une grande opération : un traité a été
conclu par lequel l'État cède à la ville les terrains de
l'ancien lazaret et d'autres à conquérir sur la mer,
formant ensemble une surface de 40 hectares environ,
et lui accorde en outre une subvention de 2 millions
500,000 francs pour la reconstruction de sa cathédrale;
la ville s'engage, de son côté, à faire exécuter des travaux pour une somme de 13 millions. Ces travaux, dont
l'exécution a été décidée par le décret du 9 janvier 1852,
ont pour objet la construction d'un nouveau lazaret et
d'un port auxiliaire à Arrenc, l'assainissement de l'ancien port par un système d'aqueducs, la reconstruction de la cathédrale, et la mise en état de terrains à
vendre sur lesquels vont s'ouvrir des rues spacieuses.
A Lyon, des travaux considérables, dont la dépense
totale doit s'élever à 19 millions, et auxquels con-
tribueront la ville de Lyon, la chambre de commerce,
le département du Rhône et l'État, vont doter cette
ville d'une rue monumentale et d'édifices importants;
enfin, par l'extension prochaine du périmètre de leurs
fortifications, Toulon et le Havre pourront bientôt
s'enrichir de nombreuses constructions publiques et
privées. La dernière de ces deux villes fera en peu
d'années des travaux évalués à 8 millions, au moyen
d'emprunts qui seront remboursés avec le produit d'une
taxe spéciale établie sur les navires reçus dans son port
et consentie expressément par sa chambre de commerce.

RÉORGANISATION DU CONSEIL DES BATIMENTS CIVILS.

Au moment où s'exécutaient à Paris et sur toute
l'étendue du territoire de l'Empire des travaux de construction aussi nombreux qu'importants, il convenait de
constituer le conseil général des bâtiments civils de
manière à fortifier le contrôle qu'il est appelé à exercer,
et à accélérer la marche des affaires. D'après son ancienne organisation, ce conseil comprenait un certain
nombre d'architectes non rétribués qui, occupés des
travaux de leur art, ne pouvaient prêter à l'administration qu'un concours insuffisant. Par arrêté du 1ᵉʳ janvier 1854, j'ai décidé que désormais tous les membres
de ce conseil recevront un traitement. Frappé des
funestes conséquences qu'entraînait, dans beaucoup de
villes, l'absence d'un contrôle sérieux sur l'exécution des
grands travaux, au triple point de vue de l'art, de la
solidité et de la dépense, j'ai également décidé que les
inspecteurs généraux des bâtiments civils pourront être
envoyés sur les lieux, à l'effet d'exercer sur ces travaux
une surveillance efficace.

ARCHIVES DÉPARTEMENTALES.

Outre les trésors historiques rassemblés à Paris aux
Archives impériales, la France possède dans les archives
des départements une foule de documents précieux,
échappés comme par hasard aux désordres des guerres
civiles et à l'anarchie de 1793, et qui sont en quelque
sorte les titres historiques et les annales administratives
de nos anciennes provinces.

Pendant longtemps, ces documents sont restés enfouis
sans ordre et soustraits aux études.

Aujourd'hui encore, on ne possède, quant à leur ensemble, qu'un classement numérique, très-utile pour leur conservation, mais qui fait désirer vivement un inventaire général uniforme, propre à les faire connaître et à permettre de les consulter.

Préoccupée du haut intérêt qui s'attache aux recherches historiques, et dans le but de les favoriser, Votre Majesté a voulu qu'il fût institué au ministère de l'intérieur un bureau des archives départementales et communales, secondé de deux inspecteurs généraux et assisté d'une commission composée d'hommes éminents dans l'administration et dans les lettres.

Grâce à l'organisation de ce service, il a été possible de rechercher immédiatement les moyens de faire exécuter, pour toutes les archives départementales, des inventaires uniformes, de nature à être résumés en un seul corps d'ouvrage, à l'aide de tables générales faciles à consulter.

Aujourd'hui, Sire, les inventaires, en pleine exécution dans tous les départements, ont déjà constaté l'existence de documents aussi divers qu'intéressants et précieux.

J'ai la satisfaction d'annoncer à Votre Majesté que, d'ici à un an, le ministère de l'intérieur sera en mesure de lui présenter l'inventaire général de la première série (Actes du pouvoir souverain et domaine royal), et de livrer à la publicité cette portion achevée d'un travail si longtemps désiré et si longtemps considéré comme impraticable.

Si, grâce à la protection de Votre Majesté, ces inventaires, entrepris également pour les archives des communes et pour celles des hospices, peuvent, comme je le pense, être poursuivis avec la même activité pendant quelques années, Votre Majesté aura élevé à

la gloire de la France un monument historique sans
rival.

III.

ADMINISTRATION HOSPITALIÈRE.

Si, de l'administration départementale et communale,
je passe maintenant à ce qui touche l'assistance publique,
j'ai à vous signaler, Sire, les décrets du 23 mars et 17
juin 1852, relatifs à l'organisation nouvelle des commissions administratives des hospices et hôpitaux et des
bureaux de bienfaisance, et le décret du 2 février 1853,
qui place les sociétés de charité maternelle sous la protection de Sa Majesté l'Impératrice, dont la générosité s'est
manifestée à leur égard par un don de 100,000 francs.
Pendant les années 1852 et 1853, l'attention de votre
gouvernement s'est aussi portée sur les enfants trouvés :
une circulaire du 7 août 1852 traite des conditions dans
lesquelles ils peuvent être employés à la colonisation de
l'Algérie ; une autre circulaire, en date du 17 décembre
suivant, a pour objet la répartition de la somme de
200,000 francs affectée par Votre Majesté au retrait,
par leurs familles, des enfants trouvés et abandonnés à la
charge des hospices.

Si des crédits montant ensemble à 8 millions ont été
ouverts par Votre Majesté pour procurer du travail aux
ouvriers inoccupés, les indigents non valides n'ont pas
été oubliés ; par décret du 16 janvier dernier, vous avez
alloué aux établissements de bienfaisance une somme de
deux millions.

L'exécution du décret du 26 mars 1852, relatif aux
sociétés de secours mutuels, généralise de plus en plus
les bienfaits de cette institution. Plus de six cents sociétés

ont déjà été approuvées, et la commission supérieure
d'encouragement et de surveillance pourra bientôt signaler à Votre Majesté près de quatre cents nouvelles demandes d'approbation.

J'appellerai également l'attention de Votre Majesté
sur les heureux résultats qu'a produits l'application de
l'arrêté du 20 avril 1853, qui a organisé à Paris le service
du traitement des malades à domicile et l'a confié à des
médecins rétribués.

Retenir les indigents ou les ouvriers nécessiteux dans
leur demeure, au milieu des soins et des affections de la
famille, en leur procurant les secours qu'exige leur état
de maladie, tel est le but principal de cette institution.
Depuis le 1er janvier 1854, date de sa mise à exécution,
jusqu'au 31 mars dernier, les inscriptions pour le traitement à domicile se sont élevées, dans les douze arrondissements de Paris, à 7,179. Dans ce nombre figurent
3,524 personnes non inscrites sur les contrôles des
bureaux de bienfaisance, et qui, sans l'organisation du
nouveau service, seraient restées sans secours ou seraient
tombées à la charge des hôpitaux. A côté du traitement
à domicile se trouve placé le service des consultations
gratuites pour les personnes atteintes d'affections légères.
Pendant le premier trimestre de 1854, ces consultations
ont atteint le chiffre de 24,005.

De semblables résultats, obtenus dès le début de cette
institution, attestent son utilité, et les heureux effets de
cette expérience permettent d'espérer que ce nouveau
mode d'assistance publique pourra être étendu plus tard
à toutes les classes indigentes et laborieuses.

CITÉS OUVRIÈRES.

Là ne se bornent pas les mesures prises, depuis deux

ans, par votre gouvernement dans l'intérét des classes
laborieuses. L'effet du décret du 22 janvier 1852, qui
affecte un crédit de 10 millions à l'amélioration des
logements d'ouvriers, a été rapide et général. De nombreux projets ont été aussitôt mis à l'étude, et dans les
départements comme à Paris, plusieurs cités ouvrières
ont été construites.

Sept sont aujourd'hui terminées ou vont l'être incessamment; ce sont : à Paris, la cité Napoléon, rue Roche-
chouart, les bâtiments de la Chapelle-Saint-Denis, du
boulevard Mazas, des Batignolles et de la rue de Mon-
treuil ; en province, la cité de Marseille et les trois cents
maisons qui forment la cité modèle de Mulhouse.

Quatre cités nouvelles ont été autorisées à Marseille,
Lille et Paris. Les constructions seront établies dans
ces deux dernières villes à l'instar de celles de Mulhouse,
c'est-à-dire que chaque petite maison destinée au loge-
ment d'une ou deux familles au plus formera une propriété séparée dont l'acquisition sera rendue facile aux
ouvriers.

Enfin, d'autres projets importants sont à l'étude, et
leur exécution pourra être prochainement entreprise.

LOGEMENTS INSALUBRES.

Mais l'administration n'atteindrait pas le but qu'elle
poursuit en faisant bâtir pour les ouvriers des habitations commodes et salubres, si elle ne s'attachait en
même temps à faire disparaître les demeures dont l'existence compromet la santé publique. Aussi le gouvernement veille-t-il avec soin à l'exécution de la loi du
13 avril 1850 sur les logements insalubres. Les villes
font des efforts dignes d'éloges pour assainir leurs quartiers populeux, et des centaines d'habitations ont déjà

été, après l'accomplissement des formalités légales, frappées de l'interdiction de séjour.

BAINS ET LAVOIRS PUBLICS.

Un crédit de 600,000 francs a été ouvert par la loi du 3 février 1851 pour aider les communes dans la construction d'établissements de bains et lavoirs publics gratuits ou à prix réduits. Les établissements de cette nature, fort répandus eu Angleterre, sont destinés à introduire de grandes améliorations dans le bien-être de la classe ouvrière, et les avantages qu'ils procurent ne sont contestés par personne.

Plusieurs villes, telles que Lille, Nantes, Reims, Mulhouse, Ajaccio, Châteaudun, Remiremont, etc., ont demandé et obtenu des subventions et possèdent aujourd'hui d'utiles établissements. Mais, malgré les instructions transmises par mon administration dans tous les départements, le crédit de 600,000 francs est loin d'être entièrement employé. Le peu d'empressement des communes à solliciter les secours du gouvernement doit être attribué à ce que, la loi du 3 février 1851 mettant à leur charge les deux tiers de la dépense, elles craignent, en présence des opérations dans lesquelles elles sont déjà engagées, de commencer de nouveaux travaux. Des compagnies particulières ont présenté des propositions; mais la loi n'étant applicable qu'aux communes, ces propositions n'ont pu être accueillies. Toutefois, l'administration a reconnu que, sans modifier la loi, il serait possible de profiter des offres des particuliers, en accordant aux communes, qui seraient chargées de toutes les transactions ultérieures avec les compagnies, les subventions réclamées par celles-ci. J'ai tout lieu d'espérer,

Sire, que, de cette façon, la loi du 3 février 1851 attein-
dra son but.

ÉTABLISSEMENTS DE RÉPRESSION.

En travaillant à améliorer le sort des populations et à
diminuer ainsi les sources de la criminalité, l'administration n'en garde pas moins le devoir d'assurer la
répression et de veiller à l'amendement des coupables.
C'est en vue surtout de ce dernier résultat que deux
importantes décisions ont été prises par mon administration : la réorganisation du travail dans les maisons
centrales, et l'appropriation des prisons départementales au régime de la séparation des détenus d'après leur
situation légale.

La loi du 9 janvier 1849, en rétablissant dans les
grandes prisons, pour peine, le travail suspendu par le
décret du 24 mars 1848, limitait exclusivement à des
travaux destinés aux établissements publics la faculté
d'occuper les détenus. Cette restriction condamnait au
désœuvrement la plus grande partie de cette population.
Le décret du 25 février 1852 a porté remède à ce grave
inconvénient, en décidant que les condamnés pourraient,
à l'avenir, être employés à des travaux d'industrie privée, sous des conditions et d'après des tarifs déterminés
par des règlements administratifs. Le même décret a
ouvert une voie nouvelle et féconde à la moralisation des
détenus par le travail, en permettant de les appliquer à
des travaux extérieurs de défrichement, de fortifications
et d'utilité publique. Des projets ont été étudiés pour la
prochaine application de cette disposition. Sous l'empire
de ces mesures, le travail s'est progressivement rétabli;
le nombre des inoccupés a sensiblement diminué, et

les produits du travail qui, dans le cours de 1852, étaient au-dessous de 1 million 500,000 francs, ont, pendant l'année suivante, dépassé 1 million 800,000 francs.

Les prisons départementales, mal appropriées, pour la plupart, à leur destination, réunissaient dans une promiscuité fâcheuse les prévenus, les condamnés, les enfants, les adultes, et tous les éléments divers de leur population. La pensée de ramener tous ces établissements au système cellulaire avait depuis longtemps fait ajourner des améliorations intérieures indispensables. Le gouvernement, en renonçant à l'application de ce système, pour s'en tenir à celui de la séparation par quartiers, a fait aux administrations locales, par la circulaire du 17 août 1853, un appel qui a été de toutes parts entendu. Douze départements ont immédiatement voté, pour la réforme de leurs prisons d'après ce nouveau plan, trois millions six cent mille francs de travaux ; et, dans trente-quatre autres, des projets sont à l'étude pour être soumis à la prochaine session des conseils généraux.

Les établissements destinés à l'éducation des enfants envoyés en correction ont eu part à la sollicitude de mon administration. Deux projets de règlements d'administration publique, préparés en exécution de la loi du 5 août 1850, ont été soumis aux délibérations du conseil d'État : l'un a pour objet le régime disciplinaire des maisons d'éducation correctionnelle, et l'autre règle l'organisation des sociétés de patronage des jeunes libérés. Pour stimuler dans ces établissements le travail et la bonne conduite et compléter les effets du régime répressif par l'attrait des récompenses, j'ai décidé, le 18 décembre 1852, que des livrets de caisse d'épargne seraient, tous les ans, distribués en prix aux jeunes détenus des colonies agricoles et quartiers correctionnels des maisons centrales.

Enfin, je dois rappeler, en terminant, sur ce point, le décret du 6 avril 1852, qui a réorganisé l'inspection générale des prisons, en même temps que celle des établissements de bienfaisance et des asiles d'aliénés, et la décision par laquelle j'ai ordonné la création d'une statistique annuelle de tous les établissements de répression. J'ai l'honneur de mettre sous les yeux de Votre Majesté le résultat de ce travail pour 1852.

IV.

SERVICE TÉLÉGRAPHIQUE.

Depuis mon entrée au ministère, au commencement de l'année 1852, le service des lignes télégraphiques, qui forme aujourd'hui une direction générale, a pris une extension considérable. Le télégraphe aérien mettait vingt villes seulement en communication avec Paris. Cent cinq sont aujourd'hui rattachées à cette capitale de l'Empire par le télégraphe électrique. Avant la fin de l'année 1854, tous les chefs-lieux de préfecture pourront communiquer avec Paris, qui sera bientôt en relation directe avec la Corse et l'Algérie.

Antérieurement à 1852, nos lignes télégraphiques n'étaient reliées qu'aux lignes belges et anglaises. Presque toutes les frontières sont actuellement franchies. La France est en communication électrique directe avec l'Angleterre, la Belgique, la Suisse, la Bavière, le grand-duché de Bade, la Prusse, l'Autriche et la Sardaigne, et nos fils attendent à Irun que la ligne de Madrid à la frontière française soit terminée ; on m'annonce que cet important résultat va être atteint dans quelques semai-

nes. Diverses mesures législatives sont venues réglemen-
ter la télégraphie privée et favoriser son développement.

Des traités ont été conclus avec les États voisins pour
poser les bases d'une convention destinée à établir un
système général de télégraphie internationale.

Pour faciliter ces relations, j'ai organisé un service de
nuit sur toutes les grandes lignes.

Le commerce et les particuliers apprécient vivement
ces modifications, et se montrent de plus en plus em-
pressés à user des communications électriques. Le nombre des dépêches privées, qui n'avait été que de 10,000
en 1851, et de 48,000 en 1852, a atteint, pendant
l'année 1853, le chiffre de 200,000. Les recettes qui,
en 1851, ne montaient qu'à 75,000 francs, se sont élevées, en 1853, à 1,500,000 francs, et produiront, à la
fin de cette année, environ 3 millions.

Votre Majesté avait voulu qu'une grande impulsion
fût donnée à ce service ; elle doit voir que ses intentions
ont été suivies autant qu'il dépendait de mon département. Cependant, de nouveaux progrès vont encore
être accomplis : l'administration des lignes télégraphiques
a été réorganisée de façon à en mettre le personnel en
rapport avec l'ouverture de nouvelles lignes et avec les
besoins toujours croissants de la correspondance ; les
bureaux seront multipliés pour que des villes importantes
par le chiffre de leur population, par leur commerce ou
par leur industrie, puissent profiter des avantages de la
télégraphie, jusqu'ici réservés presque exclusivement
aux chefs-lieux de préfecture ; des fils supplémentaires
seront établis sur plusieurs lignes où le développement
rapide des correspondances a dépassé toute prévision ; le
bon entretien du matériel va être assuré par une inspection quotidienne qui rendra impossible toute interrup-

tion prolongée du service; enfin, une vérification nouvelle, plus uniforme et plus favorable au public, con-
tribuera encore, je l'espère, à populariser ce précieux
moyen de communication.

L'usage de la télégraphie, en se régularisant, ne peut
manquer d'apporter de grands changements dans les
relations commerciales, et de seconder puissamment le
développement des affaires. Je n'ai pas besoin de dire à
Votre Majesté quel ressort utile il est déjà entre les mains
de l'administration, et ce qu'il ajoute de promptitude et
d'ensemble à l'action du pouvoir. Peut-être même, les
services de la télégraphie ne s'arrêteront-ils pas là ; peut-
être, par la contagion du bon exemple et sous l'empire
d'une heureuse nécessité, verra-t-on la netteté et la con-
cision indispensables aux dépêches télégraphiques s'introduire dans le langage administratif, et en bannir les
longues et oiseuses formules dont il est surchargé.

V.

AGRICULTURE ET COMMERCE.

Ce résumé des mesures prises en 1852 et 1853 par
mon administration serait incomplet, Sire, si je ne ren-
dais compte à Votre Majesté du résultat amené par deux
créations importantes qui ont marqué la période pendant
laquelle la direction de l'agriculture et du commerce a
fait partie de mon ministère : je veux parler de l'établissement des institutions de crédit foncier et de la formation de la société générale du crédit mobilier.

La France est grevée d'une dette hypothécaire considérable, dont le chiffre, en 1852, dépassait huit milliards.
L'intérêt de cette dette s'élève en moyenne, tous frais
compris, à 8 p. 100, et représente annuellement une

somme d'environ 640 millions. L'agriculture languissait sous le poids de cet énorme fardeau qui lui interdisait toute tentative d'amélioration. Votre Majesté a voulu venir en aide à ce premier des intérêts nationaux, en dotant la France d'institutions de crédit foncier analogues à celles qui ont déjà produit de si heureux résultats dans plusieurs parties de l'Europe.

Si le propriétaire foncier, au lieu de payer au prêteur un intérêt de 8 p. 100, et de rester en outre sous le coup de l'obligation de rembourser à jour fixe, sous peine d'expropriation, la totalité du capital emprunté, pouvait se libérer graduellement au moyen d'annuités modérées, n'est-il pas évident que la propriété immobilière verrait immédiatement ses charges s'alléger; qu'elle pourrait faire des efforts auparavant impossibles; que l'agriculture trouverait plus facilement, et à plus bas prix, les capitaux indispensables pour toute amélioration; qu'enfin une voie serait ouverte qui pourrait, avec le temps, conduire à la complète libération du sol?

Telle est l'immense et heureuse réforme qu'il a été donné à mon ministère d'accomplir par le décret du 28 février 1852. Grâce à l'organisation du crédit foncier, la propriété immobilière pourra désormais éteindre sa dette au moyen d'annuités réparties sur une longue période, qui comprennent à la fois l'intérêt et l'amortissement du capital, et qui ne dépassent point le taux de 5 à 6 p. 100. Des lettres de gage portant intérêt sont remises au prêteur en échange de ses avances, et la facile circulation de ces lettres est assurée par les garanties que présentent aux capitalistes les conditions auxquelles sont soumises toutes les opérations des sociétés de crédit foncier. Des réformes à la fois hardies et prudentes, apportées dans notre régime hypothécaire, ont complété et fortifié ces garanties. L'action des sociétés de crédit foncier, accidentellement paralysée par les complications imprévues de la politique extérieure, embrasse aujourd'hui la France entière. Les deux sociétés locales de Marseille et de Nevers se partagent six départements ; les quatre-vingts autres départements forment la circonscription de la société établie à Paris sous le nom de CRÉDIT FONCIER DE FRANCE.

Cette dernière société a déjà autorisé des prêts pour une somme de 55 millions, répartie entre 1,134 emprunteurs ; toutefois, ces prêts n'ont encore été réalisés qu'en faveur de 487 emprunteurs, et jusqu'à concurrence de 36,504,300 francs : la délivrance du surplus est subordonnée à la production de pièces jugées nécessaires, en un mot, à l'accomplissement des conditions exigées par les statuts. Les premiers résultats sont loin de répondre à la grandeur de l'institution, et ce n'est pas d'après eux qu'on peut la juger. Les débuts de la société, comme ceux de tout établissement nouveau, ont été difficiles, et je n'ose croire qu'elle ait encore triomphé de tous les obstacles. Il était malaisé de composer dès le premier jour un personnel qui offrît toute garantie au gouvernement et au public, et plus malaisé encore de faire comprendre et de populariser un système dont le mécanisme savant et ingénieux n'est pas saisi du premier coup par toutes les intelligences. Il faut, en outre, et c'est là le principal obstacle, changer des habitudes depuis longtemps établies, avec lesquelles les populations sont familiarisées, et que défendent obstinément des intérêts actifs et puissants. L'expérience enfin ne saurait manquer de suggérer d'utiles modifications à une œuvre qui ne pouvait atteindre immédiatement à la perfection. Mais un retard momentané et des difficultés passagères ne peu-

vent rien préjuger contre le succès d'une institution destinée à produire en France les plus grands et les plus
heureux changements. Il a fallu des années pour populariser le crédit foncier dans l'est de l'Europe, où pourtant la constitution spéciale de la propriété lui venait en
aide ; mais maintenant aucune institution n'y est prisée
plus haut : l'épreuve de l'expérience ne lui sera pas moins
favorable dans notre pays. A mesure que l'organisation
du crédit foncier sera mieux comprise, et que les avantages qu'il procure seront mis en lumière par de plus
nombreux exemples, il entrera davantage dans les
mœurs et portera des fruits plus abondants. Diminuer
les charges qui pèsent sur la production agricole, préparer l'extinction de la dette hypothécaire, mettre à la
portée du cultivateur les capitaux nécessaires pour profiter des progrès de la science, enfin, raffermir sur sa
base la propriété immobilière en lui redonnant l'indépendance et la sécurité, et changer en réalité une possession qui n'est trop souvent qu'une apparence : telle
est l'œuvre réservée au crédit foncier, telle est l'œuvre
qu'il accomplira, mais avec le temps, sans le secours
duquel rien de grand, rien de fécond ne se fonde et
n'arrive à maturité.

Le commerce et l'industrie sont, après l'agriculture,
les principaux éléments de la richesse nationale. Les
regards de votre gouvernement ne pouvaient manquer de
se tourner vers le développement du crédit fondé sur les
valeurs mobilières. Entre tous les établissements de
crédit qui existent au monde, la banque de France passe
à bon droit pour être celui dont la constitution est la
plus solide. Cette banque est à la fois pour notre commerce un point d'appui et un guide ; et son influence
matérielle et morale donne à notre marché une stabilité

bien précieuse. Par la réserve et la prudence qui dirigent toutes ses opérations, cette admirable institution remplit donc à merveille le rôle d'élément régulateur. Mais le génie commercial, pour enfanter les prodiges dont il porte en lui le germe, a besoin surtout d'être stimulé ; et précisément parce que la spéculation est contenue en France dans les plus étroites limites, il n'y avait aucun inconvénient, et il y avait au contraire avantage, à placer en regard de la banque de France un établissement conçu dans un ordre d'idées tout différent, et qui représentât, en fait d'industrie et de commerce, l'esprit d'initiative.

Le modèle de cet établissement était tout trouvé : il suffisait de l'emprunter à un pays renommé pour la loyauté sévère, la prudence et la solidité qui président à toutes ses opérations commerciales. En mettant au service de toutes les idées justes et de toutes les entreprises utiles ses capitaux, son crédit et son autorité morale, la *société générale des Pays-Bas* a multiplié en Hollande les routes, les canaux, les défrichements, et mille améliorations qui ont rapporté au centuple le prix dont elles avaient été payées. Pourquoi ne pas faire profiter la France d'une institution dont une expérience aussi éclatante avait montré les avantages? Telle est la pensée qui a déterminé la création de la société générale de crédit mobilier, autorisée par le décret du 18 novembre 1852.

Aux termes de ses statuts, cette société peut, entre autres opérations, acquérir et vendre des effets publics ou des actions industrielles, prêter ou emprunter ces valeurs, soumissionner les emprunts publics, enfin émettre, jusqu'à concurrence du montant des valeurs acquises, des obligations à longue échéance.

Elle a donc entre les mains les moyens de réunir à

tout instant, à des conditions avantageuses, des capitaux considérables : c'est dans le bon usage qu'elle fera des capitaux que réside la fécondité de l'institution. En effet, elle peut à volonté commanditer l'industrie, s'intéresser dans des entreprises, s'associer à des opérations à long terme que la constitution de la banque de France et du comptoir d'escompte interdit à ces établissements ; en un mot, elle est libre de ses mouvements, et peut rendre son action aussi variée que les besoins du génie commercial. Si, entre les entreprises naissantes, elle sait discerner, pour leur donner un appui, celles qui portent le cachet de la fécondité ; si, par l'intervention opportune des immenses ressources dont elle dispose, elle permet de conduire à terme et de rendre productives des œuvres qui languiraient ou avorteraient sans elle ; si son concours est l'indice assuré d'une idée utile et d'un projet bien conçu, la société du crédit mobilier méritera et commandera la confiance publique ; les capitaux disponibles prendront l'habitude de se grouper autour d'elle, et se porteront en foule où son patronage leur servira de garantie. C'est ainsi que par le pouvoir de l'exemple et par l'autorité qui s'attache à son appui, bien plus encore que par une aide matérielle, cette société deviendra l'auxiliaire de toutes les pensées d'utilité générale. C'est ainsi qu'elle encouragera puissamment les efforts de l'industrie et stimulera partout l'esprit d'invention.

Si j'insiste sur le véritable caractère de cette institution et sur l'avenir qui lui est réservé, c'est qu'un concours de circonstances fâcheuses à l'origine, des mesures de détail mal conçues dont les conséquences ont été regrettables, des imperfections dans les statuts aussitôt révélées par la pratique, mises à profit par la spéculation, enfin, l'influence exercée sur toutes les affaires par les craintes extérieures, ont failli compromettre les débuts de la société et entraver le développement de ses opérations. Néanmoins, ses progrès ont été rapides. Dès sa première année d'existence, la masse des fonds qui lui ont été versés en comptes courants s'est élevée à près de 148 millions ; elle a pu consacrer 15 millions à des placements en rentes et actions de chemins de fer, 21 millions à des placements en obligations, 37 millions en placements à échéance déterminée, et 45 millions à des prêts sur reports.

Elle a prêté son concours au Crédit foncier de France en souscrivant à ses obligations ; elle a pris une part considérable à la fusion des trois chemins de fer de Saint-Étienne à Lyon, d'Andrezieux à Roanne et de Saint-Étienne à la Loire ; elle a souscrit l'emprunt ouvert par la compagnie du chemin de fer Grand-Central, et rendu des services également utiles aux compagnies des chemins de fer de l'Est et du Midi, et à diverses grandes entreprises industrielles. Ainsi, soit que la société du crédit mobilier prenne l'initiative des modifications intérieures dont l'expérience pourra démontrer la nécessité, soit que le gouvernement soit amené à les provoquer, la pensée même de l'institution demeure intacte.

Tel est le compte que j'ai l'honneur de rendre à Votre Majesté de la mission qu'elle avait daigné me confier. Il lui est facile d'en apprécier l'importance et les difficultés. Si donc, au milieu d'une foule d'obstacles et de détails infinis de toute nature tendant sans cesse à s'accroître, il ne m'a pas toujours été possible d'atteindre le but, du moins dans les choses essentielles, j'espère n'avoir rien omis de ce qui en assure le succès.

Je serais heureux que Votre Majesté pût en juger ainsi, et son approbation serait ma récompense la plus flatteuse.

Je suis, etc.

RÉPONSE AU LORD MAIRE [1].

Je vous remercie, Milord maire, d'avoir proposé dans cette enceinte le toast qui vient d'être si chaleureusement accueilli.

Il y a trente-cinq ans que l'Empereur Napoléon Ier exprimait le regret de n'avoir pu vaincre les préjugés des deux peuples et de n'avoir pu gagner l'amitié de l'Angleterre. « Que de grandes choses, s'écriait-il, nous » aurions pu faire ensemble ! »

Eh bien, Messieurs, ces grandes choses s'accomplissent aujourd'hui pour le bonheur et la sécurité du monde. Le tombeau de Napoléon a reçu la pieuse visite de votre illustre reine, et, sous un autre Napoléon qui a compris les véritables intérêts de son pays, la France est devenue l'intime alliée de l'Angleterre.

Ce n'est pas tout. Notre alliance ne repose pas seulement sur des circonstances accidentelles, mais sur l'étroite union des intérêts des deux peuples, intérêts aujourd'hui tellement confondus que rien d'heureux ou de malheureux ne peut arriver chez l'un sans se reproduire chez l'autre [2].

---

[1] Ce discours a été prononcé dans un banquet donné à Londres, le 9 novembre 1855, pour l'installation du nouveau lord maire. M. de Persigny, à cette époque, représentait la France comme ambassadeur, et, pour la première fois, le lord maire avait porté un toast à l'Empereur Napoléon III.

[2] Allusion à la guerre de Crimée.

Les deux nations sont, en un mot, solidaires en toutes choses. La prospérité de l'une assure la prospérité de l'autre.

Lorsque deux pays en sont arrivés là, leur alliance est à l'abri de toute espèce d'intrigues : aucune puissance humaine ne peut plus les séparer.

Et quand on pense que l'union de nos deux pays, l'un plus spécialement maritime, l'autre plus spécialement militaire, constitue la plus grande puissance qui ait jamais existé, nous pouvons attendre, dans la plus complète sécurité, l'issue de cette guerre.

DISCOURS

AU LORD MAIRE ET AUX REPRÉSENTANTS DE LA CITÉ DE LONDRES [1].

Milord maire et Messieurs, je vous remercie au nom de mon Souverain.

Je veux vous dire le motif pour lequel j'attache une si haute importance à votre adresse, au milieu de toutes les félicitations journellement envoyées à l'Empereur : c'est que je connais la grande et légitime influence qu'exerce en Angleterre la cité de Londres, représentation naturelle de l'immense mouvement commercial de votre pays.

Vous avez été les premiers à comprendre les intérêts

[1] Le 26 janvier 1857, à l'occasion de l'attentat Orsini, le lord maire, accompagné des shérifs et des divers fonctionnaires, s'était rendu chez l'ambassadeur de France, afin de lui communiquer une adresse de félicitations à l'Empereur votée à l'unanimité par le corps municipal, et le prier de la transmettre le plus promptement possible. La réponse de M. de Persigny à la députation de la Cité a été prononcée en anglais.

considérables qui rendaient nécessaire l'alliance des deux pays. L'Angleterre, fière, à juste titre, de ce pouvoir maritime, colonial et commercial, pour lequel la Providence semble dès longtemps l'avoir créée, ne peut que souhaiter la continuation de ses bons rapports avec la France. De son côté, la France est mue par un intérêt également important, car, après avoir fondé un grand gouvernement, fort de la sympathie de toute la nation, elle n'a plus qu'une chose à désirer, la paix, pour assurer d'une manière solide les fondements de sa dynastie.

La France est en ce moment soulevée et agitée par le crime effroyable que des étrangers viennent d'essayer de commettre sur la personne de son Souverain. Devant les attentats commis successivement à des intervalles pour ainsi dire périodiques par des étrangers vivant en Angleterre, la France s'alarme en songeant que de pareils dangers peuvent venir d'un pays dont les soldats ont versé leur sang côte à côte avec les siens sur les champs de bataille de la Crimée. Moi qui vis au milieu de vous, je comprends parfaitement la sincérité de l'amitié que l'Angleterre porte à la France, car j'en ai tous les jours les preuves les plus convaincantes sous les yeux.

Je connais assez les principes nobles et larges qui forment la base de votre propre législation. J'admire surtout et je respecte chez vous ce droit d'asile qui est tout à la fois l'honneur et l'orgueil de la Grande-Bretagne; cet asile que vous accordez à toutes les victimes des passions politiques sur le continent fait votre gloire, et ce n'est pas la France qui voudrait la diminuer.

Loin de nous en plaindre, nous sommes heureux que des princes illustres tombés du trône trouvent ici le respect dû à de grandes infortunes, et nous vous

6.

honorons pour la protection et le refuge que vous accordez à toutes les victimes de nos luttes politiques, à quelque parti qu'elles puissent appartenir. Que ces réfugiés vivent donc en Angleterre paisiblement, avec sécurité, avec indépendance, et qu'ils jouissent de leur complète liberté d'action! Ma patrie comprend trop bien le sentiment de l'honneur pour jamais demander à l'amitié de l'Angleterre quelque chose qui soit incompatible avec cet honneur.

Permettez-moi donc de vous indiquer la vraie question. Elle n'est pas dans les tentatives d'assassinat en elles-mêmes, elle n'est pas même dans le crime du 14 janvier, dont le gouvernement anglais se serait empressé de nous prévenir, s'il l'avait connu par avance.

Toute la question gît dans la situation morale de la France, qui commence à douter avec anxiété des sentiments réels de l'Angleterre. L'opinion publique, raisonnant par analogie, se dit que, s'il y avait en France des hommes assez infâmes pour préconiser dans leurs clubs, leurs journaux, leurs écrits de toute sorte, l'assassinat d'un souverain étranger, ou pour en préparer l'exécution, l'administration française n'attendrait pas les demandes d'un gouvernement étranger, elle n'attendrait pas non plus que ces machinations eussent reçu un commencement d'exécution : la notoriété publique suffirait pour faire agir contre de semblables conspirations, et des mesures de sûreté seraient prises sur-le-champ.

Aussi la France est-elle étonnée que rien de semblable n'ait eu lieu en Angleterre, et les Français disent : Ou bien la loi anglaise est suffisante, ainsi que le déclarent certains jurisconsultes, et alors pourquoi ne l'applique-t-on pas? Ou bien elle est insuffisante, ce que pensent d'autres jurisconsultes, et dans ce cas, pourquoi un pays libre, qui fait lui-même ses lois, ne remédie-t-il pas à cette omission? En un mot, la France ne comprend pas et ne peut pas comprendre cet état de choses; et là est le mal, Messieurs, car elle peut se méprendre sur les vrais sentiments de son alliée, et ne plus croire à sa sincérité.

Si jamais cette confiance mutuelle de nation à nation, qui constitue le fondement véritable d'une alliance solide, était affaiblie, ce serait pour les deux pays et pour la civilisation une calamité déplorable; mais, grâce à Dieu, entre deux nations également intéressées à maintenir leurs relations cordiales, entre deux gouvernements qui s'estiment l'un l'autre et qui se donnent continuellement des témoignages d'amitié et de bienveillance, une si fâcheuse éventualité est, j'en suis persuadé, presque impossible.

DISCOURS

SUR LE RÉTABLISSEMENT DE L'EMPIRE [1].

Messieurs, appelé par le choix de l'Empereur à l'honneur de présider le conseil général de la Loire, j'éprouve tout d'abord le besoin de remercier mes concitoyens du témoignage d'estime qu'ils viennent de me donner. Plus c'est un proverbe universel que nul n'est prophète dans son pays, plus sont précieuses les marques de sympathie qu'on en reçoit. Pour moi, ce sentiment emprunte peut-être quelque chose de plus vif à cette circonstance particulière, que chacun sait ici qu'il y a plus de vingt

[1] Prononcé, le 23 août 1858, à l'ouverture de la session du conseil général de la Loire.

ans, et à peine sorti du banc des écoles, je fus un des premiers Français qui allèrent se ranger dans l'exil auprès du neveu de l'Empereur et le saluer du titre de futur Empereur des Français. (*C'est vrai! c'est vrai! Applaudissements.*) Il est donc naturel qu'en me trouvant, pour la première fois, en présence des honorables représentants de ma province, je leur demande la permission de rappeler ici la circonstance qui m'a valu l'honneur d'attirer l'attention de mes concitoyens.

A l'époque dont je parle, le duc de Reichstadt était mort, emportant, en apparence, dans sa tombe, toute la tradition napoléonienne. Le public ne paraissait pas se douter qu'il existât en exil d'autres membres de la famille Bonaparte, et il semblait que c'en était fait à jamais de la dynastie impériale. Cependant, au milieu de cet oubli général, quelques hommes rêvaient encore pour leur pays le retour aux traditions du grand Empereur, et voici le raisonnement qui était devenu pour eux une espèce de révélation.

La France, se disaient-ils, est monarchique par son histoire, ses traditions, ses mœurs, son esprit, son caractère même, et elle ne peut être qu'une monarchie. Elle essayerait dix fois, vingt fois, de la république, que dix fois, vingt fois, elle échouerait dans cette tentative contre nature. La question n'est donc pas, comme on la posait alors, monarchie ou république; mais quelle monarchie? quelle dynastie? Or, ajoutaient-ils, au temps où nous vivons, quelque regret qu'inspire le passé, quelque illustre et glorieuse que soit la maison de Bourbon, renversée par la Révolution française et revenue en France à la suite des armées étrangères, elle ne représente plus la société nouvelle. Étrangère, sinon hostile, aux nouveaux intérêts, aux nouvelles gloires de la France, et ne pou-

vant plus compter réellement sur la sympathie et l'amour
du peuple, elle est désormais aussi impuissante à régner
sur lui, qu'anciennement les Stuarts restés catholiques
sur le trône d'une nation devenue protestante. Il faut
donc à leur place une dynastie populaire, sortie des
entrailles de la Révolution, ayant les idées, les sentiments, les instincts, peut-être même les passions de la
nouvelle société, et avant tout la sympathie des grandes
masses populaires (*Vive approbation*); car ce qui fait la
force des monarchies, ce n'est pas seulement l'appui des
classes riches et opulentes de la société. Si tout le monde
avait cent mille francs de rente, le choix de la dynastie
importerait peu. Le grand problème à résoudre, c'est
que des millions d'hommes vivant au jour le jour dans
la médiocrité, le besoin, la misère même, placent une
telle confiance dans le gouvernement, qu'ils n'aient pas
d'autre souci que de vaquer avec calme et sécurité à
leurs travaux de chaque jour. En d'autres termes, il ne
suffit pas qu'en France la dynastie soit chère aux hôtels
armoriés du faubourg Saint-Germain, ou aux salons
dorés de la Chaussée-d'Antin, mais avant tout dans la
chaumière du peuple, dans les champs et dans les ateliers. (*On applaudit.*) Or, quel nom parle mieux au
cœur du peuple que celui de Napoléon? Quelle tradition est plus capable d'exciter sa sympathie et sa confiance? Là est donc la véritable, la légitime dynastie de
la France; et le jour où le sentiment populaire aura
l'occasion de se produire, la dynastie impériale sera
rétablie.

Eh bien, Messieurs, aujourd'hui cette espèce de pro-
phétie est accomplie. La dynastie de Napoléon règne au
milieu d'un peuple paisible; et ce peuple, qui naguère
semblait ingouvernable, est aujourd'hui le plus calme de

l'Europe. Il a suffi d'un nom, d'un symbole aimé des masses, pour calmer ces passions, cette effervescence qui semblaient menacer notre pays d'une ruine complète. Loin de moi, assurément, l'idée de rabaisser le mérite personnel de l'Empereur dans cette grande œuvre de pacification. Comme le neveu de César, comme Auguste, il a fallu que le neveu de Napoléon I⁽ᵉʳ⁾ ajoutât à son nom de bien grandes et bien rares facultés pour triompher de tant d'obstacles. (*Applaudissements.*) Mais il faut le dire à l'honneur de la nation, si Napoléon III a pu réussir si aisément où tant d'autres avaient échoué, c'est que son habileté a eu pour auxiliaire la noble et touchante confiance du peuple daas le nom de Napoléon (*Bravos*); et c'est là la plus éclatante justification des idées dynastiques dont je viens de vous entretenir.

Je n'ignore pas les reproches que quelques partis adressent à l'établissement impérial. On ne peut méconnaître les grands services que lui doit l'ordre social tout entier, le calme qu'il a rétabli dans les esprits, et la sécurité qu'il a rendue aux intérêts. Mais on l'accuse de tendre à déshériter le pays de sa légitime intervention dans les affaires publiques, en fondant, comme à Rome, une espèce de dictature césarienne, à l'aide du prestige du nom de Napoléon. Permettez-moi, Messieurs, de repousser cette analogie. Entre César et Napoléon, il n'y a de commun que la gloire qui a fondé le prestige des deux noms. Les situations sont complétement différentes. A Rome, il s'agissait de faire passer une société corrompue et désorganisée par la guerre civile, de la république à la dictature, en achevant de détruire les anciennes libertés. Tandis qu'en France, au contraire, l'œuvre napoléonienne n'est que la continuation de notre vieil État monarchique par une quatrième dynastie, non pour détruire d'anciennes libertés, mais pour consolider les nouvelles. (*Très-bien! très-bien!*)

Ainsi, Messieurs, le gouvernement de Napoléon III est organisé d'après les principes et les idées de la révolution de 1789 : le suffrage populaire, le vote libre de l'impôt, l'inamovibilité de la magistrature, sont les bases fondamentales de l'établissement impérial. (*Oui, oui.*) Il est vrai que la liberté de la presse, institution moderne qui exalte ou exagère, vivifie ou tue toutes les autres libertés, s'y trouve singulièrement modifiée par le système des avertissements. Mais cette réserve dans nos institutions n'est évidemment qu'un acte de prudence, comme la soupape de sûreté appliquée à la machine à vapeur. Le système des avertissements, en modérant si efficacement le jeu de nos institutions, n'en détruit pas l'esprit. La véritable liberté reste et restera dans nos mœurs comme dans nos lois, et ne se développera qu'avec plus de force et de vigueur dans la température modérée qui lui est ainsi préparée. (*Adhésion générale.*)

Je sais bien que quelques hommes de parti ne pardonnent pas au gouvernement de l'Empereur de ne pas répéter la faute de la Restauration et de la maison d'Orléans : ils voudraient voir se rouvrir la lice parlementaire avec tout son cortége de passions et d'entraînements, au risque d'amener une troisième catastrophe. Mais l'exemple de ces deux gouvernements ne doit pas être perdu pour la France. (*Applaudissements.*)

Au fond, Messieurs, ces belles luttes parlementaires que certains esprits regrettent tant aujourd'hui, étaient de grandes imprudences : car dans un pays où personne n'était d'accord sur le principe même du gouvernement, où il y avait quatre ou cinq nations dans la nation : une

nation légitimiste, une orléaniste, une bonapartiste, une
républicaine, c'est-à-dire des factions et non des partis,
l'exercice complet des libertés publiques ne pouvait avoir
pour effet que de former des coalitions, non pour faire
triompher dans l'État certains principes ou porter au
pouvoir certains hommes, mais pour renverser l'État
lui-même, au péril immense de la société tout entière.
(*Applaudissements.*)

Aujourd'hui, Messieurs, le plus simple patriotisme
suffit pour nous tenir en garde contre de pareilles folies.
Avant de mettre en mouvement tous les rouages de la
liberté, avant de donner carrière à tous les entraine-
ments, fondons d'abord un gouvernement, établissons
une dynastie qui soit, comme en Angleterre, à l'abri des
attaques des partis et en dehors des discussions publiques. Toutes les dynasties ont besoin de la consécration du temps. Le temps seul peut achever la réconciliation des partis qui ont si longtemps divisé la France. Le
jour, qui n'est pas éloigné, j'espère, où ce grand résultat
sera acquis, où il n'y aura plus sous le trône des Napoléon qu'une seule nation dans la nation, ce jour-là
enfin, la révolution française sera terminée, et la liberté
de discussion n'étant plus une menace ou un danger
pour personne, deviendra un bienfait pour tous. (*Bravos
prolongés.*)

Jusque-là, Messieurs, conservons avec patience dans
nos institutions ce que la prudence conseille de garder;
ne désirons pas de changement dans la loi de la presse,
et maintenons la soupape de sûreté, quelques inconvénients qu'elle puisse présenter aujourd'hui. Assurément,
personne ne déplorerait plus que moi que, par suite
du régime actuel de la presse, le contrôle de l'opinion
publique ne fût pas suffisant, soit pour éclairer le gou-

vernement, soit pour empêcher les intérêts privés, sous
le masque de l'intérêt public, d'abuser du nom de
l'Empereur.

Mais il faut bien le reconnaître, les choses humaines
sont les choses humaines. Le bien ne peut pas y être
absolument privé de tout mal. L'essentiel, c'est de ne
pas sacrifier les grandes choses aux petites. Avant tout,
je le répète, fondons une dynastie indispensable aux
libertés comme à la grandeur et à la sécurité de notre
pays, et pour un bien à venir immense, sachons supporter quelques inconvénients présents.

Aussi bien, Messieurs, la dynastie a, comme toute
autre, ses périls réels ou imaginaires; il en est un qui l'a
cruellement éprouvée, au commencement de cette année [1],
et qui jeta alors une telle perturbation dans les esprits,
que des hommes éminents firent eux-mêmes entendre
des paroles de découragement. Mais tous les dangers
doivent être envisagés face à face, et je crois d'autant
plus utile de considérer avec vous celui dont je parle,
que j'ai la conviction profonde que l'assassinat politique,
pour renverser une dynastie, va précisément contre le
but que le crime se propose.

Ainsi, Messieurs, l'assassinat de César ne servit qu'à
détruire la république et à fonder l'empire; le meurtre
des Médicis, qu'à les rendre souverains de Florence;
l'assassinat de Henri III n'eut lieu qu'au profit de la
maison de France, et celui de Henri IV rendit la maison
de Bourbon plus puissante que jamais. (*Applaudissements.*)

L'histoire des principautés italiennes au moyen âge
fournit un grand nombre d'autres exemples de cette na-

---

[1] Attentat du 14 janvier 1858.

ture. J'en cite un au hasard. Un jour, un prince de Bologne est assassiné avec toute sa famille ; les conjurés
qui se sont emparés de son palais et du gouvernement
se croient déjà maitres de l'État tout entier. Mais bientôt le cri : *A bas les assassins!* retentit dans la ville. Le
peuple se soulève, massacre les coupables, brûle leurs
maisons, et forme un gouvernement des meilleurs amis
du prince assassiné; alors un des membres du nouveau
gouvernement annonce au peuple que la famille du
prince n'est pas entièrement éteinte ; il lui apprend que
le prince a laissé un fils naturel en bas âge et élevé à
Florence sous un nom supposé. A cette nouvelle, le
peuple est comblé de joie. Une députation est aussitôt
envoyée à Florence pour chercher l'enfant ; elle le ramène en triomphe ; il est proclamé avec enthousiasme ;
et, un siècle après, sa postérité régnait encore à Bologne.

Messieurs, le secret de ce phénomène historique est
tout entier dans le cœur humain ; quand la nouvelle
d'un pareil événement vient à éclater subitement au
milieu d'un peuple, partout les mêmes effets se produisent. C'est qu'après un premier instant de stupeur
le cœur de l'homme s'abandonne toujours à son impression naturelle. L'horreur de l'assassinat, la haine des
coupables, la pitié pour la victime et la sympathie pour
ses proches : voilà les sentiments naturels et immédiats
qui éclatent de toutes parts. Hommes, femmes, enfants,
vieillards, toutes les âmes sont en proie à la même émotion ; et il arrive alors que ces sentiments, se propageant
de proche en proche avec la nouvelle du crime et s'exal-
tant par leur communication même, produisent de ces
courants irrésistibles d'opinion, devant lesquels tout s'in-
cline et se prosterne. Aux cris : *A bas les assassins!*
les conjurés épouvantés fuient ou se cachent ; les fac-

tions redoutant d'être accusées de complicité font chorus
avec l'indignation publique, ou cherchent à se dérober
à sa fureur; enfin, les mauvais éléments sociaux, qui sont
toujours la secrète espérance du crime, sont paralysés
par l'attitude du grand nombre, et ainsi la cause que les
assassins ont cru étouffer dans le sang d'une illustre
victime règne plus puissante et plus radieuse que jamais.
(Applaudissements.)

Voilà, Messieurs, la tournure constante que les sentiments naturels du cœur humain donnent aux événements de cette nature. Combien ces sentiments ne
seraient-ils pas plus énergiques si, ce qu'à Dieu ne
plaise, il s'agissait de l'Élu du peuple français, c'est-à-
dire si, en frappant l'Empereur, le poignard d'un assas-
sin allait toucher le cœur même de tant de millions
d'hommes! (Vifs applaudissements.)

Certes! à un pareil moment, tout le monde ferait son
devoir: l'Impératrice, notre noble et gracieuse souveraine, avec le courage chevaleresque qui la distingue,
saurait comprimer sa douleur pour présenter son fils au
peuple et à l'armée; le prince Jérôme, ce vénérable
frère de Napoléon Ier, serait auprès d'Elle et l'assiste-
rait de ses conseils (bravos): de son côté, le prince
Napoléon, qui donne aujourd'hui tant d'espérances au
pays (on applaudit), ne manquerait pas de provoquer, au
besoin, dans le gouvernement les mesures à prendre
pour assurer le trône à son neveu; sans doute enfin, le
conseil de régence et le gouvernement tout entier serait
à la hauteur des circonstances; mais toutes les ressources de la prudence humaine se trouveraient dé-
passées par les effets de l'indignation publique. Les cris:
A bas les assassins! Vive Napoléon IV! retentissant d'un
bout de la France à l'autre, seraient plus efficaces que

toutes les dispositions de l'habileté, et, comme aujour-
d'hui, l'ombre du grand Empereur, du fond du tombeau des Invalides, continuerait à régner paisiblement
sur la France. (*Émotion générale et applaudissements
enthousiastes.*)

Ainsi, Messieurs, la dynastie napoléonienne est en
réalité dans les meilleures conditions de puissance et de
durée. Forte des sympathies des masses, elle n'a, par
cela même, rien à craindre des bouleversements populaires ; défendue par nos institutions contre la coalition
des partis intérieurs, elle est à l'abri de ces intrigues parlementaires qui ont causé tant de catastrophes ; enfin,
ne reposant pas sur une seule tête, mais pouvant, au
besoin, se recruter dans tous les descendants mâles
des frères de l'Empereur Napoléon, elle ne peut être
mise en péril par le succès d'une tentative d'assassinat;
et l'on peut dire en conséquence qu'en ce qui regarde
l'intérieur, elle présente toutes les conditions de force
et d'avenir. (*Vive et unanime approbation.*)

Eh bien, Messieurs, il en est de même à l'extérieur.

Habituée depuis longtemps à redouter les moindres
mouvements de la France, tour à tour révolutionnaire
et conquérante, l'Europe ne vit pas d'abord sans inquiétude le rétablissement sur le trône de France d'une
famille proscrite par les traités de 1815. Cependant, quels
qu'aient été les sentiments véritables des grandes puissances au moment de la reconnaissance de l'Empire,
il est certain que toutes s'applaudissent aujourd'hui de
voir en France un gouvernement fort, puissant, respecté
et sage, qui, après une guerre glorieuse, a pu faire une
paix non moins glorieuse. Telle est la satisfaction universelle en voyant ce que le rétablissement de l'Empire
a donné de force en Europe aux principes d'ordre et

aux idées monarchiques, qu'elle efface l'impression que
la rivalité des puissances a pu recevoir de la grandeur
nouvelle de la France. Et aujourd'hui on peut dire que
jamais, depuis 1815, les relations de la France avec
l'Europe n'ont été tout à la fois aussi honorables et
aussi amicales.

Toutefois, un nuage qui aurait pu être dangereux,
a obscurci dernièrement nos relations avec un pays dont
l'alliance avait été si heureusement cimentée et si féconde; et il n'a fallu rien moins que toute la sagesse et
toute l'amitié réciproque des deux souverains pour prévenir un refroidissement entre les deux puissances [1].

Heureusement, comme l'a dit l'Empereur à Cher-
bourg, que si on voulait réveiller les rancunes et les
passions d'une autre époque, elles viendraient échouer
devant le bon sens public. En effet, Messieurs, les
intérêts des deux peuples sont aujourd'hui si étroitement liés qu'il serait difficile, même aux passions les
plus aveugles, de les amener à une rupture entière.
Telle est devenue cette solidarité d'intérêts, que si
demain Londres ou Paris venait à être brûlé, nous
aurions à supporter réciproquement d'immenses pertes
commerciales; et tandis qu'une catastrophe tombant
sur Berlin, Vienne ou Saint-Pétersbourg, n'exciterait
que nos sentiments de commisération, à Londres, au
contraire, nous serions frappés dans nos intérêts presque
aussi fortement qu'à Paris même; or, quand deux
peuples en sont arrivés là, ils sont évidemment destinés
à resserrer chaque jour davantage leur union présente.
(*Très-bien! très-bien!*)

Voyons d'abord pour la France l'intérêt de l'alliance

---

[1] Allusion au procès Bernard.

anglaise. Avec l'Angleterre, nous sommes maîtres des
mers, et, par conséquent, nous n'avons plus rien à craindre sur nos frontières. Aucune coalition n'est plus possible contre nous ; la paix générale est assurée. Notre
pays peut donc se livrer à tous les développements de
son activité sans aucune préoccupation, et achever de
fonder ses institutions sans courir aucune aventure.
Nous n'avons, d'ailleurs, plus de rivalité matérielle avec
l'Angleterre, depuis qu'elle a ouvert à notre commerce
comme au sien propre l'accès de ses immenses colonies;
ce n'est pas sa faute si, continuant notre système de
production à hauts prix, nous ne savons pas mieux en
profiter.

Quant à l'Angleterre, son intérêt à l'alliance française est peut-être encore plus manifeste. Elle a achevé
de conquérir, en 1814 et 1815, la suprématie maritime
et coloniale qui faisait l'objet de ses désirs et à laquelle
elle était en quelque sorte destinée par sa position in-
sulaire et le génie de ses habitants. Cette suprématie,
elle en jouit aujourd'hui sans contestation, et elle se dit
que, si elle avait une nouvelle lutte avec la France,
quand même (ce qu'à Dieu ne plaise!) le sort des batailles nous réserverait de nouveaux désastres, elle ne
saurait obtenir pour résultat que le maintien en possession de ce qu'elle a déjà, c'est-à-dire de sa suprématie maritime et coloniale, et que, par conséquent, elle aurait
beaucoup à perdre et très-peu à gagner. (*C'est vrai!*)
Par une transformation complète de ses intérêts, l'Angleterre en est donc arrivée à ce point, qu'autant, il y a
quarante ans, elle était hostile à la France, autant elle
désire aujourd'hui son amitié; et telle est, en effet, sa
disposition actuelle à ne pas vouloir séparer ses intérêts
des nôtres, que dans deux graves circonstances, en se

déterminant à faire avec nous d'abord la guerre, puis la
paix, elle a peut-être plutôt pris conseil de notre situation que de la sienne propre. (*On applaudit.*)

Comment donc, dans cette disposition réciproque des
deux pays, rendre compte de ce qui s'est passé à la
suite de l'attentat du 14 janvier? (*Attention marquée.*)
Par la plus vulgaire des explications, par une série
de malentendus de chaque côté de la Manche. Déjà,
depuis la paix, l'opinion publique en Angleterre avait
pris ombrage de quelques incidents diplomatiques ;
mais à la nouvelle de ce crime odieux, l'Angleterre
était unanime à le flétrir. A cette époque, le vrai public
anglais, ce public qui, en réalité, dirige et gouverne
l'État, qui est habitué à voir sortir l'ordre des plus
grandes agitations, à dédaigner tous les excès de la
presse, à ne prendre garde enfin à aucune des exagérations de la liberté, le public anglais, dis-je, ne connais-
sait rien ni des tentatives précédentes organisées en
Angleterre contre l'Empereur, ni des doctrines pro-
fessées par une partie des réfugiés ; il était de bonne foi,
aussi ignorant de toutes ces infamies qu'il en était inno-
cent. Ce fut donc avec le plus pénible étonnement qu'il
crut voir, bien à tort assurément, dans des discours prononcés à Paris sous l'impression de l'émotion publique,
une disposition de la France à rendre l'Angleterre responsable de l'attentat du 14 janvier et à la mettre en
suspicion. Dès ce moment, l'opinion publique, en Angleterre, unanime à flétrir l'assassinat, s'arrêta subitement au milieu des manifestations qu'elle faisait éclater
de toutes parts. (*Mouvement.*) Puis, quand le changement du régime des passe-ports, bon ou mauvais, mais
si injustement représenté à l'opinion comme un acte de
méfiance contre les Anglais eux-mêmes, et surtout les

adresses de l'armée, vinrent mettre le comble à l'irritation des esprits, alors il se passa ce qui arrive toujours
dans un pays libre, lorsque le sentiment national est mis
en jeu : les passions populaires ne connurent plus de
bornes, et la situation politique fut dominée par ces
passions.

Ainsi, pendant que nous pensions avoir à nous plaindre des dispositions de nos alliés, le peuple anglais, de
son côté, se croyant profondément blessé par la France,
n'obéissait plus qu'à son irritation. Cette irritation en
provoquait naturellement en France une autre tout aussi
forte et qui aurait pu être dangereuse, sans la haute
raison et l'esprit de justice de l'Empereur pour apprécier la véritable cause de l'attitude de nos voisins.

Quels qu'aient été ces malentendus déplorables, et
dont il est au moins facile de prévenir aujourd'hui le
retour, la situation des deux peuples n'en est pas chan-
gée. Ce qui reste incontestable, c'est que les nouveaux
instincts de l'Angleterre la portent aussi naturellement
à se rapprocher de la France qu'ils tendaient anciennement à l'en éloigner, et que les nôtres suivent une
direction semblable; c'est que, malgré les malentendus et les petits ombrages réciproques, et en dépit
des intrigues des partis qui les exploitent, le grand
public anglais désire sincèrement l'amitié de l'Empereur
et de la France (Applaudissements) ; qu'enfin, il n'y a
réellement entre les deux pays aucun intérêt, aucune
question sérieuse, où le plus simple bon sens ne puisse
mettre d'accord les deux gouvernements; et qu'ainsi il
dépend de nous de maintenir une alliance aussi avanta-
geuse aux deux peuples. (Marques générales d'adhésion.)

Je le répète donc, Messieurs, la dynastie napoléonienne est, à l'intérieur comme à l'extérieur, dans les

plus heureuses conditions de force, de grandeur et de prospérité. Ce que Napoléon III a ajouté, en ce sens, à l'œuvre de Napoléon Ier est énorme ; et lorsque la France, un jour complétement constituée, jouira de tous les bienfaits d'un gouvernement définitivement établi dans les esprits, dans les consciences et dans le temps, il n'y aura pas assez de vénération, de respect et de reconnaissance pour sa mémoire. (*Bravos réitérés.*) Voilà, Messieurs, ce que je tenais à dire à mes concitoyens, non pas assurément que je me flatte d'avoir été pour quelque chose dans cette grande œuvre, mais parce que, depuis plus de vingt ans, je n'ai cessé de l'appeler de tous mes vœux pour le bonheur et la grandeur de notre pays.

DISCOURS

SUR LA POLITIQUE EXTÉRIEURE DE L'EMPIRE [1].

Messieurs, en me retrouvant au milieu de vous, au sein de ce département de la Loire si laborieux, dans cette grande ville de Saint-Étienne, un des plus riches foyers de l'industrie française, mon désir serait de vous parler du traité de commerce qui, tout en reliant les deux plus grandes nations industrielles du monde, est de nature à influer si puissamment sur l'activité de notre province. Mais quelque intéressant qu'il puisse être de considérer les conditions dans lesquelles nos industries ont à fonctionner aujourd'hui, il me parait encore plus important d'examiner avec vous les chances de paix que

[1] Prononcé à l'ouverture de la session du conseil général de la Loire, le 27 août 1860.

l'état de l'Europe peut nous présenter; car, avant de savoir comment nous devons travailler, tâchons de savoir si nous pouvons travailler en sécurité.

Je n'ai pas besoin de le dire, si depuis le programme de Bordeaux : L'EMPIRE C'EST LA PAIX, deux grandes guerres ont affligé l'Europe, ce n'est pas à l'Empire qu'il faut en attribuer la cause. Quand l'Empereur prononçait ces belles paroles, il ne pouvait avoir la prétention de supprimer la guerre d'entre les nations de la terre, et d'apporter au monde un procédé nouveau pour résoudre pacifiquement tous les problèmes de la société européenne. La signification sérieuse de son programme, c'est que le nouvel Empire, n'acceptant la succession du premier que sous bénéfice d'inventaire, en répudiait l'héritage de luttes et de vengeances, pour entrer désormais dans des rapports de paix et de concorde avec toutes les puissances; et ce programme a été fidèlement suivi. (*On applaudit.*)

Quant à ces questions extraordinaires qui malheureusement ne peuvent se résoudre diplomatiquement, il y en avait deux, la question d'Orient et la question d'Italie, qui, en dehors de l'Empire lui-même et bien avant son établissement, menaçaient constamment d'amener la guerre en Europe. La première, depuis plus d'un demi-siècle, était l'objet d'universelles appréhensions; tous les hommes d'État tournaient avec inquiétude leurs regards vers Constantinople, et chacun se disait que le jour où l'empire ottoman tomberait en dissolution, l'Europe se trouverait engagée dans une affreuse mêlée de rivalités. La seconde, moins redoutable pour l'Europe, ne l'était pas moins pour la France; car, si depuis quarante ans, une lutte de nationalité se poursuivait en Italie sous l'apparence de l'ordre contre le désordre, il était clair que du jour où l'Italie entrerait en lutte avec l'Autriche, non plus au nom de la démagogie, mais à la voix même d'un prince italien, la France, sous peine de voir l'Autriche dominer toute la Péninsule et régner sur les Alpes françaises, serait engagée dans cette guerre.

Mais si ces deux guerres n'ont pu être évitées, elles ont, du moins, été achevées avec autant de promptitude que de succès. Telle semble avoir été, en effet, la préoccupation de l'Empereur, d'empêcher que l'une et l'autre ne prissent le caractère des guerres du premier Empire, qu'elles étaient terminées quand, sous l'impression d'analogies historiques, le public les croyait à peine commencées. (*Applaudissements.*) Et ceci prouve, plus que tous les raisonnements, à quel point l'Empereur est resté fidèle à son programme. (*Très-bien! très-bien!*)

Et cependant, il faut le dire, quoique si heureusement terminées, ces deux guerres ont réalisé leur but aussi complétement que les choses humaines peuvent le comporter; ces deux questions ayant été résolues dans ce qui constituait leur point essentiel, les solutions secondaires n'ont plus rien de sérieusement inquiétant pour la tranquillité du monde.

Ainsi, que l'Empire ottoman se maintienne ou non, qu'il parvienne à remplacer le fanatisme religieux par l'organisation savante des sociétés modernes, ou qu'il échoue dans cette œuvre si désirable, la question aujourd'hui n'est plus qu'une question diplomatique. Ce qui faisait, avant la guerre de Crimée, le danger européen de la question, ce n'était pas, en effet, la difficulté même d'une nouvelle organisation de ces contrées, mais la possibilité pour une grande puissance voisine de saisir Constantinople et les Dardanelles avant que l'Europe eût eu le temps d'en décider. Maintenant que la des-

truction de Sébastopol a remis la question tout entière
entre les mains de l'Europe, on ne voit plus de raison
qui, le cas échéant, puisse empêcher les grandes puissances d'arriver pacifiquement à une résolution commune. (*On applaudit.*)

De même de l'Italie. La question capitale n'était pas
que l'Autriche fût plus ou moins dépouillée de ses États
héréditaires dans la Péninsule, mais que tous les autres
États italiens fussent soustraits à sa domination; et ce
résultat a été complétement atteint. Que l'Italie aujour-
d'hui forme une confédération d'États ou un seul
royaume; que les Italiens remettent en péril, par leur
propre faute, l'indépendance que nous leur avons rendue, en violant eux-mêmes le principe de non-intervention qui est la garantie de leur indépendance et de leur
liberté : le fait acquis domine les questions secondaires
et ôte aux événements ultérieurs leur gravité naturelle.

Une fois ces deux grandes questions terminées ou au
moins résolues dans leurs parties essentielles, au temps
où nous vivons, il n'y en a plus d'autres en Europe.
Des esprits inquiets ou prévenus peuvent évoquer des
fantômes; on pourra dire, en Allemagne, que nous aspi-
rons aux frontières du Rhin; en Angleterre, que nous
rêvons une descente sur ses côtes : ces folies ne méritent pas d'être sérieusement discutées. (*Applaudissements.*)

Et d'abord, dans l'état actuel des sciences militaires,
un fleuve comme le Rhin n'est pas une frontière straté-
gique. (*C'est vrai !*) Ce n'est donc pas pour un avantage
illusoire que la France irait s'exposer à une nouvelle
guerre européenne. Et quant à l'idée d'encourager les
Allemands à l'unité germanique, afin de nous donner un
droit, justifié par l'intérêt même de l'équilibre européen,

à réclamer la province du Rhin, c'est, qu'il me soit
permis de le dire, un contre-sens politique : la France,
comme puissance militaire, étant deux fois plus forte sur
le continent sans le Rhin et avec l'Allemagne divisée,
qu'elle ne le serait en face de l'unité germanique avec
cette insignifiante compensation du Rhin. Le génie allemand est, du reste, de sa nature même contraire à
l'unité ; et c'est une grande sécurité pour le monde,
dont cette puissance fractionnée est en quelque sorte la
force modératrice.

Pour ce qui est de l'Angleterre, j'ai toujours été étonné
que des hommes de quelque autorité dans ce dernier
pays aient paru donner crédit à la possibilité d'une attaque de notre part. Je comprendrais chez certains esprits
la crainte qu'un concours de circonstances extraordinaires ne pût amener quelque grave mésintelligence
entre les deux pays, et qu'en vue d'une pareille éventualité, on jugeât utile de mettre de part et d'autre la
défense militaire en harmonie avec les progrès de la
science. Mais croire sérieusement que l'un ou l'autre
des deux gouvernements serait disposé à amener volontairement entre les deux plus grandes puissances du
monde cette lutte terrible, épouvantable, où nous aurions,
les uns et les autres, tant à perdre et si peu à gagner,
serait le comble de la déraison. (*Applaudissements.*)
Assurément, personne en France n'admettrait un instant
une pareille disposition dans l'esprit de l'Empereur ou
de son gouvernement. Eh bien, il en est de même en
Angleterre. Là, Messieurs, à part certaines fractions de
partis dont l'attitude tend par des causes diverses à
envenimer nos relations, mais qui n'ont d'importance
réelle que celle que leur donne accidentellement l'égalité
actuelle entre les forces des deux principaux partis, les

hommes éminents de toutes les opinions, comme l'au-
gusté et vertueuse princesse qui honore le tróne de la
Grande-Bretagne (*nombreux applaudissements*), ne veulent que la paix et la bonne harmonie entre les deux
pays. Le peuple anglais tout entier, malgré tant d'excitations contraires, ne désire pas autre chose. Trompé
ou se trompant lui-même sur nos intentions, se persua-
dant, sur la foi de faux renseignements, que nous avions
manqué de loyauté envers lui, une partie du public anglais s'est émue et s'est crue autorisée à prendre des pré-
cautions contre nous. Mais l'attitude calme et digne de
cette foule de jeunes volontaires en venant offrir si généreusement leurs services à leur pays, leur noble devise :
Defense not defiance, c'est-à-dire, *c'est pour nous défendre s'il en est besoin, et non pour vous défier*, enfin, la
manière dont le traité de commerce a été accueilli du
pays : tout prouve qu'aucune passion hostile n'agite la
nation contre nous ; que, loin de là, elle ne désire qu'être
éclairée sur nos sentiments; et qu'ainsi, lorsque la vérité
aura achevé de se faire jour, les deux peuples n'auront
plus qu'à s'engager exclusivement dans la lutte d'émulation à laquelle le traité de commerce les convie.
(*Adhésion générale.*)

J'arrive maintenant, Messieurs, à un point délicat.
Après avoir résolu les deux questions qui troublaient la
paix du monde, après avoir pris une part si glorieuse
aux affaires de notre temps et vu notre pays occuper
une place si élevée dans les conseils de l'Europe, nous
ne devons pas nous étonner que de si grandes choses
n'aient pu s'accomplir sans créer en Europe des inquiétudes et des méfiances. C'est un des malheurs de
la guerre de produire dans les esprits un ébranlement qui survit à la guerre même. Pour moi, Messieurs,

profondément convaincu que la mission du nouvel Empire est de réconcilier l'ancienne France révolutionnaire
ou conquérante avec toutes les puissances, si nous
avions rien fait qui méritât de nous faire perdre la
confiance de l'Europe, je considérerais comme bien chèrement acquise la gloire de ces dernières années. Un
moment, je l'avoue, et quelque temps avant la guerre
d'Italie, les apparences semblaient être si fort contre
nous, que tout le premier, comme saint Pierre reniant
son maître, j'ai cru que mon gouvernement, dans l'enivrement du succès, avait oublié le programme de Bordeaux, et je m'en affligeai profondément. Bientôt,
éclairé sur l'état des affaires, je rougissais d'avoir douté
de la sagesse de l'Empereur; mais je n'en étais pas moins
affecté d'une situation qui nous donnait les apparences
de l'agression.

Pourquoi, disais-je, dans une cause si juste et quand
nous ne sommes, en réalité, que les défenseurs du droit,
paraissons-nous chargés aux yeux du monde de la responsabilité d'événements dont nous ne sommes pas
cause? Est-ce nous qui avons créé en Italie cette lutte
de nationalité qui, depuis quarante ans, se poursuit avec
tant d'acharnement de part et d'autre? Avons-nous conseillé à l'Autriche cette politique funeste qui, n'ayant à
invoquer d'autre principe de gouvernement que la force
brutale, soulève tous les Italiens contre elle? A la place
du gouvernement national que le premier Napoléon
avait organisé dans le royaume lombard-vénitien, où
tout était entre les mains des Italiens : gouvernement,
administration, magistrature, armée, où il n'y avait de
Français que le vice-roi, le prince Eugène, est-ce nous
qui avons conseillé à l'Autriche de remplacer dans toutes
les fonctions les Italiens par des étrangers, et fait ainsi à

des peuples jadis illustres dans l'histoire la plus mortelle des injures? Sommes-nous également responsables du mal produit par les traités de l'Autriche avec les princes italiens, traités qui, en assurant à ces princes la sécurité et l'impunité de leurs gouvernements, donnent en même temps à l'Autriche, contrairement au droit européen, la domination sur l'Italie presque tout entière? D'un autre côté, est-ce nous qui avons établi en Piémont un gouvernement parlementaire, une tribune libre, une presse libre, et tous ces moyens d'entretenir l'agitation en Italie, d'exciter les passions, d'organiser la résistance et de pousser l'Autriche à la violence?

Cette lutte qui se prépare en Italie, nous avons tout fait pour la prévenir; car non-seulement nous avons prodigué les conseils à l'Autriche et à la Sardaigne, mais nous avons conjuré l'Europe elle-même de mettre un terme à cette situation. Si la lutte est aujourd'hui inévitable, ce n'est donc pas nous qu'on doit en rendre responsables, c'est bien plutôt l'Europe elle-même qui, en refusant au Congrès de Paris la proposition faite par la France et l'Angleterre de régler les affaires d'Italie, a manqué l'occasion de prévenir la guerre actuelle. (*Vive sensation.*)

Pourquoi, disais-je à mon gouvernement, quand nous ne sommes cause de rien, sommes-nous rendus responsables de tout? Pourquoi, dans ce siècle d'opinion publique, où le bon droit a tout avantage à se produire en plein jour, restons-nous dans les traditions de cette vieille diplomatie dont les finesses ne sont propres qu'à déguiser les mauvaises causes et à dénaturer les bonnes? Lorsque M. de Cavour est venu vous dire qu'il ne pouvait plus retenir le mouvement qu'il avait si fort imprimé lui-même; que l'Italie était en feu et que la révolution

allait éclater dans les duchés, pourquoi n'avoir pas fait
connaître cette situation au monde entier? Assurément,
vous avez bien fait de prendre le parti de l'Italie menacée. Devant cette lutte imminente, vous ne pouviez rester indifférents; quels que fussent les torts réciproques,
vous ne pouviez ni laisser écraser le Piémont, ni permettre à l'Autriche de redevenir, comme en 1815, maîtresse absolue de l'Italie. Mais pourquoi n'avoir pas fait
connaître au monde entier votre résolution? En 1854,
au commencement de la guerre de Crimée, ce n'est pas
à lord Aberdeen, qui peut-être vous aurait répondu non,
que vous avez proposé l'alliance anglaise, c'est publiquement au peuple anglais lui-même, en envoyant votre
flotte en Orient. Pourquoi donc n'avoir pas fait de même
dans la question d'Italie? Sur le terrain du droit, du
juste, de la protection au faible, au lieu des méfiances
actuelles, vous auriez eu pour vous les sympathies de
toute l'Europe libérale, et bien certainement de toute
l'Angleterre.

C'est ainsi que je reprochais à mon gouvernement
une attitude diplomatique qui lui avait donné l'apparence
des torts, quand il avait, en réalité, les mérites d'une
grande et noble politique.

Messieurs, qu'il me soit permis de le dire ici, l'Empereur ne dédaigna pas de répondre à ces observations d'un
fidèle sujet, et, je m'empresse de l'avouer, sa haute sagesse
avait raison contre les conseils du serviteur. (*Vifs applaudissements.*)

C'est qu'en effet, je l'ai bien compris depuis, faire
connaître publiquement l'obligation où nous étions placés, au lieu de se borner à appeler, malheureusement en
vain, l'attention des cabinets sur la situation de l'Italie,
qui leur était du reste aussi parfaitement connue qu'à

nous-mêmes, c'était nous donner non plus l'apparence, mais la réalité même de l'agression contre l'Autriche; car du moment que l'Italie savait sur quel puissant secours elle pouvait compter, il n'y avait plus moyen de la contenir, et ce qu'il nous était encore permis d'espérer, ce que l'Angleterre a espéré jusqu'au dernier moment de la sagesse de l'Autriche, il était impossible de l'attendre d'un peuple altéré de haine et de vengeance. Ainsi, Messieurs, ce silence qu'on reprochait à l'Empereur n'était défavorable qu'à lui, et sa loyauté éclatait d'autant plus grande qu'elle était plus injustement et plus cruellement soupçonnée. (*Bravos prolongés.*)

Il en a été de même de l'affaire de Savoie. Après avoir fait un traité qui rendait l'Italie à elle-même, à l'exception de la seule Vénétie, qui donnait la Lombardie à la Sardaigne, sans rien garder et rien demander pour la France; après surtout avoir proclamé le principe de non-intervention qui était la plus complète garantie de l'indépendance de l'Italie; enfin, après avoir rendu à ce pays un service sans exemple peut-être dans l'histoire des nations, le vainqueur de Solferino devait espérer que le résultat de tant de sacrifices serait respecté des Italiens. Que si cependant le premier usage qu'allait faire l'Italie de sa nouvelle indépendance était de déchirer le traité de Villafranca et de laisser protester la signature de l'Empereur, c'est-à-dire de tout remettre en question et de nous exposer à une nouvelle guerre, la France, après avoir fait volontairement les frais de l'indépendance de l'Italie, ne pouvait accepter qu'on forçât sa générosité pour lui imposer en outre les frais d'un grand royaume italien. Elle avait donc le droit incontestable de dire au Piémont que, si les traités étaient violés au delà des Alpes, elle demanderait qu'ils fussent aussi modifiés en deçà.

Pour cette affaire de Savoie comme pour la question d'Italie elle-même, nous avions un grand intérêt à pouvoir dire tout haut nos conditions. Cette publicité, qu'on nous a reproché de n'avoir pas faite, eût été au contraire tout à notre avantage. D'un bout de l'Italie à l'autre, il n'y aurait eu qu'un cri pour engager le roi de Sardaigne, en échange des duchés, à céder la Savoie à la France; et comme l'Angleterre, de même que l'Europe, n'aurait eu aucun droit de se plaindre de nos conditions, elle eût pu discuter tout à son aise, dans son Parlement, celui des deux partis qu'elle aurait eu à conseiller à l'Italie.

Malheureusement, nous ne pouvions encore une fois tenir ce langage publiquement; car c'eût été faire une espèce de marché aux dépens de l'Autriche et, par conséquent, manquer à la loyauté de nos engagements de Villafranca.

Mais, Messieurs, si le gouvernement de l'Empereur n'a pu parler tout haut, il n'a pas du moins caché ses intentions au gouvernement sarde ni au gouvernement anglais. Dès avant la guerre, il avait prévenu la Sardaigne que si les événements amenaient un grand royaume en Italie, nous demanderions que le versant des Alpes ne restât pas dans ses mains. (*Très-bien! très-bien!*) Le gouvernement de l'Empereur a renouvelé ses avertissements aussitôt que le traité de Villafranca a été remis en question, et surtout il n'a rien caché au gouvernement anglais. C'est donc, contrairement à tant d'assertions, en toute connaissance de cause de part et d'autre que les faits se sont accomplis. Il se peut qu'on ait cru pouvoir nous amener à renoncer à la Savoie mal-

gré la violation du traité de Villafranca : dans ce cas,
l'on s'est trompé, mais nous n'avons trompé personne.
(*Applaudissements réitérés.*)

Ainsi, Messieurs, dans cette série d'événements si
heureusement terminés, où, tout en tranchant le nœud
gordien des deux seules questions qui menaçaient sérieusement l'Europe, l'Empereur a achevé de replacer la
France dans la haute situation qui lui était due, il n'a
rien fait qui pût lui faire perdre la confiance de l'Europe ;
et les assertions contraires sont dénuées de fondement.
Assurément, il est possible aux esprits prévenus ou mé-
contents de trouver des sujets de critique dans ce grand
nombre de faits, d'actes, de paroles, d'écrits qui constituent la physionomie des événements et où l'imprévu
des situations confond si souvent la sagesse humaine ;
mais dans l'ensemble de la politique de la France, les
grands traits qui frappent tous les yeux sont simples,
purs et honnêtes. (*Explosion de bravos.*) Il est clair, il est
évident aujourd'hui que si l'Empereur a fait la guerre en
Italie, c'est que, soit indifférence, soit crainte de la responsabilité ou toute autre cause, la plupart des puissances
européennes n'ont voulu s'engager à rien pour régler les
affaires de la Péninsule ; et qu'aussitôt que le vainqueur de Solferino a vu la possibilité d'obtenir une solution satisfaisante, il s'est empressé de satisfaire aux
vœux du monde en faisant la paix avec l'Autriche.
Voilà en deux mots la vérité sur toute l'affaire d'Italie.
(*Bravos! Très-bien! très-bien!*)

Quant à cette école politique habituée depuis 1815
au rôle passif que la France avait été forcée longtemps
de subir devant l'Europe organisée contre elle, qui, ne
pouvant se faire à l'idée d'une France indépendante et
libre de toute pression extérieure, se trouble, s'agite et

répand partout l'alarme, comment la prendre au sérieux?
Le bon sens des peuples proteste contre cet esprit d'une
autre époque. (*Marques générales d'adhésion.*) Si le système de 1815 est renversé, c'est par l'Europe elle-même
et du consentement de toutes les puissances, pour qui
ce système ne pouvait raisonnablement être autre chose
qu'une œuvre de transition. Était-ce, en effet, une situation régulière que celle d'un grand pays mis au ban des
nations? L'Europe pouvait-elle s'applaudir d'un régime
qui, en produisant en France deux grandes convulsions,
l'avait ébranlée elle-même jusque dans ses fondements?

Non, Messieurs, l'intérêt de l'Europe comme de la
France, c'était que la réconciliation fût faite de part et
d'autre ; que la France reprît le rôle élevé qui lui appartient dans les conseils des puissances, d'une manière
indépendante et libre, mais du consentement de toutes
et sans la violence d'aucune; que la France ne fût plus
menaçante, parce qu'elle n'était plus menacée ; et qu'enfin, satisfaite de sa haute situation dans le monde, en
paix et en relation d'amitié avec toute l'Europe, elle
n'eût plus qu'à se livrer en sécurité au développement
de sa prospérité intérieure. (*Très-bien! très-bien!*)

Eh bien, Messieurs, cette grande œuvre est aujourd'hui
accomplie. (*Applaudissements.*) A la gloire de l'Empereur, à l'inappréciable avantage de la France, et aussi,
il faut le dire, à l'honneur de l'Europe, qui a loyalement sanctionné par son attitude la nouvelle situation
de notre pays, l'établissement que l'Empire actuel avait
la mission de fonder à l'extérieur est terminé, et le rôle
militant de la France en Europe est fini. (*Bravos et
applaudissements.*) Voilà, Messieurs, ce que je tenais à
vous dire. Voilà ce que je vous dis du fond de ma conscience et avec la plus entière conviction (*Profonde sen-*

sation), heureux de voir s'ouvrir une ère de paix et de prospérité pour l'Europe, pour la France, et aussi, qu'il me soit permis de le dire, pour la belle et chère province que nous représentons ici. (*Applaudissements prolongés et vives acclamations.*)

DISCOURS

SUR L'AFFAIRE DE ROME [1].

Messieurs, je vous remercie des paroles flatteuses que vous m'avez adressées, et surtout de l'honneur que vous m'avez fait, en m'invitant à poser la première pierre de l'église que la piété des fidèles de cette ville attend avec tant d'impatience. En appelant à cet honneur un homme que son pays natal n'accueille avec tant d'éclat que parce qu'il veut bien le considérer en ce moment comme le représentant de l'Empereur, vous avez pensé que le gouvernement était le protecteur naturel de la religion et de ses ministres; et vous avez eu raison! (*On applaudit.*)

Tel est le dévouement de l'Empereur à l'Église, qu'il est au-dessus de cette injustice immense qui naguère a ému la catholicité et étonné le monde. (*Vifs applaudissements.*) Permettez-moi, Messieurs, de vous dire un mot à ce sujet.

Je ne vous rappellerai pas que c'est l'Empereur qui a

---

1 Prononcé à Roanne, le 1er septembre 1860, à l'occasion de la pose de la première pierre de l'église de Notre-Dame-des-Victoires. — Il est bon de faire remarquer que les appréciations émises dans cette circonstance par M. le duc de Persigny ont été confirmées par les documents diplomatiques communiqués, l'année suivante, au sénat et au corps législatif.

rétabli le Pape à Rome et qui l'y maintient avec l'épée de la France. (*Explosion de bravos.*) J'arrive de suite à la guerre d'Italie.

A cette époque, les États de l'Église étaient occupés mi-partie par la France et par l'Autriche, pour assurer le maintien de la domination du Saint-Père. Les deux corps d'armée, en présence de ce qui se passait dans le nord de l'Italie, avaient pour mission de garder la neutralité et d'attendre, l'arme au bras, l'issue des événements. Comment ce devoir a-t-il été rempli de part et d'autre? Pendant que la France exécutait sa mission, en gardant fidèlement la partie du territoire de l'Église qu'elle avait à protéger et qu'elle protége encore aujourd'hui, l'Autriche, pour profiter à notre désavantage des forces qu'elle avait dans les Légations, abandonnait la partie des États pontificaux confiés à sa garde; et, en conséquence de cet abandon par l'Autriche, le Pape perdait la Romagne. (*Applaudissements réitérés.*)

Cet abandon du territoire pontifical ne devait pas porter bonheur à l'Autriche (*Profonde sensation*), car bientôt, battue à Solferino, elle était contrainte de faire la paix. (*Applaudissements.*) La base de la paix, base imposée par la nature même des choses, par l'état des esprits et l'attitude de l'Europe entière, était celle-ci, que toute intervention en Italie était désormais interdite aussi bien à la France qu'à l'Autriche : de sorte que la Romagne ayant été abandonnée par l'Autriche, et le Pape ne pouvant la reconquérir ni par l'Autriche, ni par la France, ni par toute autre puissance, cette province était évidemment perdue pour le Saint-Siége.

C'est alors, et au milieu de ces circonstances difficiles, que l'Empereur, dans sa haute sagesse, dans son dévouement aussi absolu qu'éclairé pour le Saint-Père (*applaudissements*), se montra disposé à faire cette fameuse proposition qui souleva tant de clameurs et tant d'injustices. Cette proposition, Messieurs, c'était tout simplement le salut de la puissance temporelle du Pape; c'était la combinaison la plus simple, la plus habile et la plus conforme au but qu'il s'agissait de réaliser pour l'indépendance et la dignité du Saint-Siége. Vous allez en juger.

L'Empereur voyant que, par la faute irrémédiable de l'Autriche, la Romagne était irrévocablement perdue pour le Pape, voulait au moins que, si cette province était réunie au Piémont, elle ne fût gouvernée qu'au nom du Pape, afin de conserver et faire respecter, dans la limite du possible, les droits du Saint-Siége. Ce n'est pas tout. En même temps que l'Empereur cédait dans ce projet à l'empire d'une nécessité absolue, il en tirait un parti énorme à l'avantage du Pape, car, en échange du sacrifice, il offrait de garantir et de faire garantir par l'Europe, ou tout au moins par la catholicité, les états actuels du Saint-Siége, et assurait ainsi à jamais l'indépendance et la sécurité du Pape. (*Longs applaudissements.*)

Que ces sages, nobles et généreuses propositions (*Bravo! bravo!*) aient été dénaturées quelque temps par l'ignorance, l'erreur ou la haine des partis cachés sous le manteau de la religion, il n'y a rien d'étonnant à cela; mais ce que je puis vous dire, Messieurs, c'est qu'aux yeux de tous les hommes politiques de quelque valeur en Europe, ces propositions ont paru la preuve la plus éclatante du dévouement de l'Empereur au Saint-Père; que tous les ennemis de la Papauté en Europe se sont réjouis de les voir rejetées; et qu'enfin, selon toutes les probabilités humaines, à l'heure qu'il est, si elles avaient été adoptées, l'Italie serait en paix et la cour de Rome délivrée de tous dangers. (*Applaudissements.*)

Ah! Messieurs, pendant que je vais poser la première pierre de cette église de Notre-Dame-des-Victoires, dont le nom est d'un si heureux augure, priez Dieu de protéger le Saint-Père, de le préserver des périls qui l'entourent, et dont les plus redoutables ne sont pas les attaques armées de ses ennemis, car l'épée du fils aîné de l'Église, dédaignant ses blasphémateurs, continue de couvrir de sa garde la personne auguste du Pontife et le trône vénéré du Saint-Siége. (*Applaudissements prolongés et vives acclamations.*)

CIRCULAIRE

A L'OCCASION DE LA RENTRÉE DE M. DE PERSIGNY
AU MINISTÈRE DE L'INTÉRIEUR.

Paris, le 5 décembre 1860.

Monsieur le préfet, en prenant possession du poste élevé où la confiance de l'Empereur vient de me rappeler, j'ai besoin d'abord de réclamer tout votre concours, car plus est noble le spectacle qui nous est donné par l'acte impérial du 24 novembre, plus l'administration intérieure du pays doit s'inspirer de généreuses pensées.

Voici un prince qui, après avoir reçu les pouvoirs de la nation pour rétablir l'ordre public à l'intérieur, et la grandeur du pays à l'extérieur, est le premier à appeler l'expression des vœux et de l'opinion de la France. A peine est-il victorieux des ennemis du dedans et du dehors, qu'il introduit dans nos institutions des améliorations qui sont un témoignage de sa confiance dans le pays.

Le tableau de cette première partie de son règne formera une belle période de notre histoire. Appelé par la voix de tout un peuple à la tête d'une société bouleversée, tombée dans le chaos et l'anarchie, il se met courageusement à l'œuvre ; et, en quelques années, il ramène à ce point l'ordre dans les esprits et dans les choses, que jamais prospérité pareille n'avait signalé aucune époque de notre histoire.

Puis, à peine cette grande œuvre est-elle achevée à l'intérieur, qu'il est conduit, par la situation de l'Europe, à en entreprendre à l'extérieur une autre non moins importante, pour replacer la France dans la haute position qui lui était due. En dépit de sinistres prophéties qui annoncent partout qu'il sera emporté par la guerre au delà de la limite des véritables intérêts de la France, sa sagesse, égale à son courage, l'arrête à cette limite ; et ainsi, non-seulement il a rétabli, au profit de notre sécurité, l'équilibre troublé de l'Europe, mais encore il a ouvert au monde une nouvelle ère de paix et de prospérité.

Enfin, persuadé que sa véritable mission n'est pas seulement de placer son nom près de celui du glorieux chef de sa race, mais d'assurer les destinées du pays, il le prépare maintenant au noble et paisible exercice des libertés dont le trône populaire des Napoléons doit protéger le développement.

Monsieur le préfet, si je vous rappelle ces grands traits de notre histoire actuelle, ce n'est pas pour que vous en fassiez le sujet de communications officielles aux populations de votre département, car, fières d'avoir si

merveilleusement, au 10 décembre, retrouvé d'elles-
mêmes le fil perdu de nos destinées, elles n'ont besoin de
personne pour lire dans leur cœur les grandes pages de
l'Empire qu'elles ont fondé. Ce que je désire seulement,
c'est de vous faire comprendre dans quel esprit je réclame votre concours.

Convaincu que les libertés d'un pays ne peuvent se
développer qu'autant que l'État lui-même jouit de la plus
complète sécurité, je demande que vous soyez toujours
aussi ferme à maintenir l'ordre public et aussi vigilant à
surveiller, au besoin, les ennemis de l'État; je vous
recommande en même temps de ne rien négliger pour
achever l'œuvre de réconciliation entre les partis. Beaucoup d'hommes honorables et distingués des anciens
gouvernements, tout en rendant hommage à l'Empereur pour les grandes choses qu'il a accomplies, se tiennent encore à l'écart par un sentiment de dignité per-
sonnelle. Témoignez-leur les égards qu'ils méritent; ne
négligez aucune occasion de les engager à faire profiter
le pays de leurs lumières et de leur expérience, et rap-
pelez-leur que, s'il est noble de conserver le culte des
souvenirs, il est encore plus noble d'être utile à son pays.

Et maintenant, monsieur le Préfet, que nous allons
travailler ensemble au bien de l'État, je vous demande
de vous dégager des préoccupations personnelles qui
n'embarrassent que trop souvent les grandes affaires.
Dites-moi toujours franchement votre opinion avec l'indépendance de caractère qui constitue le véritable serviteur de l'État, et par conséquent sans vous préoccuper
de plaire ou de déplaire. Rappelez-vous qu'un fonctionnaire de l'ordre civil, comme le soldat qui expose sa vie
pour son pays, doit, au besoin, savoir braver une disgrâce
imméritée. Toutefois, ne craignez pas que je vous juge

sans vous entendre, et encore moins que je place jamais ma responsabilité derrière la vôtre. Ne craignez pas non plus, tandis que vous vous dévouerez courageusement à l'intérêt public, de rester exposé de loin sans défense au ressentiment des ambitions non satisfaites. Du reste, vous recevrez bientôt des instructions sur des points importants de politique et d'administration, et j'aurai l'occasion de faire appel à votre zèle et à votre dévouement.

Recevez, etc.

CIRCULAIRE SUR LA PRESSE.

Paris, le 7 décembre 1860.

Monsieur le préfet, chargé du pouvoir discrétionnaire que la loi sur la presse donne au ministre de l'intérieur, je tiens à vous faire connaître nettement dans quel esprit je compte user de ce pouvoir.

Je viens de vivre au milieu d'un peuple qui peut être justement fier de ses institutions, où la liberté de la presse s'exerce ouvertement, sans être un danger ni pour l'État, ni pour l'ordre public, ni pour la sûreté des personnes et des choses; où, utile à tous les partis, invoquée, respectée de tous, elle forme la plus sûre garantie des libertés publiques, de l'ordre et de la prospérité du pays. J'ai assisté longtemps à ce beau spectacle; et si auparavant je n'avais pas aimé la véritable liberté, j'en aurais pris le goût dans ce pays.

Comme l'Angleterre nous a précédés dans cette carrière, il est naturel que nous recherchions par quels moyens elle est parvenue à s'assimiler la liberté de la presse, qui chez nous rencontre encore tant d'ennemis,

excite tant d'inquiétudes et présente tant de dangers.
Voyons donc comment ce grand problème a été résolu
en Angleterre ; et de même que les Romains, perfec-
tionnant sans cesse leurs moyens de combattre, adop-
taient jusqu'aux armes de leurs ennemis, profitons de
l'exemple de nos rivaux de gloire et de puissance.

Quand on étudie la législation de la presse en Angleterre depuis l'avénement de la maison de Hanovre,
on est frappé tout d'abord de son extrême rigueur. Les
passions du temps, la lutte ardente entre les partisans
de deux dynasties rivales et de deux religions en antagonisme, semblent d'abord expliquer cette terrible législation ; mais lorsque nous arrivons à l'époque actuelle,
où rien ne subsiste des passions du dernier siècle, et
que cependant nous voyons la législation nouvelle inspirée du même esprit de sévérité, des mêmes préoccupations politiques, et interdisant aussi absolument les
mêmes choses, on ne peut s'empécher d'être frappé du
contraste qui se remarque entre l'extrême liberté dont
jouit à nos yeux la presse anglaise et la rigueur des lois
qui la régissent : on se demande la cause de ce phénomène qui semble si étrange ; et comme elle éclate à
chaque page de l'histoire d'Angleterre, à chaque article
de sa législation, on s'étonne qu'il soit d'usage depuis
si longtemps sur le continent d'invoquer l'exemple de
l'Angleterre, non seulement pour réclamer les grandes
libertés dont jouit la presse anglaise, mais encore pour
se prévaloir d'autres libertés que la plus sévère et la
plus rigoureuse législation interdit à cette dernière.

Ainsi, jusqu'à l'anéantissement complet du parti des
Stuarts, la législation anglaise sur la presse ne parait
avoir eu qu'un seul objet : défendre la nouvelle dynastie
contre ses ennemis politiques ou religieux, et interdire

au nom de la liberté, en quelque sorte, les armes et les instruments de la liberté aux adversaires des nouvelles institutions du pays. De 1692, déjà sous Guillaume d'Orange, jusqu'à la chute du parti des Stuarts, à la place de la censure qui avait eu lieu quelque temps sous Guillaume, mais qui n'était qu'une douce mesure auprès de ce qui suivit, le régime de la presse, des livres, des journaux, des publications de tout genre, fut soumis à la juridiction du *Common Law*.

Pour comprendre le caractère de cette juridiction, il faut savoir qu'à la différence du *Statute Law* qui est la loi écrite et votée par le parlement, le *Common Law* est la loi non écrite, *lex non scripta,* qui demeure dans la mémoire et la conscience des juges interprétant les traditions du passé ; que cette loi donne un pouvoir discrétionnaire aux juges de la couronne pour les peines à prononcer, après la déclaration du fait par le jury, et qu'ainsi, pendant tout le temps que la maison de Hanovre eut à l'intérieur des ennemis politiques ou religieux, c'est-à-dire pendant toute cette période de passions et de violence, les juges de la couronne ont exercé le droit rigoureux de condamner toute personne coupable d'avoir écrit, publié ou imprimé des attaques contre la couronne et contre l'État, non seulement à l'amende, à la prison, au fouet et au pilori, mais même à la peine de mort ; et cela, non comme aujourd'hui, sur une déclaration du jury portant sur l'offense même, mais sur la simple déclaration du fait : un tel est-il l'auteur, ou l'éditeur, ou l'imprimeur de tel écrit ?

Si l'on réfléchit que les juges nommés par la couronne étaient choisis parmi les plus zélés partisans de la maison de Hanovre et même révocables par la couronne jusqu'en 1760, on ne peut s'imaginer ce qu'a dû être

la liberté de la presse pour les partisans des Stuarts,
pour les jacobites, pour les catholiques ou papistes,
comme on disait alors, et autres ennemis de l'État. Ce
n'est qu'à la fin du dernier siècle, quand déjà depuis
longtemps la maison de Hanovre était consolidée, le
parti des Stuarts anéanti et celui des catholiques soumis,
que, l'opinion réclamant un adoucissement à cette rigoureuse législation, Fox obtint un bill du parlement
pour appliquer le verdict du jury non plus au fait seul,
mais au caractère de l'écrit séditieux ou du libelle, ce
qui introduisit naturellement un tempérament considérable dans cette législation.

Ici, je ne veux pas m'appesantir sur les détails, en fouil-
lant dans l'arsenal que la législation anglaise tient à la
disposition du pouvoir; je citerai seulement deux circonstances caractéristiques qui serviront à mettre dans tout
son jour l'esprit de nos voisins en matière de presse.

Vingt-cinq ans après le bill de Fox, alors que l'Angleterre, parvenue au plus haut degré de puissance,
croyait pouvoir désormais jouir en paix de ses libertés,
il arriva qu'à la suite d'une grave crise économique,
causée par la cherté des subsistances et l'énormité
des taxes après la guerre, et favorisée d'ailleurs par
l'impopularité du prince régent; il arriva, dis-je,
qu'une sorte de doctrine républicaine, se répandant
dans le pays, inspira de graves inquiétudes à l'ordre
établi, et que le jury, intimidé ou gagné par la doctrine nouvelle, usant largement des dispositions du bill
de Fox, enlevait souvent aux juges de la couronne la
faculté d'appliquer aux délinquants la législation du
Common Law. Dans ces circonstances nouvelles, le
parlement anglais n'hésita pas à donner au gouvernement les moyens de forcer le jury à la défense de l'État;

et, en conséquence, on fit une loi, en 1819, qui frappa
d'amende, d'emprisonnement et, en cas de récidive,
de bannissement, l'auteur, l'éditeur et l'imprimeur de
tout écrit ou libelle séditieux contre le roi, la famille
royale, le régent, le gouvernement, la constitution et
l'une ou l'autre des deux chambres, et avec des dispositions tellement détaillées, tellement précises, qu'il
n'était presque plus possible à la conscience du jury de
se dérober aux nécessités de l'État.

Mais lorsque arriva la crise de 1848, et avec elle de
nouvelles émotions, de nouveaux partis hostiles à l'ordre
établi, on éprouva encore des difficultés de la part du
jury. On sentit alors la nécessité de préciser encore plus
clairement, plus minutieusement, les attaques dont
l'État pouvait être l'objet; et une nouvelle loi intitulée :
*Acte pour mieux assurer la sécurité de la couronne et du
gouvernement*, enrichit encore le terrible arsenal de la
législation anglaise. Cette fois, le succès est complet,
l'arme a été si finement aiguisée qu'elle triomphe du
jury irlandais lui-même; et, sur son verdict, deux jour-
nalistes coupables d'écrits séditieux, John Mitchell et John
Machin, sont condamnés par les juges de la couronne
à quatorze années de déportation avec travaux forcés.

Croit-on que si ces expédients judiciaires, conformes
au génie de la race anglo-normande, ne réussissaient
pas, l'Angleterre s'arrêterait devant des théories? Non,
certainement. Toujours fidèle à son grand principe
qu'avant d'être un peuple libre, il faut être un peuple
uni; qu'avant d'être un État libre, il faut être un État
fort, l'Angleterre, qui n'a reculé devant rien quand il
s'agissait de défendre dans le dernier siècle la dynastie
de son choix, ne reculerait pas davantage aujourd'hui,
si un nouveau péril menaçait l'État.

En résumé, l'esprit de la législation anglaise en matière de presse peut se formuler ainsi : liberté complète
pour tout ce qui est un avantage et n'est pas un danger
pour l'État, et négation de toute liberté, dès qu'il s'agit
d'attaquer l'État : de sorte que la liberté dont la presse
anglaise jouit si complétement n'est en réalité que
l'expression de la situation politique et sociale du pays.
Comme il n'y a aujourd'hui aucun parti, aucun homme
sérieux qui songe un instant à renverser ou la reine, ou
le gouvernement, ou le parlement, ou la constitution,
personne n'a à se préoccuper en quoi que ce soit de la
liberté de la presse, qui n'est, dans ces conditions, qu'un
avantage pour tous. Mais qu'un parti quelconque vienne à
se proposer le renversement de l'État au profit d'une
autre dynastie ou de toute autre doctrine, à l'instant
même, la liberté de la presse n'existe plus pour ce parti.

Ainsi lorsque, soit en France, soit ailleurs, des ennemis déclarés d'un gouvernement constitué s'autorisent
de l'exemple de l'Angleterre pour réclamer la liberté
d'attaquer par la presse le régime établi, ils se fondent sur
une erreur ; lorsqu'ils s'indignent de ne pouvoir jouir
du droit d'attaquer l'État, si leur indignation est sincère, ils méconnaissent les conditions de la liberté possible parmi les hommes, et, dans tous les cas, ils
calomnient la liberté anglaise.

La vérité, c'est que l'exemple de l'Angleterre nous
démontre, au contraire, et de la manière la plus éclatante, que la liberté de la presse ne peut que suivre
et non précéder la consolidation d'un nouvel État,
d'une nouvelle dynastie ; que tant qu'il y a des partis
hostiles à l'ordre établi, luttant, non plus comme aujourd'hui les tories et les whigs pour le ministère, mais
comme autrefois les jacobites pour renverser le trône,

c'est-à-dire tant qu'il y a des nations dans la nation, la liberté ne peut être accordée aux ennemis de l'ordre établi que chez des peuples dégénérés, qui préfèrent au salut de l'État, comme les Grecs du Bas-Empire, le droit de se quereller et de se détruire eux-mêmes.

Maintenant, monsieur le préfet, j'ai à peine besoin de formuler les instructions que j'ai à vous donner. Si tous les partis, tous les écrivains, se soumettant réellement aux lois constitutives de notre société, au suffrage universel qui a fondé le trône des Napoléons pour en faire la base de nos institutions ; si ces partis, ces écrivains, respectant la volonté du peuple français, ne veulent la liberté de la presse que pour le maintien et la prospérité de l'État, alors ils ont de fait et de droit la liberté de la presse comme en Angleterre ; et la loi des avertissements devient une lettre morte. Que les abus dans la société ou dans le gouvernement soient mis au jour ; que les actes de l'administration soient discutés ; que les injustices soient révélées ; que le mouvement des idées, des sentiments, et des opinions contraires vienne éveiller partout la vie sociale, politique, commerciale et industrielle : qui pourrait raisonnablement s'en plaindre ?

Mais s'il y a des partis qui, au lieu de faire pénétrer leurs idées, leurs doctrines, leurs sentiments dans le gouvernement de l'État, se proposent de renverser l'État lui-même, d'opposer au gouvernement tel autre gouvernement, à la dynastie telle autre dynastie, alors, quelle que puisse être la faiblesse de ces partis, le respect de la volonté nationale, l'intérêt public et la loi ne permettent pas de laisser entretenir des passions hostiles à l'ordre établi ; car, sans parler même d'aucun danger, tout ce qui retarde la fusion des partis dans la grande famille de l'État, retarde en même temps la jouissance des libertés de notre pays.

Quant à l'instrument que la loi actuelle met dans mes mains par le système des avertissements, je n'ai pas à le discuter. Cependant, s'il m'est permis d'en dire mon sentiment franchement et sans détours, ce système, comme mesure exceptionnelle subordonnée aux exigences imposées par l'établissement d'un nouvel ordre de choses, est sans doute, en principe, aussi dictatorial que celui trouvé par les défenseurs de la maison de Hanovre; mais, en fait, il est plus franc, plus sincère que s'il se déguisait sous des formes judiciaires, à la manière des Hanovriens. Il est, d'ailleurs, beaucoup plus conforme aux mœurs et à la situation de notre pays. A la vérité, il est difficile, comme il l'a toujours été en Angleterre, de définir le point qui sépare la discussion utile de la discussion nuisible à l'État. C'est une affaire de conscience aussi délicate pour un ministre napoléonien que pour un juge hanovrien; mais ce que je puis dire, c'est que, si je suis prêt à ne reculer devant aucune responsabilité pour interdire à la presse des attaques contre l'État, de quelque prétexte, de quelque autorité qu'elles se couvrent, en revanche, je ne consulterai aucune convenance particulière, de quelque part qu'elle se produise, pour les résolutions que j'aurai à prendre dans le but de favoriser sans cesse davantage dans notre pays l'acclimatation, si je puis ainsi parler, des habitudes de libre discussion.

Tel est, monsieur le préfet, l'ordre d'idées que je recommande à votre attention, et que je vous prie de prendre pour règle de conduite dans toutes les propositions que vous auriez à me soumettre. N'oubliez pas que plus le pouvoir discrétionnaire de l'administration sur la presse est exceptionnel, plus l'exercice en doit être dirigé par une scrupuleuse loyauté. Rappelez-vous surtout que c'est dans l'intérêt de l'État, et non de l'administration, que ce pouvoir a été délégué à mon ministère. Que vos actes ne s'abritent donc pas derrière cette protection, mais qu'ils soient, au contraire, exposés comme les miens à la discussion publique. Enfin, inspirez-vous du grand exemple que vous donne l'Empereur, et sachez bien que ce n'est que par votre zèle pour l'intérêt public que vous lui prouverez votre dévouement.

Recevez, etc.

RAPPORT

PROPOSANT LA REMISE DES AVERTISSEMENTS DONNÉS AUX JOURNAUX DE PARIS ET DES DÉPARTEMENTS.

Paris, le 10 décembre 1860 [1].

Sire, après avoir exposé, dans ma circulaire aux préfets, les principes généraux qui doivent régler les rapports de l'administration avec la presse, je crois répondre à la pensée de Votre Majesté en lui demandant de prononcer la remise des avertissements donnés aux journaux de Paris et des départements.

Un certain nombre de feuilles périodiques ont reçu deux avertissements et se trouvent ainsi sous le coup de la suppression. En les dégageant de ce péril, le Gouvernement les replacera dans les conditions d'indépendance qu'elles ont compromises; et cet oubli du passé sera un nouveau gage donné à cette généreuse politique

---

[1] Le décret qui suit ce rapport porte la même date.

qui tend à la réconciliation et à l'union de toutes les intelligences du pays.

J'ai invité la presse à user d'une large liberté de discussion; contre ceux qui s'en serviraient pour attaquer l'État, ma conscience sera d'autant plus libre et mon autorité plus forte que Votre Majesté, en effaçant le passé, offre aux écrivains une plus noble occasion de montrer leur patriotisme.

Je suis avec un profond respect, etc.

AFFAIRE DU *COURRIER DU DIMANCHE*.

Paris, le 29 janvier 1861.

Monsieur le conseiller d'État [1], je viens de lire dans un journal hebdomadaire, le *Courrier du Dimanche,* un article qui est une insulte à nos institutions.

Jusqu'ici, convaincu que la liberté de discuter les actes de l'autorité est aussi utile au Gouvernement qu'au public, et fortifié dans cette conviction par l'attitude même de la presse depuis deux mois, je n'ai cessé, comme vous le savez, conformément aux principes exposés dans ma circulaire du 7 décembre dernier, d'écarter les obstacles qui pouvaient tendre dans la pratique à restreindre cette liberté.

Mais je serais coupable envers l'État de tolérer un instant que le principe du Gouvernement fût discuté et encore moins outragé. Je vous prie donc de préparer immédiatement un arrêté d'avertissement contre ce journal.

---

[1] M. de la Guéronnière, chargé de la direction générale de l'imprimerie et de la librairie.

J'apprends, du reste, que l'auteur de cet article, M. Gregory Ganesco, n'est pas Français. Je m'étonne qu'un étranger se permette de venir insulter aux institutions de notre pays, et je charge, en conséquence, M. le préfet de police de l'expulser de France, par application de l'article 7 de la loi du 11 décembre 1849.

Recevez, etc.

LETTRE

AU SUJET DE L'AFFAIRE DU *COURRIER DU DIMANCHE*.

Paris, le 6 février 1861.

Mon cher Monsieur [1], j'ai reçu la lettre que vous m'avez envoyée au sujet de la mesure que j'ai prise con-

---

[1] Cette lettre est traduite de l'anglais. Nous croyons utile de reproduire, comme justification de la mesure prise contre le *Courrier du Dimanche*, l'article suivant du *Morning-Post*, un des organes les plus accrédités de la presse anglaise :

« Il est impossible de nier que la sévérité déployée à l'égard de M. Ganesco, propriétaire et rédacteur du *Courrier du Dimanche*, n'ait attristé la joie qu'avait inspirée à tous les sincères amis du bonheur et de la prospérité du peuple français la récente détermination prise par le gouvernement français de donner plus d'extension à la liberté de la presse. Il paraîtrait que parmi les nombreux hommes politiques d'Angleterre qui, appréciant les talents et l'honnêteté du comte de Persigny, sont devenus ses amis personnels dévoués, il en est qui lui ont franchement communiqué la fâcheuse impression qu'a produite, de ce côté du détroit, l'acte dont il s'agit.

» La lettre du comte de Persigny est une loyale réponse à cette expression de regret et une justification très nette de la mesure spéciale qui l'avait provoquée.

» Le comte de Persigny, rendons-lui cette justice, n'est pas homme à faire les choses à demi. Évidemment, il n'a pas la moindre envie d'éluder la responsabilité de son acte officiel.

» En effet, loin d'admettre que par la mesure adoptée vis-à-vis de M. Ganesco, il ait porté atteinte à la liberté de la presse, il s'est, au contraire, montré le meilleur ami qu'elle puisse compter, et il n'a

tre le *Courrier du Dimanche*. Si, comme vous me le
dites, l'opinion publique en Angleterre a blâmé cet
acte, je le regrette beaucoup, car vous savez très-bien
quelle haute importance j'attache à l'opinion d'un pays
pour lequel j'ai appris à professer une profonde estime.
Mais il y a une chose à laquelle j'attache une plus
grande importance encore, c'est l'intérêt de mon propre
pays.

Vous savez qu'en ma qualité de ministre de l'intérieur,
je suis investi par nos lois d'un pouvoir discrétionnaire
analogue à celui que possédaient contre les jacobites et
les papistes les juges qui étaient en fonctions sous la
maison de Hanovre. Adhérant fidèlement à l'esprit du
décret impérial du 24 novembre 1860 et aux principes de
ma propre circulaire sur la presse, j'ai favorisé, autant
qu'il a été en mon pouvoir, le droit de libre discussion

jamais été plus favorable à la discussion politique que lorsqu'il a averti
le *Courrier du Dimanche* et ordonné que M. Ganesco fût expulsé de
France.

» Voici quels sont les motifs sur lesquels le comte de Persigny base la
justification des rigueurs exercées contre lui : la France est encore une
arène ouverte à différentes factions hostiles; il y a les anciens légitimistes, les orléanistes, les anciens républicains, les socialistes et les
communistes, tous ennemis du gouvernement actuel, tous ardents à saisir,
bien plus, à susciter les occasions qu'offrirait une plus grande liberté de
la presse d'attaquer, à propos des actes spéciaux du Gouvernement,
sa propre existence, ainsi que le droit et le titre de la dynastie Bonaparte à régner sur la France. Eh bien, le soin de sa propre conservation est le premier soin, le premier devoir de chaque gouvernement.

» Le *to be or not to be* (être ou ne pas être) ne saurait jamais être considéré comme une question à résoudre, de quelque façon que d'autres
l'envisagent. Le gouvernement actuel de France ne peut donc pas plus
tolérer une attaque contre l'Empire, en tant qu'Empire, que, par exemple,
la Confédération suisse ne pourrait tolérer des discussions qui auraient
lieu dans le but manifeste d'établir une monarchie en Suisse; que la
reine Isabelle ne pourrait souffrir que les journaux quotidiens de sa capitale se rendissent les organes des sentiments et des vues du parti car-
liste; ou que le gouvernement anglais ne voudrait dans une situation
pareille, permettre les violentes excitations des ennemis déclarés de la

des actes du Gouvernement, — droit qui constitue une innovation considérable dans le régime de nos institutions, et dont les journaux se sont promptement prévalus. Mais du moment qu'un journal, au lieu de se borner, comme le font les journaux anglais, à reproduire des opinions libérales ou conservatrices, aristocratiques ou démocratiques, tories, whigs ou radicales, attaquait le principe même de nos institutions et jusqu'à la dynastie

constitution et de la dynastie. Je suis, dit le comte de Persigny, dans une position qui ressemble à celle d'un ministre sous les premiers princes de la maison de Hanovre, vis-à-vis des jacobites, des papistes et de ceux qui refusaient de prêter serment au gouvernement dont ils étaient les ennemis. Les écrits publics et clandestins de ces ennemis n'avaient nullement pour objet d'améliorer les actes du gouvernement : ils ne voulaient que le renverser.

» Aussi, tant que les écrits des hommes de parti, en Angleterre, ont été empreints de ce dangereux esprit, la législation anglaise n'a fait que remplir son devoir en armant le gouvernement vis-à-vis de la presse d'un contrôle qui lui permit de se garantir des incessantes attaques de ses ennemis invétérés. Et ce n'est pas seulement à des époques de successions contestées que ces pouvoirs ont été conférés à un gouvernement; c'est toutes les fois qu'une hostilité déclarée contre les institutions a paru menacer la paix et l'ordre dans le pays. Si, par exemple, on laisse passer, sans y prendre garde, les fougueuses déclamations d'une partie de la presse irlandaise, ce n'est point parce qu'elles sont libérales, mais parce qu'elles sont impuissantes.

» Nous croyons n'être point injustes envers le comte de Persigny en paraphrasant ainsi les opinions et les idées émises dans sa lettre. En les considérant en elles-mêmes, nous serons les derniers à ne pas nous y rallier, car elles ne font qu'énoncer les principes les plus élémentaires et les plus fondamentaux de tout gouvernement civil. Nous ne sommes pas non plus disposés à nier que les souverains et les hommes d'État de l'Angleterre n'aient à diverses époques réprimé vigoureusement les tentatives de ceux qui, par l'organe de la presse, voulaient affaiblir ou renverser leur autorité.

» Encore moins voulons-nous contester la parfaite sincérité, la bonne foi avec lesquelles le comte de Persigny produit ses arguments et ses analogies. Le plus fidèle et le plus dévoué des amis de Napoléon III, en un temps où la fidélité aux vicissitudes de sa fortune passait pour le donquichottisme le plus insensé, a plus de droit qu'aucun des hommes d'État français de réclamer pour ses mesures administratives prises dans l'intérêt de la politique impériale le mérite d'une parfaite et sincère conviction. »

elle-même, je me suis vu forcé, pour rester fidèle aux principes de ma circulaire ministérielle, de donner un avertissement à ce journal.

Je ne m'en suis pas tenu là : j'ai saisi l'occasion que me fournissait cette circonstance que l'écrivain est étranger, pour agir avec plus de sévérité encore, afin de mettre le plus possible en lumière mes résolutions sur ce point, car j'ai la conviction, entretenue et en même temps fortifiée par l'exemple de l'Angleterre, que le seul moyen de fonder la liberté dans un pays où, contrairement à ce qui a lieu en Angleterre, il existe encore des partis hostiles à la forme actuelle du Gouvernement, est de séparer la liberté de discuter les affaires du pays de la liberté d'en attaquer les institutions fondamentales.

Ainsi, précisément de même que vous, Anglais, avec votre bon sens pratique, n'avez jamais permis que le pouvoir de la maison de Hanovre fût mis en question, moi, fidèle gardien en France d'intérêts dynastiques analogues à ceux de la maison de Hanovre, je ne me laisserai pas détourner de ce que je considère comme la route sacrée du devoir. En un mot, je suis sincèrement convaincu qu'en usant ainsi de sévérité envers le *Courrier du Dimanche,* j'ai véritablement servi les intérêts de la liberté, aussi bien qu'en invitant tous les journaux à discuter librement les actes de l'administration.

Tel est, mon cher monsieur, le langage dont je puis me servir franchement et ouvertement avec des hommes qui, comme vous, ont pu se tromper de bonne foi sur le caractère moral de cette mesure, et je le fais dans la conviction que le moyen le plus efficace de servir son pays est d'obéir d'abord fidèlement à la voix de sa conscience.

Recevez, etc.

LETTRE

AU SUJET D'UN MANDEMENT DE L'ÉVÊQUE DE POITIERS.

Paris, le 27 février 1861.

Monsieur le préfet [1], en réponse à votre dépêche d'hier, par laquelle vous me transmettez le mandement de monseigneur l'évêque de Poitiers, je vous informe que le Gouvernement vient de déférer comme d'abus au conseil d'État le prélat qui n'a pas craint de faire servir l'autorité de son caractère à des passions étrangères aux intérêts de la religion.

La reproduction de ce mandement par la voie des journaux et sous la forme de brochure, en dehors de sa publicité spéciale, aurait pu donner lieu à des répressions administratives ou judiciaires. Mais, comme ministre de l'intérieur, j'ai pensé qu'il serait contraire à l'intérêt du Gouvernement de dérober de pareils excès au jugement de l'opinion publique. Je n'ai donc voulu prendre aucune mesure pour empêcher la publication d'un document où se révèle avec tant d'audace la pensée secrète du parti qui, sous le voile de la religion, n'a d'autre but que de s'attaquer à l'Élu du peuple français.

Recevez, etc.

---

1 Cette lettre a été adressée au préfet de la Vienne, à l'occasion d'un mandement dans lequel Mgr Pie dénaturait la politique du Gouvernement et faisait des allusions inconvenantes à la personne même de l'Empereur.

CIRCULAIRE

A PROPOS DES BROCHURES HOSTILES.

Paris, le 13 mai 1861.

Monsieur le préfet, la poursuite judiciaire exercée contre une brochure récente [1] a soulevé une question sur laquelle je crois devoir appeler votre attention. On s'est demandé si des personnes bannies ou exilées du territoire, placées par conséquent en dehors du droit commun et soustraites, par leur position même, à toute action judiciaire, pouvaient user en France des bénéfices de la publicité, en s'abritant derrière un imprimeur ou un libraire.

Dans l'écrit dont il s'agit, il y avait une attaque si caractérisée contre nos institutions, une excitation si manifeste à la haine et au mépris du Gouvernement, que le louable empressement de la magistrature à poursuivre l'écrit séditieux était commandé par la nature même des choses, et une fois saisie, la justice devait avoir son cours.

Mais vous savez, monsieur le préfet, les inconvénients de pareilles poursuites. D'un côté, l'écrivain, par une publication de plusieurs milliers d'exemplaires, peut avoir toutes les facilités de déverser l'injure et la calomnie sur les personnes et les choses, tandis que, de l'autre, il est protégé, lui et les siens, par la saisie judiciaire elle-même contre toute réponse et toute récrimination; et c'est ainsi qu'un représentant de la politique de 1840 elle-même a pu impunément adresser au vain-

---

[1] *Lettre sur l'Histoire de France.*

queur de Solferino cette étrange question : « Qu'avez-vous fait de la France? »

Quoi qu'il en soit, il est à présumer que des prétentions si clairement avouées se reproduiront de nouveau; que l'exemple donné sera suivi, et que le Gouvernement qui a tiré la France de l'abime va de nouveau se trouver exposé aux insultes de ceux-là même qui l'y avaient laissée tomber. Déjà, il m'est revenu que des écrits du même genre se préparent en ce moment; que, mieux avisés, les instigateurs ou les auteurs de ces petites manœuvres se flattent d'échapper, même dans la personne des imprimeurs, aux rigueurs de la justice, par des artifices de rédaction et de publication, espérant ainsi, à travers les fissures de la loi, pénétrer impunément jusqu'au cœur de nos institutions.

Mais le Gouvernement ne peut tolérer que de pareils scandales se renouvellent. En ce qui me concerne, plus je m'efforce de rester fidèle à la pensée libérale du 24 novembre, en favorisant la liberté de discussion, plus je dois me préoccuper de défendre l'État lui-même contre les attaques de ses ennemis. Je vous invite donc à surveiller avec soin toutes les tentatives de publications qui seraient faites au nom de personnes bannies ou exilées du territoire. De quelque nature que puissent être ces publications, sous quelque forme qu'elles se produisent, livres, journaux, brochures, vous devez procéder sur-le-champ à une saisie administrative, m'en référer immédiatement et attendre mes instructions.

Recevez, etc.

CIRCULAIRE

SUR LES CONFÉRENCES DE SAINT-VINCENT DE PAUL.

Paris, le 16 octobre 1861.

Monsieur le préfet, depuis longtemps le Gouvernement se préoccupe de la nécessité de faire rentrer dans les conditions de la loi les associations de bienfaisance dont l'existence et l'action n'ont point encore été régulièrement autorisées. Par diverses circulaires, notamment en date du 30 octobre 1850, du 19 août 1852, et du 15 juin 1854, vous avez été invité à rappeler à ces sociétés les obligations que la loi leur impose. Malgré ces avertissements, la considération qui s'attache aux actes de bienfaisance a prolongé jusqu'ici la tolérance de l'autorité ; mais il est devenu indispensable, et il est juste de régulariser une situation dont le temps n'a fait qu'aggraver les inconvénients.

Je m'empresse, du reste, de reconnaître qu'à part ces inconvénients, les nombreuses associations de bienfaisance, autorisées ou non, et qui forment des branches considérables de la charité publique, méritent toute la sympathie du Gouvernement pour les bienfaits qu'elles répandent dans le pays, soit qu'elles revêtent un caractère religieux comme les sociétés de Saint-Vincent de Paul, de Saint-François-Régis, de Saint-François de Sales, soit que, d'origine différente, elles aient une organisation purement philanthropique, comme la franc-maçonnerie.

Établie en France depuis 1725, cette dernière n'a pas cessé, en effet, de maintenir sa réputation de bienfaisance ; et tout en accomplissant avec zèle sa mission de charité, elle se montre animée d'un patriotisme qui n'a jamais fait défaut aux grandes circonstances. Les divers groupes dont elle se compose, au nombre d'environ quatre cent soixante-dix, connus sous le nom générique d'ateliers, et les dénominations particulières de loges, chapitres, colléges, consistoires, etc., quoique non reconnus et non régulièrement constitués, fonctionnent avec calme dans le pays et n'ont depuis longtemps donné lieu à aucune plainte sérieuse de l'autorité. Tels sont l'ordre et l'esprit qui règnent dans cette association, qu'à l'exception de son organisation centrale, dont le mode d'élection, de nature à exciter des rivalités entre les diverses loges et à troubler leur bonne harmonie, réclamerait quelques modifications, il ne peut être qu'avantageux d'autoriser et de reconnaître son existence.

De leur côté, les associations religieuses de bienfaisance, et particulièrement la société de Saint-Vincent de Paul, se recommandent au respect public par les bienfaits qu'elles répandent. Les nombreuses conférences de Saint-Vincent de Paul, fondées pour distribuer des secours aux indigents, moraliser et instruire les classes ouvrières, poursuivent avec un zèle remarquable un but qui ne saurait être trop loué. C'est la bienfaisance donnant la main à la religion et s'échauffant de ses nobles aspirations pour mettre en pratique les préceptes de la charité chrétienne ; et non seulement ces sociétés contribuent puissamment au soulagement et à la moralisation des classes pauvres, elles concourent encore à entretenir dans les classes élevées tout un ordre de sentiments généreux, en faisant comprendre aux hommes de fortune et de loisir la mission du riche au milieu de ceux qui souffrent.

L'esprit de ces sociétés paraît, du reste, en lui-même étranger aux préoccupations politiques, car, formées d'hommes religieux appartenant indistinctement à toutes les opinions, elles comptent dans leur sein un grand nombre de fonctionnaires publics et d'amis dévoués du Gouvernement.

Mais, si les conférences locales de Saint-Vincent de Paul ont droit à toute la sympathie du Gouvernement, j'ai le regret de dire qu'il n'en est pas de même de ces conseils ou comités provinciaux qui, sous l'apparence d'encourager les efforts particuliers des diverses confé-rences, viennent chaque jour davantage s'emparer de leur direction, les dépouillent du droit de choisir elles-mêmes leurs présidents et leurs dignitaires, et s'impo-sent ainsi à toutes les sociétés d'une province, comme pour les faire servir d'instruments à une pensée étran-gère à la bienfaisance.

Quant au conseil supérieur siégeant à Paris, le Gou-vernement ne saurait approuver l'existence de cette espèce de comité directeur qui, sans être nommé par les sociétés locales, se recrutant de lui-même et de sa seule autorité, s'arroge le droit de les gouverner pour en faire une sorte d'association occulte dont il étend les ramifi-cations au delà des frontières de la France, et qui pré-lève sur les conférences un budget dont l'emploi reste inconnu.

Une telle organisation ne peut s'expliquer par l'in-térêt seul de la charité. Est-il nécessaire, en effet, que les hommes honorables qui font de la bienfaisance à Lyon, à Marseille, à Bordeaux, soient conseillés, dirigés par un comité de Paris? Ne sont-ils pas, au contraire, plus en état que personne de savoir à qui distribuer leurs aumônes? Enfin, la charité chrétienne a-t-elle besoin, pour s'exercer, de se constituer sous la forme des sociétés secrètes?

Monsieur le préfet, la loi qui interdit ces sortes d'associations, et qui est violée depuis trop longtemps, vous impose des obligations que mon devoir est de vous rappeler, en conciliant le respect de la loi avec le grand intérêt qui s'attache au noble exercice de la charité. S'il existe dans votre département des sociétés de bienfaisance non autorisées, sous quelque titre ou dénomination qu'elles soient établies, conférences de Saint-Vincent de Paul, sociétés de Saint-François-Régis et de Saint-François de Sales, et loges de franc-maçonnerie, je vous invite à les autoriser sans délai suivant les formes légales, et à les admettre, ainsi que toutes les sociétés déjà reconnues, au partage des faveurs du Gouvernement comme à la protection de l'État.

En outre, si les présidents ou délégués directement nommés par les sociétés isolées d'une même ville jugent utile de se concerter dans l'intérêt de leur mission, vous les autoriserez à se réunir et à former un comité.

Enfin, si ces diverses sociétés, par l'organe de leurs présidents ou délégués, vous expriment le désir d'avoir à Paris, près du siége du Gouvernement, une représentation centrale, vous me transmettrez l'expression de leurs vœux avec les raisons qu'elles auraient à faire valoir, et j'aurai l'honneur de prendre les ordres de l'Empereur pour décider sur quelles bases et d'après quels principes cette représentation centrale pourrait être organisée. Jusque-là, vous interdirez les réunions de tout conseil supérieur, central ou provincial, et vous en prononcerez la dissolution.

Recevez, etc.

LETTRE

SUR L'AFFAIRE DE ROME ET LES CONFÉRENCES DE SAINT-VINCENT DE PAUL.

Paris, 14 novembre 1861.

Monseigneur [1], j'ai lu avec attention la lettre que Votre Éminence m'a fait l'honneur de m'écrire au sujet de mesures prises par le gouvernement de l'Empereur pour régulariser la situation des associations de bienfaisance; mais je regrette de ne pouvoir me rendre à vos observations.

Il n'était pas nécessaire de me rappeler avec quel zèle et quel dévouement tant d'hommes de bien travaillent, dans les conférences de Saint-Vincent de Paul, au soulagement et à la moralisation des classes pauvres, car je le reconnais tout autant que vous-même. Je n'avais pas besoin non plus de vos déclarations pour savoir que partout où vous avez présidé les réunions de Saint-Vincent de Paul, vous n'avez été inspiré que par les sentiments les plus nobles et les plus purs, car à Dieu ne plaise que je vous confonde avec ces quelques prélats qui compromettent l'épiscopat par leur violence et leur hostilité au gouvernement de leur pays. Toutefois, je m'étonne qu'à moins de supposer le Gouvernement dominé par les plus détestables instincts, on puisse, de bonne foi, l'accuser de vouloir entraver une œuvre de bienfaisance et de religion.

Si le Gouvernement a jugé nécessaire de régulariser l'existence des sociétés de bienfaisance, c'est qu'il ne faut pas que des partis ennemis de l'État puissent

[1] S. Em. le cardinal Donnet, archevêque de Bordeaux.

s'abriter sous le manteau de la bienfaisance et de la religion, en profitant, pour satisfaire leurs passions, des
formes d'associations non autorisées par la loi. Mais je
repousse comme une injure la pensée que la religion et
la charité aient rien à craindre des mesures prises par
le Gouvernement.

Quant au reproche d'avoir fait figurer les loges maçonniques dans la même mesure que les sociétés religieuses de bienfaisance, j'aurais compris cette observation de la part d'un évêque de.... ou de....; mais je
m'en étonne de la part d'un esprit noble et élevé comme
le vôtre. Si le Gouvernement croit avoir raison d'exercer
sa surveillance sur les sociétés religieuses, la même raison
n'existe-t-elle pas pour les sociétés maçonniques? N'au-
riez-vous pas été justement blessé de l'exception faite en
faveur de ces dernières?

Laissons là ces griefs secondaires. Permettez-moi,
Monseigneur, de vous parler en toute franchise, non
plus comme ministre de l'Empereur, mais comme compatriote, enfant de la même province, et honoré si
souvent des témoignages de votre estime.

Ce qui vous émeut dans l'exercice de la surveillance
légale des sociétés de bienfaisance, ce n'est pas probablement la mesure en elle-même, mais bien plutôt ce
que vous croyez voir par l'effet de ce mirage trompeur
au travers duquel une partie du clergé envisage les événements politiques de nos jours. Vous êtes évidemment
sous l'impression d'une pensée douloureuse qui pèse sur
votre raison. Au lieu de considérer froidement la situation délicate et difficile de la question romaine, au lieu
même de venir en aide aux sollicitudes de l'Empereur,
qui depuis douze ans ne cesse de protéger le Saint-
Père et de favoriser la religion par tous les moyens en

son pouvoir, vous vous laissez aller au doute, à la défiance. Jouet, à votre insu, des tactiques d'un parti
ennemi de l'État, qui, sous le voile de la religion, ne
voit dans le Pape et le clergé que des instruments à
manier au profit de ses passions, vous en êtes venu à
craindre peut-être, comme beaucoup de vos amis, que
le grand prince que vous savez si droit, si loyal, si sincèrement dévoué à la religion, ne soit prêt à brûler ce
qu'il a adoré et à adorer ce qu'il a brûlé.

Monseigneur, une telle crainte ne serait digne ni de
votre cœur ni de votre esprit. Mettez-vous, en effet, face
à face avec cette grande question de l'Italie, et considérez-
la sans parti pris, sans préoccupations exclusives.

Nous avons été en Italie, parce qu'un intérêt de premier ordre, l'intérêt vital de la France, ne lui permettait
pas, sans un grave danger pour elle-même, de livrer la
péninsule à l'Autriche. Puis, vainqueurs, nous avons
proclamé l'indépendance de l'Italie, parce que, outre la
grande considération du respect des peuples, la France
ne pouvait, sans s'exposer encore à de plus grands
périls, se donner le rôle odieux, dangereux, fatal,
d'asservir à son tour ce pays. Malheureusement, cette
double nécessité pour notre politique en Italie, de détruire la domination autrichienne et de ne pas la remplacer par la nôtre, devait amener une situation fâcheuse
pour la cour de Rome.

Ne pouvant depuis longtemps gouverner son petit
État, sans que l'Italie fût sous le joug de l'Autriche ou
de la France, le gouvernement temporel du Pape se
trouvait frappé d'impuissance à tous les yeux ; et ainsi,
de ces circonstances indépendantes de toute volonté,
de tout calcul individuel, est sortie la grave difficulté
qui nous préoccupe.

C'est là, en effet, une situation étrange, car, tandis que, d'un côté, l'intérêt de la France veut que l'Italie se gouverne librement, sans que nous ayons à dépenser notre argent et à sacrifier le sang de nos enfants à une mission odieuse, de l'autre, l'intérêt de la religion c'est que le Pape, qu'il puisse exercer ou non son pouvoir temporel, soit également indépendant. De là cet intérêt mi-politique et religieux pour la France de ne sacrifier ni l'Italie au Pape ni le Pape à l'Italie; de là cette double cause, si difficile, si délicate, mais non impossible à concilier; de là enfin, cette espérance criminelle des partis que l'Empereur se laissera entraîner, ou à trahir l'intérêt de la France en sacrifiant l'indépendance de l'Italie, ou à trahir l'intérêt de la religion en sacrifiant l'indépendance du Pape.

Mais vous, Monseigneur, vous ne tomberez pas dans cette erreur grossière; vous continuerez à l'Empereur cette confiance qu'il mérite à un aussi haut degré; vous ne suivrez pas surtout l'exemple de ces prélats imprudents qui, opposant le Pape à l'Empereur, l'Église à l'État, et l'intérêt de la religion à l'intérêt de la France, joueraient le jeu le plus dangereux pour la religion, si le bon sens du pays ne faisait justice de ces excentricités coupables [1].

Agréez, etc.

---

[1] Un an après, au moment où M. Drouyn de Lhuys venait d'être appelé au ministère des affaires étrangères, l'*Indépendance belge*, dans son numéro du 9 novembre 1862, faisait cette réflexion : « Bien que cette lettre ait déjà un an de date, elle contient sur la politique du Gouvernement français vis-à-vis de la cour de Rome et de l'Italie des indications auxquelles les tentatives nouvelles de conciliation qui vont être essayées par M. Drouyn de Lhuys rendent un intérêt tout actuel. » En 1863, dans sa *Lettre de Rome*, M. le duc de Persigny sera conséquent avec ses appréciations de 1860 et de 1861.

CIRCULAIRE

SUR LES CONFÉRENCES DE SAINT-VINCENT DE PAUL.

Paris, le 5 avril 1862.

Monsieur le préfet, par ma circulaire du 25 janvier dernier, je vous ai invité à consulter les conférences de Saint-Vincent de Paul de votre département, sur la question de savoir si elles voulaient être reliées entre elles par un conseil central formé de la plupart des membres de l'ancien comité de Paris, et ayant pour président un haut dignitaire de l'Église nommé par l'Empereur, ou si elles préféraient continuer à fonctionner isolément, comme elles y sont autorisées aujourd'hui.

Après quelque hésitation et des délais assez longs, la plupart des conférences ont enfin répondu. Quatre-vingt-huit accepteraient un conseil général présidé par un haut dignitaire de l'Église, à la nomination de l'Empereur ; mais sept cent soixante-six ont déclaré qu'elles préféraient fonctionner isolément.

En conséquence, et conformément au vœu de la grande majorité des conférences, j'ai l'honneur de vous prévenir que le Gouvernement considère comme terminée la régularisation des sociétés de Saint-Vincent de Paul, dont l'existence légale reste désormais subordonnée à l'isolement de chaque conférence et à la suppression de tout lien central.

A ce sujet, je crois devoir vous entretenir d'un incident sur lequel j'appelle votre attention. Par une lettre publiée dans les journaux, l'ancien président du conseil général a déclaré que ce conseil, avant de se dissoudre,

lui avait transmis ses pouvoirs ; qu'il avait l'intention
de les exercer sur toutes les conférences, et qu'en cas
de mort ou d'empêchement, il les déléguait à un comité de trois membres étrangers, un belge, un hollandais et un prussien. En dépit des lois et malgré le vœu
des conférences elles-mêmes de fonctionner isolément,
on prétendrait donc faire de toutes les conférences une
vaste association gouvernée par un chef suprême ou
même par des étrangers, sans l'autorisation et en dehors
du contrôle de l'État.

Je n'ai pas besoin de vous dire, monsieur le préfet,
qu'une pareille infraction aux lois du pays, de quelques
motifs, charitables ou religieux, qu'elle se couvre, ne
saurait être tolérée par le Gouvernement. Je vous invite
donc à porter à la connaissance des conférences la prétention qui s'est produite, et à les prévenir que si elles
s'y soumettaient, contrairement au système d'isolement
choisi par elles-mêmes, elles se mettraient en opposition flagrante avec les lois qui régissent les associations.

Recevez, etc.

RÉPONSE A M. DE SÉGUR-D'AGUESSEAU [1].

Messieurs les sénateurs, retenu auprès de l'Empereur,
j'étais absent hier quand M. le comte de Ségur-d'Agues-
seau a cru devoir diriger contre moi des attaques dont
la violence ne me permet pas de garder le silence.

Comme ministre, je crois facile de défendre mes actes,

[1] Dans la séance du 20 février 1862, M. le sénateur de Ségur-d'Agues-
seau, qui venait de subir un échec électoral, avait dirigé contre M. de
Persigny, ministre de l'intérieur, des attaques dont l'injustice égalait la
violence, et l'avait comparé au prince de Polignac.

et je serais heureux de pouvoir en exposer la véritable pensée, si la Constitution n'avait remis à d'autres le soin de le faire. Je respecte la Constitution et je me tais.

Comme sénateur, j'ai été outragé dans cette enceinte, où d'habitude chacun donne l'exemple de la modération et du respect à ses collègues.

Je ne répondrai pas à des personnalités par des personnalités. Mais, puisqu'on a cru devoir m'appliquer comme une sorte d'injure le nom d'un ministre malheureux, je me bornerai à répondre que nous vivons sous un gouvernement issu du suffrage universel, trois fois solennellement exprimé, qui ne doit rien à l'étranger, mais tout à la volonté nationale, et qui ne peut être ni perdu ni sauvé par un ministre. (*Approbation.*)

Mais s'il ne convient ni à ma situation ni à mon caractère de relever des attaques personnelles, j'ai le droit de repousser énergiquement les calomnies et de proclamer bien haut mes sentiments.

Ce que je désire avec l'Empereur, avec le pays et avec cette patriotique assemblée, c'est un gouvernement fort, pour maintenir l'ordre et la tranquillité qui sont la base de la prospérité publique. C'est aussi un gouvernement sagement progressif et libéral, comme celui qui a rendu le décret du 24 novembre et proposé le sénatus-consulte récemment voté par le sénat.

Voilà le gouvernement impérial tel que je le comprends, et auquel j'ai dévoué ma vie en serviteur fidèle de l'Empereur, de son fils et de sa dynastie. (*Très-bien ! très-bien !*)

(Extrait du Moniteur du 22 février 1862.)

CIRCULAIRES

SUR LES ÉLECTIONS LÉGISLATIVES DE 1863.

I.

Paris, le 8 mai 1863.

Monsieur le préfet, les élections qui se préparent
vont être pour la France une nouvelle occasion d'af-
firmer devant l'Europe les institutions qu'elle s'est
données.

Dans cette circonstance, j'ai à peine besoin de vous
rappeler les principes qui doivent vous guider. Vous
n'oublierez pas que l'Empire est l'expression des besoins, des sentiments, des intérêts des masses, et
que, avant de rallier à lui toutes les forces vives de la
nation, c'est dans la chaumière du peuple qu'il a été
enfanté.

Fort de son origine providentielle, l'Élu du peuple a
réalisé toutes les espérances de la France, car cette
France qu'il avait trouvée dans l'anarchie, la misère
et l'abaissement où le régime des rhéteurs l'avait jetée,
il lui a suffi de quelques années pour l'élever au plus
haut degré de richesse et de grandeur.

On sait comment dans ce pays, bouleversé par tant
de révolutions, l'ordre politique, social et religieux a
été restauré, et la sécurité des personnes et des choses
établie comme elle ne l'avait jamais été ; comment, en
dix ans, la fortune immobilière a été doublée, la fortune
mobilière augmentée de sept à huit milliards, et le revenu public accru de trois cents millions ; comment le
territoire a été sillonné de voies ferrées, de routes, de
chemins vicinaux, et enrichi d'innombrables travaux

publics ; comment enfin les glorieux triomphes de nos armes et la haute influence rendue à notre politique au dehors sont venus couronner un développement de prospérité jusqu'ici sans exemple dans le monde.

L'histoire dira par quels prodiges de sagesse, de courage et d'habileté, l'Élu du peuple a accompli toutes ces choses ; mais elle révélera aussi le secret de son étonnante fortune, je veux dire la confiance absolue, la fidélité touchante avec laquelle, dans la paix ou dans la guerre, dans les mauvaises comme dans les bonnes circonstances, le peuple français n'a cessé de le soutenir, de l'entourer, de le défendre.

C'est à cette confiance que l'Empereur fait encore appel. Il demande au pays une législature qui, devant terminer son mandat au moment où le Prince impérial, le fils de la France, parviendra à la veille de sa majorité, soit aussi dévouée que les deux précédentes, et n'ait d'autre préoccupation que l'avenir de l'Empire.

S'il n'y avait en France, comme en Angleterre, que des partis divisés sur la conduite des affaires, mais tous également attachés à nos institutions fondamentales, le Gouvernement pourrait se borner, dans les élections, à assister à la lutte des opinions diverses. Mais, dans un pays comme le nôtre, qui, après tant de convulsions, n'est sérieusement constitué que depuis dix ans, ce jeu régulier des partis, qui chez nos voisins féconde si heureusement les libertés publiques, ne pourrait dès aujourd'hui se reproduire qu'en prolongeant la révolution et en compromettant la liberté, car chez nous il y a des partis qui ne sont encore que des factions. Formés des débris des gouvernements déchus, et bien qu'ils soient affaiblis chaque jour par le temps qui seul peut les faire disparaître, ils ne cherchent à pénétrer au cœur de nos

institutions que pour en vicier le principe, et n'invoquent la liberté que pour la tourner contre l'État.

En présence d'une coalition d'hostilités, de rancunes
et de défis opposée aux grandes choses de l'Empire,
votre devoir, monsieur le préfet, est tout naturellement
tracé. Pénétré de l'esprit libéral et démocratique de nos
institutions, que l'Empereur s'applique chaque jour à
développer, ne vous adressez qu'à la raison et au cœur
des populations. Laissez librement se produire toutes
les candidatures, publier et distribuer les professions de foi et les bulletins de vote, suivant les formes prescrites par nos lois. Veillez au maintien de
l'ordre et à la régularité des opérations électorales.
C'est pour tous un droit et pour vous un devoir de
combattre énergiquement les manœuvres déloyales,
l'intrigue, la surprise et la fraude, d'assurer la
liberté et la sincérité du scrutin, en un mot, la probité
de l'élection.

Le suffrage est libre. Mais afin que la bonne foi des
populations ne puisse être trompée par des habiletés de
langage ou des professions de foi équivoques, désignez
hautement, comme dans les élections précédentes, les
candidats qui inspirent le plus de confiance au Gouvernement. Que les populations sachent quels sont les
amis ou les adversaires plus ou moins déguisés de l'Empire, et qu'elles se prononcent en toute liberté, mais
en parfaite connaissance de cause.

Nous ne sommes plus au temps où les élections
étaient entre les mains d'un petit nombre de privilégiés
qui disposaient des destinées du pays. Grâce à l'Empereur, qui a su résister aux tentatives anciennes ou
nouvelles de tous les partis pour restreindre le suffrage
universel, et qui a voulu maintenir le droit de tout

Français à être électeur, aujourd'hui la France, en possession du plus vaste suffrage qui existe en Europe, compte dix millions d'électeurs, votant au scrutin secret, n'ayant chacun à rendre compte de son vote qu'à Dieu et à sa conscience : c'est la nation tout entière qui, maîtresse d'elle-même, ne peut être dominée, ni violentée, ni corrompue par personne.

En recommandant au choix des électeurs l'immense majorité des membres sortants du corps législatif, le Gouvernement rend un hommage mérité à des hommes honorables, d'un dévouement éprouvé, et qui, avant de recevoir le patronage de l'administration, étaient désignés par les sympathies de leurs concitoyens. S'il a cru devoir refuser ce témoignage à quelques-uns, ce n'est pas pour de simples dissidences d'opinions, car il s'est fait une loi de respecter profondément l'indépendance des députés ; mais il ne peut appuyer auprès des électeurs que des hommes dévoués, sans réserve et sans arrière-pensée, à la dynastie impériale et à nos institutions. Il est donc contraire à la vérité d'attribuer l'attitude du Gouvernement vis-à-vis de plusieurs candidats au souvenir de certaines discussions. Quelques députés seulement, dans le nombre de ceux qui ont voté contre l'avis du Gouvernement, lors d'une circonstance importante, n'ont plus le patronage officiel ; mais leur vote n'est entré pour rien dans la résolution qui les concerne, et j'affirme, quant à moi, que jamais je n'ai eu la pensée de rechercher des votes inspirés par des scrupules de conscience.

J'appelle votre attention sur une autre manœuvre qu'il suffit de signaler au bon sens public. Les partisans de certaines candidatures ne craignent pas de prétendre qu'à défaut du concours de l'administration,

elles peuvent se prévaloir des plus hautes et des plus
augustes sympathies, comme si l'administration pouvait
être dans les élections autre chose que l'instrument de
la pensée même de l'Empereur.

Je termine, monsieur le préfet, en vous rappelant
ces paroles solennelles que l'Empereur prononçait, à
l'ouverture de la dernière session : « Dites à vos conci-
» toyens que je serai prêt sans cesse à accepter tout ce
» qui est l'intérêt du plus grand nombre ; mais s'ils ont
» à cœur de faciliter l'œuvre commencée, d'éviter les
» conflits qui n'engendrent que le malaise, de fortifier
» la constitution qui est leur ouvrage, qu'ils envoient
» à la nouvelle chambre des hommes qui, comme vous,
» acceptent sans arrière-pensée le régime actuel, qui
» préfèrent aux luttes stériles les délibérations sérieuses,
» des hommes qui, animés de l'esprit de l'époque et
» d'un véritable patriotisme, éclairent dans leur in-
» dépendance la marche du Gouvernement, et n'hésitent
» jamais à placer au-dessus d'un intérêt de parti la sta-
» bilité de l'État et la grandeur de la patrie. »

Vous connaissez maintenant, monsieur le préfet, la
pensée tout entière du gouvernement de l'Empereur.
Suivez exactement les instructions qui précèdent, et
attendez avec confiance le résultat du vote. Les populations du 10 et du 20 décembre ne laisseront pas affaiblir dans leurs mains l'œuvre dont elles sont fières.
Électrisées par leur patriotisme, elles se porteront en
masse au scrutin, et voudront donner une nouvelle et
éclatante adhésion à l'Empire glorieux qu'elles ont
fondé.

Recevez, etc.

II.

Paris, le 28 mai 1863.

Monsieur le préfet, pour la première fois depuis l'Empire, les partis ennemis des institutions que la France s'est données, osent les attaquer devant le suffrage universel. Des hommes de 1815, de 1830, de 1848, coalisés dans un effort commun, essayent sur plusieurs points de surprendre la bonne foi du pays pour tourner contre l'Empereur les libertés mêmes qu'il a accordées récemment; et tous, comme obéissant à un mot d'ordre, ont recours à la même manœuvre.

Ne pouvant nier les grandes choses qui se sont accomplies depuis dix ans, car tout le monde les a sous les yeux, ils s'attaquent aux moyens qui ont servi à les accomplir, c'est-à-dire aux finances de l'État, parce que, peu de personnes étant versées dans les questions de ce genre, ils espèrent pouvoir plus impunément répandre le mensonge et l'erreur.

Leur calcul est bien simple: s'ils parvenaient à inquiéter l'opinion sur l'état de nos finances, ils affaibliraient en même temps la foi du pays dans nos institutions; et c'est là le secret de leurs tentatives.

Monsieur le préfet, le pays ne sera pas dupe d'assertions mensongères. Si l'Empereur a pu, en dix ans, élever la France à un si haut degré de prospérité, c'est qu'il a su admirablement employer nos ressources, la prospérité publique et la bonne gestion des finances ne pouvant aller l'une sans l'autre.

Pour satisfaire aux grands intérêts du dehors et du dedans, la dette a été augmentée de 87 millions de rente; mais l'accroissement du revenu public s'élevant à

300 millions, sans augmentation de l'impôt, cette charge
est insignifiante en comparaison des résultats obtenus et
de la France agrandie de trois départements. Voilà pour
la dette.

Quant au budget, qui n'est pas de deux milliards,
comme on le dit par erreur, car il faut en déduire
550 millions de dépenses qui, d'après notre système de
comptabilité, n'y figurent que pour ordre, il suit de nos
jours, comme de tout temps, la marche ascendante que
lui imprime le développement de la richesse sociale.
Tandis que le gouvernement de Juillet l'avait successivement accru de 500 millions, l'Empire ne l'a augmenté que de 300 millions pour faire les grandes choses
que vous savez. Ainsi, sur ce budget noblement employé;
sans compter d'innombrables travaux publics, routes,
chemins vicinaux, églises, écoles, presbytères, etc.,
l'Empire a trouvé le moyen de consacrer un milliard à nos
chemins de fer; et ce milliard a produit pour le pays,
dans nos villes et dans nos campagnes, plus de vingt
milliards de richesse.

L'état financier de la France est donc aussi solidement
établi que le résultat des opérations de l'Empire est
éclatant. Voilà la vérité, voilà ce que le peuple français
comprendra dans sa bonne foi, et ce que l'histoire dira
à la gloire de l'Empereur.

Recevez, etc.

III.

Paris, le 21 mai 1863.

Monsieur le préfet [1], je m'empresse de répondre au

[1] Cette lettre est adressée au préfet de la Seine.

rapport que vous m'adressez sur les bruits qui se répandent dans la deuxième circonscription de Paris, et d'après lesquels le Gouvernement, hésitant à combattre M. Thiers, songerait à faire retirer son concurrent, M. Devinck.

Je vous autorise à démentir ces bruits de la manière la plus catégorique.

Si M. Thiers, rendant hommage à la grandeur du nouvel Empire, se fût présenté au suffrage universel en ami de nos institutions, le Gouvernement eût accueilli avec sympathie sa rentrée dans la vie publique ; mais du moment où il a consenti à se rendre, pour s'en faire le champion, dans une réunion des anciens partis uniquement composée d'ennemis déclarés de l'Empereur et de l'Empire, il a rendu lui-même impossible l'accueil que le Gouvernement eût été disposé à faire à l'illustre historien du Consulat et de l'Empire.

Que M. Thiers se présente au suffrage universel avec ou sans répugnance, qu'il consente ou non à expliquer son attitude, il n'y a plus d'équivoque possible. Il reste désormais un des représentants d'un régime que la France a condamné, et qu'à ce titre, le devoir du Gouvernement est de combattre.

M. Thiers est trop honnête homme pour que personne puisse l'accuser de prêter un serment qu'il n'aurait pas l'intention de tenir. Mais ce que veut M. Thiers, c'est le rétablissement d'un régime qui a été fatal à la France et à lui-même, d'un régime flatteur pour la vanité de quelques-uns et funeste au bien de tous, qui déplace l'autorité de sa base naturelle pour la jeter en pâture aux passions de la tribune, qui remplace le mouvement fécond de l'action par l'agitation stérile de la parole, qui pendant dix-huit ans n'a produit que l'impuissance au dedans et la faiblesse au dehors, et qui, commencé dans l'émeute, continué aux bruits de l'émeute, a fini par l'émeute.

Non, monsieur le préfet, en face de la France agrandie, de cette France qui n'est devenue si prospère et si glorieuse que depuis que M. Thiers et les siens ne sont plus aux affaires, au sein de cette grande cité aujourd'hui la plus tranquille, la plus riche et la plus belle de l'univers, non, le suffrage universel n'opposera pas au gouvernement qui a tiré le pays de l'abîme ceux qui l'y avaient laissé tomber.

Recevez, etc.

<hr />

IV.

Paris, le 21 juin 1863.

Monsieur le préfet, après avoir reçu et analysé vos rapports et ceux de vos collègues sur les dernières élections, après avoir constaté l'ordre et la loyauté qui ont présidé aux opérations électorales comme la liberté avec laquelle toutes les candidatures ont pu se produire, je suis heureux d'avoir à vous féliciter du zèle que vous avez mis, ainsi que les sous-préfets, les maires et tous les agents sous vos ordres, à éclairer les populations sur les choix qu'elles étaient appelées à faire. A part les incidents qui ont pu provoquer des protestations soit d'un côté, soit de l'autre, la manière paisible dont se sont accomplies les dernières élections fait d'autant plus d'honneur au pays qu'elles ont été plus disputées.

Pour la première fois depuis dix ans, une coalition s'est formée entre des opinions plus ou moins rattachées aux gouvernements antérieurs. Sur quelques points, et particulièrement dans les grands centres de population, plus habituellement accessibles aux excitations de la presse, elle a réussi à surprendre le suffrage universel ; mais l'immense majorité du pays a répondu à l'appel du Gouvernement, et n'a laissé à la coalition que quelques noms pour se consoler de sa défaite.

Les dernières élections auront, du reste, une influence considérable sur l'avenir du pays. Lorsque l'Empereur fut élevé sur le pavois, aux acclamations de tout un peuple, arrivant au pouvoir seul de sa personne, il n'avait pas de parti ; mais il touchait par certains côtés à tous les partis existant dans la nation. Pour les uns, il représentait l'ordre, pour les autres l'unité du pouvoir, pour ceux-ci l'autorité, pour ceux-là une liberté sage, pour le plus grand nombre le triomphe de la démocratie, pour tous la dignité de la France au dehors. C'est avec ces éléments divers que se forma ce qu'on peut appeler le parti du Gouvernement, soit dans l'ensemble des agents de l'autorité publique, depuis les ministres jusqu'aux plus humbles fonctionnaires, soit dans les corps constitués, les chambres, les conseils généraux et les municipalités. Ainsi composée, l'organisation générale du pays manquait d'homogénéité ; et il était naturel qu'au gré des circonstances et jusqu'à ce que le temps les eût fusionnés, ces éléments divers se ressentissent de leur origine. Mais les dernières élections auront fait pour leur cohésion encore plus que le temps. Attaqué de toutes parts et résistant à tous les chocs, notre édifice politique n'en est devenu que plus solide ; et, dans le corps législatif comme dans le pays, le parti du Gouvernement est désormais constitué.

Un autre résultat considérable est acquis aux dernières élections : nos institutions, critiquées par les candidats de l'opposition sous le prétexte de leur perfectibilité, ont reçu par le succès des candidats du Gouvernement une nouvelle consécration. Ce que le peuple français avait voulu par le plébiscite de 1851, ce n'était pas seulement de constituer le pouvoir et la liberté sur des bases inébranlables : c'était de renoncer désormais à copier, dans un pays démocratique comme le nôtre, la constitution aristocratique d'un pays voisin; c'était surtout de condamner la doctrine funeste qui avait pour résultat de faire tomber le pouvoir des mains de la royauté dans celles des orateurs de la chambre. L'opposition disait bien haut que, depuis dix ans, le pays avait changé de sentiments, qu'il aspirait non-seulement à perfectionner et à modifier le jeu de nos libertés, mais à en changer les principes essentiels. Le pays a protesté contre ces assertions.

Aujourd'hui que la lutte est terminée, je vous recommande, monsieur le préfet, à mesure que le calme se rétablit dans les esprits, de vous inspirer de plus en plus des sentiments de modération qui sont le propre d'un gouvernement fort et d'une administration paternelle. Le Gouvernement de l'Empereur, vous le savez, ne repousse personne. Formé lui-même d'hommes de tous les partis et se recrutant sans cesse parmi eux, il reste fidèle à la mission de les rallier tous. Il est ouvert à tous les hommes de bonne volonté et n'écarte que ceux qui, n'acceptant pas les bases fondamentales de nos institutions telles qu'elles sont déterminées par le plébiscite de 1851, se trouvent par cela même en opposition avec la volonté du peuple français.

Recevez, etc.

DISCOURS

Messieurs et chers compatriotes, en revenant au milieu de vous, comblé de tant de marques de votre bienveillance, mon premier sentiment est de vous remer=cier et de vous exprimer ma gratitude. Mais en analysant les causes de cette bienveillance, en y reconnaissant sans peine que ce que vous voulez honorer en moi, c'est le dévouement à une grande cause, j'éprouve une satisfaction bien supérieure aux vulgaires jouissances de l'amour-propre, car je puis renvoyer à l'Empereur les hommages adressés à l'un de ses serviteurs, et voir un triomphe pour l'Empire dans l'affection même que vous montrez pour l'un de vos concitoyens.

Encouragé par tant de sympathie, j'ai déjà plusieurs fois, sous une forme ou sous une autre, dans une enceinte voisine ou ici même, essayé de vous rendre compte des progrès de l'Empire et des développements de nos institutions. Aujourd'hui, permettez-moi de continuer la mission que vous avez bien voulu me laisser prendre parmi vous, en soumettant à votre appréciation des considérations que je crois n'avoir puisées que dans les sentiments du patriotisme le plus pur et pour lesquelles je prends la liberté de demander votre attention.

Vous savez, Messieurs, dans quelles circonstances le 10 décembre posa les fondements de l'Empire. Quand le peuple français, s'inspirant de glorieux souvenirs, appelait l'héritier d'un héros à présider à ses destinées, il ne

---

[1] Prononcé, le 26 août 1863, au cercle des Arts et du Commerce de Saint-Étienne.

s'agissait pas seulement de mettre un terme à l'anarchie
matérielle qui désolait le pays. Il y avait en France un
mal plus grave qu'une désorganisation accidentelle. Les
malheurs du temps, les suites de nos révolutions, avaient
amené les choses à cette extrémité redoutable d'opposer
les classes entre elles (*C'est vrai! c'est vrai!*), en divisant
le pays en trois partis qui représentaient chacun plus
spécialement les intérêts, les passions, les préjugés d'une
des trois classes de la société. Chacun de ces partis ayant
son gouvernement de prédilection, si l'un d'eux, celui
des classes élevées, par exemple, était au pouvoir, comme
sous la restauration, il rencontrait l'opposition ardente
des classes moyennes et populaires. Si le parti des classes
moyennes réussissait à son tour à s'emparer du gouvernement, comme sous Louis-Philippe, c'était contre lui
que s'acharnait l'hostilité des deux autres. Enfin, quand
les deux premiers étaient détrônés par la République, de
nouvelles coalitions de classes, de nouvelles convulsions
achevaient la désorganisation du pays : de sorte que
non seulement la réunion des deux classes contre une
rendait continuellement tout gouvernement impossible,
mais qu'à chaque crise politique, c'était la société même
qui était en péril. (*Bravos.*)

Il semblait, en vérité, que la main de Dieu se fût
appesantie sur notre malheureux pays! L'Europe, qui
assistait avec inquiétude à cet affligeant spectacle, en
était arrivée à croire que la révolution française portait
décidément en elle-même un principe funeste à tout
gouvernement; et nos ennemis, convaincus que nous ne
pouvions plus nous reconstituer, se réjouissaient de
notre impuissance. (*Assentiment général.*)

Mais Dieu protége la France! et il en donne bientôt
une preuve éclatante, en faisant sortir d'une manière

imprévue, inouïe, des entrailles du peuple, un nom, un symbole, un homme qui seul pouvait mettre un terme à nos luttes intestines.

Admirez, Messieurs, les voies de la Providence! Supposez que le 10 décembre eût été le triomphe d'un des trois partis, légitimiste, orléaniste ou républicain! Et la France, rentrant dans le cercle des évolutions précédentes, continuait sa marche fatale à travers tous les dangers de la guerre sociale. Mais l'héritier de l'Empereur arrivant au pouvoir, seul, n'ayant pas même autour de lui les anciens serviteurs de sa famille, depuis longtemps fondus dans l'un ou l'autre des trois partis, son avénement n'était le triomphe ni la défaite d'aucun d'eux. Pour constituer son gouvernement, depuis les ministres jusqu'aux plus humbles agents de l'administration, depuis les grands corps de l'État jusqu'aux municipalités des plus petites communes, il était conduit, par la plus heureuse des nécessités, à appeler à son aide tous les hommes de bonne volonté, sans distinction d'origine politique, et, par conséquent, à constituer le nouveau parti du Gouvernement non plus avec les représentants d'un parti ou d'une classe, mais avec ceux de tous les partis et de toutes les classes. (*Très-bien! très-bien!*)

Rendons hommage, Messieurs, au patriotisme de la grande majorité des partisans des anciennes opinions. A peine la pensée éminemment sociale de l'Empire pénétrait-elle dans les esprits, qu'une foule d'hommes des trois partis n'hésitaient plus à faire au bien public le sacrifice de leurs préférences. Sur le terrain neutre où les conviait le nouvel Auguste, ils ne craignaient plus de se donner la main, car chacun trouvait dans l'Empire, sinon toutes les satisfactions, du moins la principale

satisfaction de ses opinions. Pour les hommes du parti
des classes élevées, plus portés vers le culte des traditions
royales, l'Empire, à défaut de l'ancienne légitimité,
offrait au moins le caractère de l'unité monarchique ; à
ceux du parti des classes moyennes, il assurait une
liberté modérée avec l'ordre indispensable à la prospérité du commerce et de l'industrie ; et ceux du parti des
classes populaires y voyaient le triomphe éclatant de la
démocratie. Le nouveau parti du Gouvernement, quoique formé d'éléments en apparence hétérogènes, avait
donc l'immense avantage de représenter les trois opinions, les trois partis, les trois classes. En se constituant ainsi, il établissait l'unité sociale du pays, de la
même manière que la réunion des trois couleurs, le
blanc, le bleu et le rouge, forme le glorieux emblème
de la France. (*Applaudissements.*)

Messieurs, vous savez tous quelles ont été, au point
de vue politique, les heureuses conséquences de cette
noble fusion des opinions dans le sein du Gouvernement
impérial, et ce que l'Empereur y a trouvé de forces pour
réaliser au dedans et au dehors les grandes choses de ce
règne. Mais, de même que le temps est indispensable
pour fonder les gouvernements et les dynasties, ce n'est
pas en un jour non plus qu'un grand parti peut réussir
à absorber tous les éléments qu'il a mission de rallier.
Quelle que soit l'évidence de l'intérêt public, beaucoup
d'hommes de bonne foi, sous l'empire des regrets, de
convictions ou d'intérêts contraires, ne l'aperçoivent pas.
Les anciens chefs de parti surtout, encore émus au souvenir des luttes, des victoires ou des défaites de leur
jeunesse, ne peuvent se résigner à renoncer au passé.
L'histoire de tous les temps et de tous les pays nous
apprend, d'ailleurs, qu'il faut au moins une génération

pour effacer les traces des discordes civiles et fonder un
établissement durable.

En attendant que cette œuvre soit achevée par le
temps, enregistrons, à l'éternel honneur de l'Empire,
ce fait providentiel d'avoir tiré la France des voies fatales
où elle était engagée, et détruit le principe funeste de
l'antagonisme des classes. (*Très-bien! très-bien!*)

A côté de ce grand service rendu au pays dans l'ordre
social, permettez-moi de vous en rappeler un autre non
moins signalé de l'ordre politique, et qui est le corollaire
du premier. De toutes les doctrines enfantées par nos
longues révolutions, la plus funeste a été celle qui con-
sistait à copier, dans un pays démocratique comme la
France, les institutions aristocratiques d'un pays voisin,
et qui avait pour objet principal de faire passer le pouvoir exécutif des mains du souverain dans celles des
orateurs des chambres. (*Très-bien!*) Qu'en Angleterre
il en soit ainsi, rien de plus simple et de plus conforme
à l'organisation sociale de ce pays. Le pouvoir entre les
mains d'un lord Palmerston ou d'un lord Derby, ce n'est
pas le pouvoir entre les mains d'un orateur, d'un homme
de talent seulement, mais d'une vaste et puissante aristocratie qui embrasse toutes les forces vives, tous les
intérêts de la nation, qui exerce depuis des siècles dans
les provinces la véritable puissance politique, administrative et judiciaire ; qui dirige et domine les élections,
qui peut, par conséquent, supporter et manier le pouvoir, de quelque poids qu'il pèse, et dont le chef n'est
que la personnification dans le parlement. Mais quand,
pour imiter en France le mécanisme de la liberté anglaise,
le pouvoir passait aux mains d'un des orateurs de la
chambre, d'un homme de talent sans doute, mais qui
ne représentait dans le pays qu'une fraction d'électeurs

privilégiés, plus faits pour être protégés par l'État que propres à le soutenir, le pouvoir était partout et n'était nulle part. De là la destinée de ces gouvernements qui n'ont vécu que pour donner au monde le spectacle de l'agitation impuissante, et qui ont fini par tomber, d'émeute en émeute, jusqu'à l'abime. (*Bravos.*)

C'est pour préserver le pays de pareilles conséquences que le plébiscite de 1851 a établi, d'une manière absolue, que les ministres dépendent seulement du chef du pouvoir exécutif, c'est-à-dire de l'Empereur. C'est là le principe fondamental de nos institutions, principe sage et fécond qui leur rend le caractère national dont on les avait dépouillées, et met un terme à cette manie aussi dangereuse que ridicule de copier en France l'aristocratie anglaise. (*Applaudissements.*)

Singulière aberration d'une école politique! Oubliant que la nomination indirecte des ministres anglais par le parlement n'est qu'une conséquence de l'état social et politique de l'Angleterre, elle voulait en faire une condition de la liberté en France. Dans un pays où, par suite d'un état séculaire de décentralisation universelle, la couronne ne se mêle de rien et l'aristocratie se mêle de tout, il est bien naturel que celle-ci choisisse ses fondés de pouvoir. Ici, au contraire, dans un pays démocratique où c'est le souverain, le délégué du peuple, qui a pour mission de faire ce que l'aristocratie fait en Angleterre, comment pourrait-on concevoir que ses agents fussent en d'autres mains que les siennes? Que, sous un autre régime, tout orateur dont la voix sympathique ou passionnée excitait les applaudissements de son auditoire, se persuadât qu'il lui appartenait de gouverner la France; qu'il se crût propre non-seulement à charmer, captiver, dominer une assemblée, mais encore à diriger toute une vaste hiérar-

chie politique et même à manier nos forces de terre et
de mer, il n'y avait là rien qui dépassât les bornes de la
vanité humaine. (*Assentiment général.*) Mais en quoi des
prétentions de ce genre intéresseraient-elles la liberté?
Comment! si le plus éloquent orateur de la chambre
n'est pas en même temps ministre, il n'y aurait pas de
liberté en France! (*Marques d'approbation.*) En vérité,
on est confondu quand on se rappelle le sérieux avec
lequel on affirmait de pareilles doctrines. Mais la liberté,
qui est de tous les temps, de tous les pays, est susceptible de toutes les formes; et ces formes varient avec
l'état social, les mœurs, l'histoire et mille circonstances
de climat, de race, de lieu. Dans l'antiquité, la liberté
d'Athènes ne ressemblait pas plus à celle de Sparte que
la liberté de Rome à celle de Carthage, ou qu'au moyen
âge, la liberté de Venise ne ressemblait à celle de Florence. Pourquoi donc aujourd'hui la liberté en France
serait-elle calquée sur le modèle de l'Angleterre? (*C'est
vrai!*)

A la place d'une grande aristocratie couvrant le sol de
vastes domaines immobilisés par le régime des substitu-
tions et disposant d'énormes moyens d'influence, nous
avons une hiérarchie administrative qui constitue à elle
seule tout l'organisme politique de notre démocratie, et
en dehors de laquelle il n'y a plus que des grains de
sable sans cohésion, sans adhérence. Et c'est cette hiérarchie même, cet instrument d'autorité, d'ordre et de
paix publique, cet organe essentiel à la vie de tous les
instants du pays, que certains esprits voudraient voir
livrée de nouveau à la merci des agitations de la tribune
pour être ballottée chaque jour entre l'orateur triomphant
de la veille et l'orateur victorieux du lendemain! Au lieu
de fonctionner en sécurité dans la main du représentant

suprême de la puissance publique, de l'élu de la démocratie française, de l'homme-peuple qui, entre tous, est
incontestablement le plus intéressé au bien public, le
pouvoir exécutif, devenant le prix de l'éloquence, passerait
aux orateurs; et c'est au nom de la liberté que l'on ferait
de nouveau, dans les mêmes mains, cette confusion de
pouvoirs qui a été si fatale au pays et si funeste à la
liberté! (*Très-bien! très-bien!*)

Non, bien loin qu'un pareil régime soit favorable à la
liberté, il est condamné non seulement par notre exemple, mais encore par l'expérience des siècles. Dans tous les
temps, dans tous les pays, comme l'a dit Montesquieu
et comme l'avaient pressenti ou deviné avant lui Machia-
vel et Locke, sous quelque forme de gouvernement que
ce soit, monarchie ou république, aristocratie ou démocratie, la liberté ne consiste que dans la séparation et
l'indépendance réciproque des trois grands pouvoirs qui
se rencontrent dans toute société, le pouvoir exécutif,
le pouvoir législatif et le pouvoir judiciaire, et qui ne
peuvent jamais se concentrer dans les mêmes mains,
sans péril pour la liberté. (*Assentiment.*)

Or, vous le savez, Messieurs, c'est là le principe même
qui a servi de base aux constitutions de l'Empire.
L'indépendance du pouvoir judiciaire est assurée depuis longtemps en France par l'inamovibilité des magistrats. A son tour, l'indépendance du pouvoir législatif
n'est pas moins établie dans l'une et l'autre chambre.
Elle est acquise au sénat par la nomination à vie de ses
membres. Le corps législatif en trouve les garanties
dans plusieurs dispositions essentielles : c'est d'abord
son élection par le suffrage universel, ensuite l'incompatibilité qui ferme ses portes aux agents du pouvoir
exécutif, enfin son omnipotence en matière de finances.

Il y a plus : par un grand acte de désintéressement, l'Empereur a même renoncé, en faveur du corps législatif, à la faculté des souverains ses prédécesseurs de décréter, en l'absence des chambres, des crédits supplémentaires ou extraordinaires.

Quant à l'indépendance du pouvoir exécutif, après avoir été longtemps une fiction pour le plus grand malheur du pays, elle n'est devenue une réalité que le jour où la constitution issue du plébiscite de 1851 a placé tous les ministres sous la dépendance exclusive du souverain et interdit leur présence aux délibérations des chambres. (*Applaudissements.*)

Cette grande réforme, Messieurs, ne s'est pas accomplie sans froissements. Les orateurs des chambres n'ont pas vu sans regret un régime qui prive leur éloquence du stimulant que lui donnait jadis l'espoir de renverser et de remplacer les ministres. D'un autre côté, ce régime, en diminuant, au profit de la couronne, ce qu'il y avait d'exagéré dans la situation politique des ministres; en augmentant, au contraire, au moins théoriquement si ce n'est pas encore complétement dans la pratique des choses, l'importance, l'indépendance et l'éclat du conseil d'État; en appelant ce corps à étudier, à préparer, à rédiger les projets de loi et à les soutenir devant les chambres; en le destinant, enfin, à réunir ou développer dans son sein les talents les plus propres aux discussions publiques, pour opposer ses orateurs aux orateurs des deux autres corps, ce régime a dû, à l'origine, heurter bien des idées reçues, bien des susceptibilités. Mais, sans se préoccuper des obstacles opposés par l'intérêt de quelques-uns à l'intérêt de tous, on peut dire hautement que la réforme qui a rétabli l'indépendance du pouvoir exécutif, qui a détruit le régime emprunté

à l'Angleterre, qui, d'ailleurs, se prête aisément au
développement de toutes les libertés, liberté municipale,
liberté départementale, liberté politique, est le plus grand
service que l'Empire ait pu rendre à la France. (*Oui!
oui! Très-bien!*)

Ainsi, Messieurs, en restaurant dans nos institutions
le principe fondamental de l'autorité et de la liberté,
l'Empereur a rétabli l'ordre dans l'État, comme, en
créant le parti du Gouvernement en dehors de tout antagonisme de classes, il a rétabli l'ordre dans la société.
Pour assurer les destinées de l'Empire, il ne faut rien de
plus. Soutenue par le parti du Gouvernement, notre
Constitution est à l'abri de toute atteinte. Appuyé à son
tour sur le principe de nos institutions, le parti du Gouvernement est invincible. (*Très-bien! très-bien!*) Telle
est déjà la situation de ce parti dans le pays, que les
efforts faits récemment pour l'ébranler, sous le prétexte
de la perfectibilité de nos institutions, n'ont fait que le
fortifier davantage, en lui donnant, avec la conscience
de sa force, plus d'homogénéité et plus de cohésion.
C'est qu'en effet, fort de la sympathie des masses, et
embrassant dans son sein toutes les nuances de l'opinion,
depuis l'extrême droite jusqu'à l'extrême gauche, il est
le seul parti, dans l'histoire de notre révolution, qui
puisse, avec autorité, faire appel aux restes des anciens
partis. Et nous aussi, peut-il leur dire, nous avons été
comme vous, ou légitimistes, ou orléanistes, ou républicains! En vertu de notre triple origine, nous ne devons,
nous ne voulons, nous ne pouvons repousser personne.
Nos rangs sont ouverts à tous les hommes de bonne
volonté. De même que nous avons fait au bien public
le sacrifice d'une partie de nos préférences, nous avons
le droit de demander à ceux qui veulent servir le pays

d'en faire autant. Nous honorons et respectons, dans la lutte ou dans la retraite, toutes les convictions sincères ; mais nous ne pouvons admettre que ceux qui prétendent marcher avec nous se servent contre l'État de l'influence que leur donne l'État. A côté de dévouements vrais, nous voulons des dévouements vrais. Nous avons une haute et noble mission à remplir, car le pays attend de nous le plus grand service que la génération présente puisse lui rendre, celui d'achever, de fonder son Gouvernement. Nous avons foi dans cette mission. Oui, tous tant que nous sommes, depuis les dignitaires de l'État jusqu'aux habitants des plus humbles villages, nous serons honorés dans notre postérité pour l'œuvre que nous aurons accomplie. Un jour viendra où, sous le règne d'un prince qui s'appellera Napoléon IV ou Napoléon V, nos petits-fils diront avec orgueil de chacun de nous : Il était de ce parti fidèle et dévoué au pays, qui, en fondant l'Empire, a mis fin à nos révolutions et assuré la grandeur, la prospérité et la liberté de la France ! (*Applaudissements prolongés.*)

DISCOURS

SUR LE RÔLE POLITIQUE DES CLASSES AGRICOLES[1].

Messieurs, l'honneur que me fait la ville de Roanne, en m'appelant à présider cette solennité agricole, m'est doublement précieux. Il me permet de remercier mon

---

[1] Prononcé le 8 mai 1864, à l'occasion de la distribution des prix du concours régional de Roanne.

pays natal des marques d'une bienveillance dont je suis
profondément touché, et me donne l'occasion de rendre
à l'agriculture et aux populations laborieuses des campagnes le tribut de mon respect et de ma sympathie.

C'est encore ému d'admiration, encore émerveillé de
ce que j'ai vu ici, et surtout fier pour notre région des
progrès qu'elle a réalisés dans toutes les branches de l'agriculture, que je prends la parole devant vous. Je ne crois
pas, en effet, que jamais concours régional ait été plus
remarquable par le nombre et la beauté des animaux,
par le choix des produits, par la qualité des instruments
et machines aratoires, notamment les charrues à vapeur, enfin par la variété des objets exposés. Mais
laissant à d'autres plus compétents sur ces matières spéciales le soin d'analyser vos produits et d'en signaler les
perfectionnements, je vous demande la permission de
considérer l'agriculture sous des rapports plus familiers
à mon esprit.

On a dit de tout temps que l'agriculture est la première, la plus noble des industries; qu'elle fait la richesse
et la force des États. Ce qu'on n'a pas assez dit, c'est
qu'elle en est la sécurité. (*Très-bien.*)

Cherchez dans l'histoire, vous ne trouverez ni un
grand peuple, ni un grand gouvernement, qui n'ait dû
sa durée à l'appui des populations agricoles. Rome elle-
même, cette cité illustre entre toutes, qui personnifia
durant tant de siècles toute une civilisation, tout un
monde, n'a pas eu d'autres conditions de solidité. Pendant que les tribus intérieures de la ville, sans cesse agitées par les passions du Forum et les menées des ambi-
tieux, mettaient si souvent en péril l'existence même de
l'État, c'était toujours le vote des tribus de la campagne
qui, rendant le pouvoir aux bons citoyens et consolidant

l'autorité du sénat, rétablissait l'ordre et sauvait la chose publique. (*Applaudissements prolongés.*)

De nos jours, c'est aussi un grand gouvernement que celui qui a fait en Angleterre, dans l'espace de deux siècles seulement, d'une île de cinq à six millions d'habitants une puissance qui règne aujourd'hui sur plus de 150 millions d'âmes et possède la dixième partie des terres habitables du globe. Eh bien, dans le cours de si prodigieux développements, ce gouvernement s'est trouvé presque constamment en butte à l'hostilité ardente, passionnée, des représentants des grandes villes industrielles qui ne devaient qu'à lui leur étonnante prospérité. Comme Rome, il n'a vécu et triomphé de tous les obstacles qu'avec l'appui persévérant des comtés agricoles; et l'on peut se demander ce que serait devenue la fortune de l'Angleterre, si l'indifférence des campagnes eût laissé le champ libre aux passions des grandes cités. (*Très-bien.*)

Quant aux exemples à tirer de notre propre pays, je n'ai pas besoin de les citer, tant ils sont connus et présents à l'esprit de tous; je me bornerai seulement à une observation. Si jamais gouvernement a été l'expression des sentiments, des idées, des intérêts des masses populaires, dans les villes comme dans les campagnes, c'est assurément le gouvernement fondé, élevé, constitué par la volonté de ces masses (*Bravos*); et cependant il a suffi récemment de la coalition de quelques journaux, aidés de circonstances accidentelles et favorisés par un concours d'intrigues diverses, pour entraîner les esprits, à Paris et dans deux ou trois centres de population, au delà des limites de l'opinion générale du pays. (*C'est cela, très-bien.*) Ce résultat, qui contraste si étrangement avec les marques de sympathie, de respect et d'attache-

ment dont le peuple de Paris ne cesse d'entourer l'Empereur, est bien fait pour nous étonner. Je crois donc
utile de rechercher les causes d'un phénomène si remarquable.

On pourrait croire que si les populations des campagnes se montrent plus modérées, plus sages que les
populations des grandes villes, c'est que, plus directement en contact avec les œuvres de Dieu qu'avec les
produits de l'homme, elles peuvent puiser dans la contemplation journalière des merveilles de la nature des
sentiments plus moraux et plus religieux. Pour moi,
Messieurs, je repousse cette explication. La conscience
est indépendante du milieu où s'agite la vie humaine.
Les grandes cités sont aussi capables de dévouement et
de générosité que les campagnes. De tout temps, elles ont
donné des preuves éclatantes de patriotisme et souvent
montré les plus hautes vertus. Si néanmoins on les trouve
généralement plus accessibles à certaines passions, à
certaines erreurs politiques, cette disposition tient à des
causes spéciales qui n'ont rien à faire avec la religion ou
la morale.

D'abord, il faut tenir compte de l'influence des agglo-
mérations de population sur l'esprit public, car il est
certain que les grandes foules ont la propriété d'exalter
parfois les sentiments de l'homme au delà des bornes
de la raison. Mais la nature même des choses suffit à
l'explication. En province et dans les campagnes, quoique les populations soient plus disséminées, tout le
monde se connait et chacun est apprécié à sa juste
valeur. S'il s'agit de fixer leur choix, les masses populaires disposent de mille moyens d'information. Elles
ont sous la main des familles honorables, connues et
respectées de tous, des hommes de bien qui ont acquis

leur confiance par une vie d'honneur et de probité ;
et si la voix de la passion se fait entendre parmi elles,
on est sûr que la voix de la raison sera à son tour écoutée. Ce qui caractérise, d'ailleurs, les classes agricoles et
celles qui, de près ou de loin, tiennent à l'exploitation
du sol, c'est que, confondues les unes dans les autres et
liées entre elles par mille relations d'amitié, d'intérêt et
de voisinage, elles résistent plus facilement aux tentatives
faites pour les diviser.

Dans les grandes cités, au contraire, bien qu'agglo-
mérées sur un même point, les différentes couches de
population vivent inconnues les unes des autres et dans
un isolement qui permet aisément d'exciter leur méfiance
et de les mettre en opposition. Cette disposition se prête
donc singulièrement aux calculs des agitateurs, dont
l'éternelle tactique ne consiste qu'à étayer des doctrines
politiques quelconques sur des rivalités de classes. Au
sein des masses, l'individu perdu dans la foule, sans
moyen sérieux d'information, sans relations d'amitié
avec les classes supérieures, n'a à sa portée que les
conseils intéressés de ceux qui aspirent à se servir de lui.
Il ne peut les juger que par ce qu'ils disent ou écrivent
et non par ce qu'ils sont, que par ce qu'ils promettent et
non par ce qu'ils veulent.

En un mot, dans les provinces et les campagnes,
l'opinion publique, qu'elle soit libérale ou conservatrice,
est réellement l'expression, la résultante des idées et
des sentiments de la société tout entière, c'est-à-dire
de toutes les classes réunies : c'est évidemment l'opinion la plus éclairée. (Bravos.) Dans les grands centres
de population, au contraire, comme c'est toujours ce
déplorable principe de l'antagonisme des classes, cette
éternelle maladie des grandes cités, qui prend la place

des intérêts du pays et en fausse les aspirations, il arrive souvent que la partie la plus éclairée de la population se voit dominée par celle qui l'est le moins. (*Applaudissements prolongés.*)

A la seule différence des noms et des prétextes, nous voyons donc se reproduire sans cesse le spectacle de l'ancienne Rome, l'agitation stérile des quatre tribus urbaines dans la lutte incessante entre les patriciens et les plébéiens, pendant que les quinze tribus rurales, dédaigneuses de ces misérables querelles, ne prennent au sérieux que l'intérêt public. (*Applaudissements.*)

On ferait un tableau curieux des contradictions, des inconséquences, des folies, que la rivalité des classes, exploitée par les partis, a produites dans l'histoire des grands centres de population. On serait surtout surpris des choix faits dans certaines circonstances par les villes les plus riches, les plus civilisées. Qu'on se rappelle l'élection, à Londres même, de ce fameux Wilkes, quatre fois repoussé par le parlement indigné, et quatre fois renvoyé au parlement! En présence de tels spectacles, le philosophe s'afflige, mais l'homme d'État ne s'émeut pas (*Très-bien*) : habitué à voir avec calme le jeu des passions humaines, il fait froidement le calcul des forces vives de l'État; et, les appliquant au levier de la puissance publique, il en neutralise aisément les forces contraires. (*Bravo.*)

Quant à moi, Messieurs, je suis heureux d'avoir vu s'établir enfin dans notre pays un gouvernement qui a sa base fondamentale là où tous les grands gouvernements de l'histoire ont trouvé la leur. (*Assentiment.*) Qu'importe que des hommes de peu de foi s'étonnent et se troublent à chaque frottement dans les rouages d'un gouvernement? Qu'importe que des esprits sans virilité

s'émeuvent à chaque renouvellement des agitations de la
vie publique, comme si la lutte du bien et du mal n'était
pas la condition éternelle des sociétés? (*Très-bien.*) Je dis
que l'Empire est inébranlable; je dis que ce n'est pas
l'impuissance de l'État qui a permis en France la chute
de tant de gouvernements, mais l'incertitude, la faiblesse
du droit, qui a paralysé dans leurs mains la puissance de
l'État. Mais quand je vois un gouvernement fondé, établi,
constitué par la volonté de tout un peuple, ayant, par
conséquent, la conscience du droit le plus éclatant de
l'histoire, je cherche vainement où, quand et comment
il pourrait être embarrassé de manier les forces de l'État.
(*Applaudissements prolongés.*)

Ce qui distingue, d'ailleurs, l'Empire actuel des gouvernements qui l'ont précédé, c'est de n'être pas un parti,
mais la réunion, l'assimilation des trois grands partis qui
divisaient la France. Vous savez, en effet, comment, se
rencontrant sur un terrain nouveau où il n'y avait plus
ni vainqueurs ni vaincus, ces trois grands partis purent
honorablement se donner la main; comment, en y retrouvant chacun la principale satisfaction de ses opinions,
l'un l'unité monarchique, l'autre une sage liberté, et le
troisième le triomphe de la démocratie, ils firent tous au
bien public le sacrifice de leurs préférences, et comment
l'Empire sortit de ce grand accord. A cette vaste fusion
des opinions anciennes, dans ce moule de nouvelle formation, le temps était et est encore nécessaire. Mais
voulez-vous savoir où en est aujourd'hui l'œuvre de solidi-
fication? En dehors de la masse primitive, il y avait des
fractions isolées, destinées probablement à rester rebelles
à l'agglomération jusqu'à ce que la génération qui les a
formées ait disparu. Or, vous le savez, ces fractions
ayant trouvé pour la première fois depuis l'Empire une

occasion honorable de se produire, ont disputé les suffrages du pays. Elles étaient conduites au scrutin par tout un état-major tiré des anciens gouvernements, c'est-à-dire par des hommes de mérite, les uns illustres, d'autres célèbres, presque tous se recommandant à l'attention publique par l'autorité du talent ou le souvenir des services rendus, et qui tous, oublieux de leurs anciennes querelles, se réunissaient dans un but commun. Eh bien, qu'a produit cet effort suprême, le dernier sans doute? Il a réussi à détacher du chiffre habituel des abstentions cinq cent mille votes pour les donner à l'opposition ordinaire; mais la masse primitive en fusion est restée inébranlable, et le chiffre total des votes acquis aux candidats du Gouvernement a même dépassé de cent mille voix celui de tous nos grands votes populaires, y compris le 10 décembre! Voilà la vérité que tant de calculs erronés ont cherché à dénaturer, et voilà ce que je tenais à dire au pays. (*Applaudissements.*)

Vous, Messieurs, qui représentez les intérêts agricoles, vous qui avez vu surgir du sein de vos campagnes le principe fécond qui devait tirer le pays de l'abime où il était tombé, qui avez entendu les premiers sortir de la chaumière du laboureur le cri de ralliement que la France entière salua de ses acclamations, vous pouvez juger maintenant si le gouvernement que vous avez fondé a tenu ses promesses.

L'ordre établi comme il ne l'avait jamais été, la fortune publique presque doublée, d'immenses travaux accomplis, même pendant la guerre, et la prospérité la plus inouïe à l'intérieur marchant côte à côte avec la gloire au dehors: voilà l'histoire de ces douze ans de règne. (*Très-bien.*)

En outre, Messieurs, jusqu'ici et quelque grandes

choses que l'Empire ait faites à l'intérieur, il est certain que sa principale préoccupation a été de rétablir au
dehors l'indépendance de la France, de lui rendre sa
liberté d'action dans le monde et de la délivrer de ces
menaces de coalition qui, depuis 1815, ne cessaient de
peser sur elle. L'histoire dira par quel prodige d'habileté,
de courage et de modération ces grands résultats ont été
atteints. Mais aujourd'hui que cette partie de la mission
de l'Empire est achevée et son rôle militant en Europe
terminé, aujourd'hui que, rentrée glorieusement dans le
concert des nations, la France n'a plus d'autres intérêts
que les intérêts communs à l'Europe elle-même, c'est
évidemment une ère nouvelle de paix qui commence
pour elle. Que fera l'Empire de cette paix? Croyez-vous
qu'il puisse prendre pour exemple ces gouvernements
d'expédients pour qui vivre est tout, et qui, dans la
crainte de déranger les conditions de leur existence, con-
damnent le pays à l'immobilité? Non; un gouvernement
qui s'appelle Napoléon n'est pas fait pour cette vie précaire. Les conditions de son existence, à lui, c'est la
grandeur, la prospérité, la gloire de la France. (Bravos.)
Or, quelle gloire plus grande que celle d'étendre les
bienfaits de la civilisation à des millions de Français qui
n'en jouissent pas encore, de poursuivre sans relâche
l'œuvre si généreusement entreprise de l'amélioration
morale et matérielle du peuple, d'assainir les contrées
insalubres, d'irriguer les plaines, de boiser nos montagnes, et, par-dessus tout, non seulement de terminer
nos réseaux de chemins de fer, mais encore d'achever
nos voies de communication et nos chemins vicinaux.
(Applaudissements.)

Messieurs, vous le savez, les voies de communication
sont au pays ce que les artères sont au corps humain.

S'il y a des parties du corps qui, par suite de l'obstruction des vaisseaux, ne soient plus en relation avec le centre, et réciproquement, il y a paralysie ou cessation de vie. Eh bien, des millions d'habitants, par le défaut ou le mauvais état des routes, ne sont encore qu'en communication imparfaite avec les centres de civilisation, avec les lieux de production ou de consommation. La valeur des produits, écrasée par les frais de transport, ne peut rémunérer le travail. Les lieux privés de voies de communication sont condamnés à la misère, et une foule de richesses sont perdues pour le pays.

Tel est le lien qui existe entre la prospérité d'un peuple et ses voies de communication, que faire l'histoire des routes c'est faire l'histoire de la civilisation. Quand les routes romaines, qui avaient introduit la civilisation dans les Gaules, furent détruites, la société tomba dans le fractionnement féodal; et bientôt il n'y eut plus en Europe d'autres moyens de transport que le bât des bêtes de somme. Mais quand les guerres d'Italie nous amenèrent à créer une route pour conduire nos armées dans la péninsule, alors commença la renaissance des arts et des industries; et, avec les routes, de nouvelles destinées nous furent ouvertes. Aujourd'hui, la vapeur et les chemins de fer ont enfanté bien d'autres merveilles; mais pour que nous profitions de tous les bienfaits de cette glorieuse invention, pour que nous ne nous laissions pas devancer par l'Europe, il faut que, le plus tôt possible, il n'y ait pas en France un coin de terre qui ne soit en communication facile et prompte avec ces grands courants de richesse et de prospérité. En un mot, la France civilisée est encore incomplète : il faut l'achever, il faut la finir. (*Approbation.*)

Mais, dira-t-on, comment faire tant de grands travaux?

Comment finir la France, comme vous le dites, avec les ressources actuelles de l'État et surtout avec l'équilibre si désiré de notre budget? Messieurs, rien de plus facile pour les hommes de bonne volonté : vous allez en juger.

L'Empire, qui a apporté avec lui tout un ordre d'idées nouvelles, a aussi une économie politique à lui. Son principe est bien simple. Partant d'une pensée féconde qui n'est que l'application de son origine populaire, il s'est dit que si la nation est prospère, le Gouvernement le sera toujours assez; que si le pays est riche, le trésor public le sera également; et que, par conséquent, le meilleur système de finances consiste à développer la richesse du pays. Il s'est donc mis à l'œuvre; et vous allez voir à quels grands résultats il est arrivé, non, il est vrai, sans résistance, non sans combats et sans être forcé souvent de céder à la routine, car c'est le sort des idées les plus vraies et les plus justes de ne pénétrer que difficilement dans l'esprit des hommes. L'application de son système a commencé à Paris. Permettez-moi de le rappeler ici, car j'avais l'honneur d'être ministre de l'intérieur, lorsque l'Empereur dit lui-même à l'administration de la ville de Paris : « Vous avez chaque année quatre » millions d'excédant de recettes, très clairs, très nets, » et qui tendent à augmenter sans cesse. Eh bien, au » lieu de faire, avec cet excédant, quatre millions de » travaux, ce qui serait insignifiant, consacrez ces quatre » millions à payer l'intérêt et l'amortissement du capital » correspondant, et employez immédiatement ce capital » considérable à vos travaux : l'impulsion donnée à l'ac- » tivité parisienne augmentera rapidement la richesse » publique, et la richesse publique se traduira, à son » tour, par une augmentation et du revenu de l'État

» et du revenu de la ville. » Vous savez, Messieurs, dans quelles proportions inouïes se sont réalisées les prévisions de l'Empereur et ce que son système a fait de Paris. Le revenu de la ville, qui était au début de l'opération de cinquante-cinq millions, s'élève aujourd'hui à cent trente millions, dont il faut déduire vingt millions représentant l'annexion de la banlieue : c'est donc cent dix millions pour le revenu actuel de Paris proprement dit, c'est-à-dire qu'il a doublé en douze ans, et cela sans aucune augmentation de taxes. (*Applaudissements.*) La même chose a été faite à Lyon et dans plusieurs villes, et partout avec des résultats correspondants.

L'Empire ne s'est pas, du reste, borné à donner des conseils aux grandes villes. Il a appliqué son principe à l'État lui-même. Pour faire nos chemins de fer ou pour accomplir d'autres grands travaux productifs, il n'a pas craint d'emprunter un milliard, c'est-à-dire de charger le budget de l'État d'une augmentation annuelle de cinquante millions. Quel en a été le résultat? La richesse du pays, développée par ce grand effort, a été telle que le revenu public, qui est l'expression de cette richesse, s'est accru de quatre cents millions de recettes, c'est-à-dire que le sacrifice fait par l'État lui a rendu huit fois l'intérêt de son capital. (*Très-bien.*) Le Gouvernement fait donc lui-même de bonnes affaires, en faisant celles du pays. Mais que dire du langage des partis qui, rappelant incessamment la dépense faite, affectent d'oublier les immenses résultats obtenus? (*Applaudissements.*)

Aujourd'hui, Messieurs, pour avoir une paix féconde et glorieuse, pour faire la grande chose dont nous avons parlé, nous sommes dans une situation infiniment supérieure à celle des débuts de l'Empire. En dépit des erreurs qu'on accumule sur ce sujet, nos finances sont incontestablement les meilleures et les plus solides de l'Europe, car nous avons, en réalité, plus de cinquante millions d'excédant de recettes sur nos dépenses. Or, peut-on douter qu'en donnant une immense impulsion au travail et à la richesse du pays; qu'en faisant pénétrer la vie, le mouvement et la prospérité jusque dans les profondeurs de la nation, un second effort, entrepris à l'heure favorable, ne reproduise les effets du premier? (*Assentiment.*)

Pour moi, Messieurs, voilà comment je comprends l'Empire; voilà ce que j'espère de son principe; voilà surtout ce que je crois mille fois plus profitable au pays, mille fois plus libéral, que toutes les théories rétrospectives que nous vante la voix des partis, mais que la raison du pays a condamnées. (*Bravos répétés.*)

Maintenant, Messieurs, laissez-moi vous dire combien je suis profondément touché de la manière dont vous avez accueilli mes paroles; combien je suis heureux d'assister avec vous à cette fête agricole, et avec quelle sympathie je vais m'unir à la constatation de vos travaux. (*Longs applaudissements.*)

DISCOURS

SUR L'ÉTABLISSEMENT DE LA LIBERTÉ PAR L'EMPIRE [1].

Messieurs, au moment de porter un toast à l'Empereur, j'éprouve une émotion que je ne puis dissimuler.

[1] Prononcé, le 23 août 1864, au banquet du conseil général de la Loire. — « M. le duc de Persigny est le doctrinaire de l'Empire. Dans

Plus ma vie a été consacrée à la cause de ce grand prince,
plus je suis embarrassé de lui rendre hommage. Ce
n'est pas que je craigne que ma parole vous paraisse
dictée par une vaine adulation. En accomplissant ici ce
que je crois un acte de patriotisme, j'ai la conviction de
ne pas être confondu à vos yeux avec ces courtisans qui,
par leur attitude et leur langage, ne pensent qu'à se
servir de l'État au lieu de le servir. (*Bravo, bravo! c'est
vrai!*) Quand je considère cette destinée extraordinaire si
manifestement marquée du doigt de la Providence, j'y
vois la personnification d'une idée qui renferme tant
de germes de grandeur et de prospérité pour la France,
que je me sens troublé à la pensée de toucher à ce vaste
tableau et particulièrement à celle de le restreindre dans
le cadre que m'imposent les convenances d'un toast.

Pour sortir de cette difficulté, je ne vois qu'un moyen :
c'est d'écarter tout d'abord les faits les plus familiers à l'esprit public, de ne pas énumérer les services
rendus au pays par celui qui l'a tiré de l'abîme, de ne
pas rappeler comment, en rétablissant l'ordre et la prospérité, il est parvenu en dix ans à doubler la fortune

notre bouche, ce titre est un éloge ; nous aimons, sans les suivre toujours, les doctrinaires de la monarchie de 1830, et nous préférons les
gouvernements qui ont des doctrines à ceux qui n'ont que des expédients.
Ce sont les doctrines de l'Empire que M. de Persigny s'est donné pour
tâche d'exposer de temps en temps, et nous lisons avec une extrème
attention les leçons de politique que fait cet esprit consciencieux et
théorique.

» Nous savons ce qu'on a reproché aux doctrinaires d'il y a trente ans.
On leur disait que voyant bien que les faits étaient souvent rebelles aux
doctrines, ils avaient pris le parti de faire des doctrines qui fussent
dociles aux faits. Le reproche n'était pas juste adressé aux doctrinaires
de 1830, et il ne serait pas plus juste adressé au doctrinaire de 1852.
La monarchie de 1830 avait ses doctrines, et c'est selon ses doctrines
qu'elle a gouverné. L'Empire, selon M. de Persigny, a aussi ses doctrines, et c'est par ses doctrines que nous sommes gouvernés.... »
SAINT-MARC GIRARDIN. (*Journal des Débats*, 5 septembre 1864.)

publique, de m'en rapporter à la reconnaissance de tous pour sa touchante sollicitude envers les classes laborieuses et sa persistance à améliorer leur sort; c'est enfin de ne pas exposer par quel mélange de courage et de sagesse, tout en réconciliant la révolution française avec l'Europe, il a rendu au pays son indépendance et son prestige dans le monde. Je ne vous parlerai donc ni du pacificateur de la France, ni du vainqueur de Solferino. (*Bravo! très-bien, très-bien!*)

Le toast que j'ai l'honneur de vous proposer s'adresse à celui que la postérité, j'en suis convaincu, et je vais dire pourquoi, proclamera le véritable fondateur de la liberté en France. (*C'est vrai! très-bien!*)

Je sais, Messieurs, qu'il existe chez nous une école politique qui, tout en voulant maintenir le principe monarchique, le seul qui convienne évidemment aux traditions de la France (*Très-bien, très-bien!*), prétend avoir le privilége des idées libérales; que cette école croit avoir trouvé la formule même de la liberté, et qu'en dépit d'expériences accablantes, elle persévère à soutenir qu'en dehors de sa formule il n'y a pas de liberté possible. (*Marques d'assentiment.*)

Devant cette prétention singulière, on pourrait se borner à répondre que l'idée de subordonner la liberté à des formes déterminées n'est pas philosophique; que la liberté comme le despotisme a varié à l'infini, et que chacun des peuples libres présente une physionomie qui lui est propre. On pourrait ajouter que la vraie liberté se reconnaît à des signes éclatants, à la solidité, à la durée des gouvernements qu'elle fonde, et surtout à la passion qu'elle leur inspire pour les grandes choses; que si, au contraire, vous voyez des gouvernements prétendus libres disparaître après quelques années d'agitations fébriles, la présomption est qu'ils n'avaient de la liberté que le nom. Cela ne me suffit pas : je veux examiner de plus près les prétentions de cette école.

Je me demande d'abord comment, au temps où nous vivons, dans ce siècle d'expérience et d'émancipation universelle, on ose nous rappeler le souvenir d'une liberté qui commençait par réduire dix millions de citoyens à l'état d'ilotes politiques, qui, prenant arbitrairement pour base je ne sais quelle évaluation fiscale, livrait chaque collége électoral à la discrétion de quelques poignées d'électeurs et leur octroyait le droit inouï de constituer le pouvoir législatif, de dominer, à l'aide de ce pouvoir, tous les autres pouvoirs, et de disposer souverainement de la nation entière.

Je comprends ce régime tel qu'il est organisé dans le pays d'où il a été tiré, c'est-à-dire chez nos voisins d'outre-mer, qu'on m'oblige à citer sans cesse. Il y a là, en effet, une classe politique qui, héritière traditionnelle de la conquête, possède depuis Guillaume le Conquérant tous les moyens d'influence, qui administre les comtés, rend la justice, perçoit les impôts, assure l'ordre public, et jouit en un mot des principales attributions qui appartiennent en France à notre hiérarchie administrative. Que cette classe, puissante par cela même qu'elle dispose de toutes les forces de la nation, dispose aussi de son gouvernement; que maîtresse du bas, elle soit aussi maîtresse du haut; qu'elle fasse et défasse les ministres, au gré des opinions qui prévalent dans son sein : tout cela est logique, et surtout conforme au caractère du *self-government,* aux traditions du pays et à son organisation intime ; les principes d'autorité et de liberté ne peuvent être en conflit et ne sont pas sacrifiés l'un à l'autre, car la liberté est

dans les mains de ceux qui exercent directement l'autorité en toutes choses. (*C'est vrai, c'est vrai!*)

Mais dans notre pays, organisé tout différemment, où
règne l'esprit de centralisation, où la société tout entière
se meut depuis des siècles dans les cadres d'une hiérarchie savante qui protége tous les intérêts et préside à
toutes les opérations de la vie, où enfin tous les instruments de l'autorité sont dans les mains d'une vaste administration chargée, seule, d'assurer l'ordre et la sécurité
publique, à quoi songeait donc l'école dite libérale,
quand elle appliquait à la France les formes politiques de
l'Angleterre? En constituant arbitrairement une classe
de deux cent mille électeurs pour jouer dans l'État le rôle
du corps électoral anglais, que faisait-elle? Comme il
était impossible de donner à cette classe l'autorité qui
appartenait à des fonctions confiées à d'autres mains,
n'était-ce pas la plus fausse et la plus dangereuse des
applications? Car, tandis que la classe politique chez nos
voisins est tout, fait tout, et peut tout par elle-même,
la classe artificiellement constituée en face de dix millions de Français rejetés dans le néant politique n'était
rien, ne pouvait rien que par une fiction contraire à
l'organisation même du pays. (*C'est vrai!*)

Voulez-vous, en effet, saisir l'erreur par une comparaison sensible de la constitution intérieure des deux
peuples? Imaginez qu'une catastrophe vienne à faire disparaître tous les électeurs d'un comté en Angleterre ou
d'un ancien collége électoral en France. A l'instant même,
dans le comté anglais, la société tombe dans le chaos,
car il n'y a plus ni administration, ni justice, ni ordre,
ni sécurité. Dans le collége électoral français, au contraire, tel qu'il était constitué sous le régime parlementaire, la perte subite de cent à deux cents citoyens eût

été sans doute un malheur considérable, mais elle n'aurait entraîné aucun désordre dans l'administration du pays : les diverses branches du service public eussent fonctionné comme auparavant ; l'ordre et la sécurité n'en auraient pas souffert. Renversez l'hypothèse : supposez que c'est l'administration, depuis le préfet jusqu'au plus humble fonctionnaire, qui eût disparu ; que serait devenu le pays ? Loin de pouvoir assurer l'ordre et la sécurité à tous, loin de pouvoir protéger les autres, les électeurs censitaires n'auraient-ils pas été les premiers à avoir besoin de protection ? (*Bravo ! bravo ! C'est cela !*)

Voilà cependant la base de ce système si étrangement emprunté à l'Angleterre ! Pendant que chez nos voisins la liberté et l'autorité confondues dans les mêmes mains se prêtent, comme deux sœurs jumelles, un appui réciproque, l'école dite libérale, ne pouvant pas les unir puisqu'elles n'étaient pas dans les mêmes mains, et ne voulant pas les rendre indépendantes l'une de l'autre parce qu'il lui aurait fallu imposer des bornes aux ambitions, en renonçant à faire et à défaire les ministres, n'hésitait pas à subordonner l'une à l'autre. Elle maintenait donc comme des articles de foi le principe de l'inviolabilité de la couronne, ce mensonge de toutes nos révolutions, et celui de la responsabilité des ministres devant les chambres, cette inconséquence de l'école elle-même qui, après avoir confié le pouvoir exécutif aux mains d'un prince, l'en dépouillait par une voie indirecte (*C'est cela ! vous avez raison !*) ; enfin, s'emparant de toute notre hiérarchie administrative, de ce magnifique instrument d'autorité, œuvre du génie immortel qui organisa la révolution française, elle la jetait aux pieds des représentants d'une classe qui, seule, constituait pour elle le cercle de la liberté. (*Signes d'assentiment.*)

Qu'arrivait-il de ces combinaisons factices? A mesure que le pouvoir, sous ses formes diverses, devenant le but de toutes les ambitions, de tous les appétits, de toutes les convoitises, s'épuisait à payer des dévouements; à mesure que la hiérarchie administrative, abaissée, humiliée, en passant de mains en mains, au gré des incidents de la tribune, perdait son prestige avec son indépendance, l'autorité devenait à son tour impuissante à maintenir tout un peuple dans le respect d'un privilége dont dix millions de citoyens étaient exclus; et bientôt, avec l'épée de l'État s'échappant de ses mains défaillantes, tout croulait dans l'abime. Telle est l'histoire de la liberté qu'on nous vante aujourd'hui, de cette liberté calquée sur les formes extérieures de la forte liberté anglaise, mais qui, en réalité, incapable de se soutenir par elle-même, ne pouvait vivre que sur le capital d'autorité trouvé dans l'héritage du premier Empire, et disparaissait aussitôt qu'elle avait épuisé ce capital. (*Marques unanimes d'assentiment.*)

Je n'ignore pas, Messieurs, que les chefs de cette école se défendent d'avoir rien emprunté à l'Angleterre. Ils soutiennent que si leur mode de liberté ressemble à la liberté anglaise, c'est que cette forme est naturelle à tous les États de l'Europe, qui, après avoir passé successivement par la féodalité et le gouvernement royal, lesquels, suivant eux, auraient eu partout les mêmes formes, sont arrivés ou doivent arriver tous à l'état de peuples libres et être constitués de la même manière. La réponse à cette assertion est facile. Quand il serait vrai que la féodalité eût eu la même physionomie et les mêmes formes dans toute l'Europe, ce ne serait certainement pas une raison pour organiser partout la liberté, sans tenir compte des différences que le caractère national,

la constitution intérieure, l'État démocratique ou aristocratique, monarchique ou républicain, et mille autres
causes, ont pu introduire chez les différents peuples de
l'Europe. Mais c'est une erreur étrange que d'attribuer
à la féodalité le même caractère et les mêmes formes.

Comparez l'époque féodale en France et en Angleterre.
Que voyez-vous, dans l'organisation de nos voisins, de
semblable à notre régime des fiefs, à nos justices sei-
gneuriales, à nos parlements mi-partie politiques et judiciaires ? Où trouvez-vous dans l'histoire anglaise quelque
chose qui ressemble à nos grands feudataires de la couronne, à ces princes souverains qui gouvernaient leurs
États, pourvu qu'ils prétassent foi et hommage au roi,
à nos ducs de Bourgogne, de Bretagne et d'Aquitaine,
à nos comtes de Champagne, de Flandre et de Toulouse ? En Angleterre, vous voyez à la même époque
de grands seigneurs terriens influents par leurs richesses, mais dénués d'autorité directe. Ils n'ont pas
même, comme chez nos plus humbles possesseurs de
fiefs, les droits de haute, moyenne ou basse justice, car,
depuis Guillaume le Conquérant, c'est le lord lieutenant
du comté qui désigne dans la *Gentry* les membres du
grand et du petit jury pour administrer le pays et rendre
la justice. Jetez les yeux sur l'Espagne, sur l'Italie, sur
l'Allemagne. Si le fond est le même quant au but ou au
résultat, que de différences dans les formes ! La couronne, héréditaire en France, élective en Allemagne ;
deux suzerains en Italie, le Pape et l'Empereur ; un seul
en France, le Roi ; et cinq ou six royautés indépendantes
en Espagne. Le régime des villes n'est pas moins différent que celui des grands fiefs ; on les voit à l'état de
républiques indépendantes en Italie, de républiques vas-
sales en Allemagne, de communes royales en France ;

c'est toujours la diversité, nulle part la similitude des
formes. La théorie qui veut imposer partout les mêmes
formes à la liberté est donc aussi contraire à l'histoire
qu'à la raison. (*Bravo! très-bien! très-bien!*)

Eh bien! Messieurs, ce sera la gloire de l'Empereur
Napoléon III d'avoir compris le premier que la constitution d'un peuple libre doit reposer sur les bases naturelles qu'elle rencontre sur le sol, et non sur des assimi-
lations, sur des copies plus ou moins fidèles prises
arbitrairement au dehors. En soumettant à la nation les
principes d'une constitution tirée tout à la fois des traditions du chef de sa race et de ses propres méditations,
il a élevé, avec le peuple français, un monument où
l'autorité et la liberté sont l'une et l'autre aussi solidement
assises, dont l'ordonnance est aussi simple, aussi logique,
aussi conforme à l'organisation de la société que dans
aucun pays du monde.

Quoi qu'on puisse penser du régime administratif qui
est imposé actuellement, non à la presse en général,
qui est libre, mais aux journaux politiques, il est clair
que ce régime n'a rien à faire avec le principe fondamental de nos institutions. Il n'a été inspiré évidemment que par des considérations analogues à celles qui
déterminèrent, au dernier siècle, les fondateurs de la
liberté anglaise à placer provisoirement tous les agents
de la publicité en dehors de la liberté commune. Ils
avaient pensé que tant qu'un État nouveau rencontre
des ennemis à l'intérieur, le gouvernement détenteur
de la puissance publique est encore dans la situation du
conquérant; qu'il lui est interdit de désarmer, et qu'à
aucun prix il ne doit permettre que les instruments de
la liberté puissent, dans les mains des ennemis de
l'État, servir à combattre l'État. (*Applaudissements*

prolongés.) Voilà, chez nous aussi, la raison du régime
de la presse périodique, raison d'État complétement
étrangère à la forme ou au principe de la liberté, car
ce régime est transitoire de sa nature même; il peut, il
doit se modifier. Pour moi, je le crois susceptible de
recevoir dans la pratique de notables améliorations
quant aux droits de discussion dont le Gouvernement, pas plus que nos institutions, n'a rien à redouter.
Mais en ce qui concerne les manœuvres des partis pour
tromper le pays sur sa propre situation et entretenir des
passions ou des espérances contraires à l'ordre établi,
si nous suivons l'exemple de tous les peuples libres dans
ce qu'il a réellement de sage, de politique, nous atten-
drons d'autres circonstances avant de changer ce régime.
(*Marques d'approbation.*) Le vice des époques qui ont
été précédées par de longues révolutions, ce n'est pas
tant, en effet, la survivance des anciens partis que l'état
moral d'une certaine fraction des classes mêlées aux
affaires publiques, qui, à force d'avoir vu des changements, à force d'avoir crié tour à tour : Vive le roi!
vive la ligue! a fini par perdre le sens politique; qui,
troublée par les souvenirs du passé, doute de l'avenir de
tout gouvernement, se montre préoccupée de se ménager
pour toutes les éventualités, et que l'on surprend, à
chaque émotion publique, tendant la main dans l'ombre
aux ennemis de l'État. (*C'est vrai! très-bien!*) Or, pour
que la liberté de la presse soit un bienfait réel, il faut
que, dans un pays nouvellement constitué, une nouvelle
génération politique jeune, vigoureuse et indépendante,
soit venue remplacer ces âmes énervées par les révolutions. (*Très-bien!*)

Examinons maintenant la théorie pure et simple de la
liberté fondée par l'Empire. L'autorité et la liberté ne

pouvant être dans les mains d'une même classe, comme
en Angleterre, il était naturel, au lieu de les subordonner l'une à l'autre, de les rendre indépendantes :
c'est là le principe fondamental de nos institutions. Du
moment, en effet, qu'une vaste administration est, chez
nous, en possession de tous les instruments d'autorité,
et qu'elle est seule chargée de maintenir l'ordre et la
sécurité publique, la raison, le bon sens, le patriotisme, d'accord avec l'expérience, proclamaient qu'il
fallait assurer avant tout au pays les bienfaits de l'autorité, et ne plus en faire le prix des ambitions, des vanités
et des appétits que la liberté peut mettre en mouvement ;
en d'autres termes, il était indispensable que l'indépendance du pouvoir exécutif, confié par la volonté de
tout un peuple aux mains du souverain, fût désormais
une réalité. Il fallait donc que les chefs des diverses
branches de la hiérarchie administrative, les ministres,
à la nomination exclusive du chef de l'État, ne fussent
pas responsables devant les chambres, c'est-à-dire révocables par les chambres ; que le Prince seul fût responsable vis-à-vis du peuple comme le père de famille
vis-à-vis de ses enfants, et qu'enfin, l'homme le plus
intéressé à l'ordre et à la sécurité publique fût investi
de toute la force nécessaire pour assurer ce premier de
tous les biens à la nation. (*Bravo ! bravo !*)

Voilà donc l'autorité établie sur des bases solides,
naturelles et conformes à l'organisation du pays.
Voyons comment la liberté est à son tour organisée, et
surtout si l'indépendance de l'autorité est établie aux
dépens de la liberté.

Le suffrage universel, c'est-à-dire la volonté de tout
un peuple, qui a constitué l'autorité publique dans la
personne de l'Empereur, engendre à son tour toutes les

libertés : la liberté communale par le conseil municipal
à coté du maire, le délégué de l'autorité ; la liberté
départementale par le conseil général à côté du préfet ;
la liberté nationale par le corps législatif à côté du
souverain. Et si l'on considère que ces conseils publics
qui, dans leur ensemble, forment la hiérarchie de la
liberté à côté de la hiérarchie de l'autorité, ne sont pas
seulement des conseils, mais des corps délibérants ;
qu'ils exercent le pouvoir énorme de discuter et de
voter les budgets, d'approuver ou d'interdire les dépenses ; qu'ils sont saisis, par conséquent, de tous les
moyens de contrôle et d'influence qui constituent réellement la liberté moderne ; qu'enfin c'est entre les
mains du principal de ces corps que réside la véritable
puissance législative, tout homme de sens et de bonne
foi reconnaîtra qu'en assurant l'indépendance réciproque de l'autorité et de la liberté, au lieu de subordonner l'une à l'autre, la théorie napoléonienne a
virtuellement résolu le problème de la liberté en France.
(*Applaudissements prolongés.*)

Messieurs, je n'ai pas la naïveté de croire que les
hommes intéressés à tout critiquer, à tout nier, à
tout dénaturer, qui ne veulent de l'autorité que pour
en jouir et non pour s'y soumettre, approuvent
jamais une liberté qui leur enlève les moyens de renverser les ministres et d'usurper l'autorité. Mais le pays
qui sait ce que les ambitions et les vanités de ce genre
lui ont coûté ne sera jamais de leur avis. Il est, du
reste, curieux d'entendre l'argument qu'on donne au
public à défaut du véritable, pour motiver la présence
des ministres aux chambres. C'est, disait cette année,
au corps législatif, l'un des chefs éminents de l'école
dite libérale, « *qu'il y a toujours grand bénéfice et grande*

» *instruction à discuter les affaires avec ceux qui les*
» *font* ». Quoi, c'est parce qu'il peut être un peu plus
avantageux, un peu plus commode pour les orateurs de
discuter avec des ministres qu'avec des intermédiaires,
c'est pour cette raison qu'on demande le rétablissement
d'un régime qui a été si funeste au pays !... Ce n'est
donc pas la liberté elle-même qui réclame la présence
des ministres aux chambres ? Et, en effet, comment y
serait-elle intéressée ? Que peut le souverain aujour-
d'hui, à l'exception du droit de déclarer la paix et la
guerre et du droit de faire grâce, qui sont hors de cause,
étant inscrits l'un et l'autre aussi bien dans l'ancienne
charte que dans la constitution impériale? Que peut-il,
sans le secours des corps publics et la volonté du pays?
Rien. Que peut-il, au contraire, avec le pays? Tout.
(*Bravos! Très-bien!*) N'est-ce pas là, je vous le demande, la liberté, la vraie liberté, la seule liberté? Et
non seulement c'est la liberté telle qu'elle a été comprise
dans tous les temps, c'est-à-dire le règne de l'opinion,
mais la forme particulière qu'elle affecte, chez nous, lui
donne une supériorité évidente sur toutes les libertés de
notre temps. Car, d'une part, issue du suffrage universel,
faite par tous et pour tous, elle ne blesse pas la dignité
d'un peuple, comme ces libertés privilégiées faites au
profit d'une classe; et, de l'autre, en assurant au pays,
par l'indépendance de l'autorité, le bienfait inappréciable d'une sécurité parfaite pour tous, elle ne reproduit
pas, malgré le suffrage universel, le vice des constitutions américaines, qui, superbes en apparence, magnifiques par les principes qu'elles étalent, n'offrent, en
réalité, dans la pratique, que la domination grossière,
souvent violente et odieuse, des majorités sur les mino-
rités. (*Applaudissements.*) Et voilà cependant ce que des

hommes considérables par l'esprit et le talent affectent
de ne pas voir! Ceux-là même qui devraient bénir la
main qui les a tirés de l'abîme, qui jouissent le plus de
la sécurité et de l'indépendance que leur assure la liberté
de l'Empire, sont les premiers à la nier. Ils oublient que
la plus grande affirmation de cette liberté, c'est le droit
dont ils usent et abusent, en protestant contre elle.
Comme les athées qui se servent de la raison que Dieu
leur a donnée pour nier Dieu, ils blasphèment la liberté
qui les couvre de son égide. (*Applaudissements répétés.*)

Qu'il me soit permis maintenant de considérer un
point important dans le mécanisme de nos institutions.
Le principe de notre constitution reposant sur l'indépendance réciproque de l'autorité et de la liberté, il fallait
tout à la fois assurer cette indépendance et établir, à
défaut des ministres responsables, de nouvelles relations entre le Gouvernement et les chambres. La constitution a pourvu à ce double objet par la création de
deux grands corps, le sénat, gardien du pacte fondamental et des libertés publiques, seul chargé d'apporter
à la constitution les modifications que le temps peut
rendre nécessaires, et le conseil d'État formé, selon le
texte de la constitution, des hommes les plus distingués
pour préparer les lois et en soutenir la discussion devant
les chambres.

Ce dernier corps est une des innovations caractéristiques de notre constitution. Car c'est à lui qu'il appartient de servir de lien entre le pouvoir exécutif et le
pouvoir législatif; c'est lui qui est préposé pour recevoir
les observations des chambres et les explications des
ministres; en un mot, c'est dans son sein que l'autorité
et la liberté doivent se donner la main.

Eh bien, si l'on se place au point de vue des consi-

dérations qui précèdent, l'on me pardonnera de croire
que, pour que le conseil d'État puisse remplir sa haute
mission dans toute son étendue, il ne suffit pas qu'il soit
formé d'orateurs éloquents, de savants jurisconsultes et
d'administrateurs expérimentés, mais qu'il doit avoir
vis-à-vis des ministres, comme vis-à-vis des chambres, toute
l'indépendance dont jouissent les deux autres corps de
l'État. Comment, en effet, un tel corps aurait-il de l'autorité dans les chambres, s'il était à la discrétion des
ministres, et comment pourrait-il inspirer confiance aux
ministres, s'il était dominé par les chambres? L'indépendance du conseiller d'Etat me paraît donc indispensable
au jeu de nos institutions. Comme il n'y a pas de corps
indépendant, si le droit de la parole n'est pas acquis
à chacun de ses membres, il n'y a pas non plus d'indépendance, ce me semble, pour le conseil d'État, si sa
qualité ne suffit pas pour lui donner le droit de parler ou
de se taire devant les chambres.

Mais ce n'est pas en un jour que l'esprit de nouvelles
institutions pénètre dans la pratique. Nous sommes,
peut-être, par rapport à la constitution de l'Empire,
comme la génération qui a vu s'établir le système déci-
mal et qui ne peut se faire à l'idée des nouvelles mesures
qu'en les rapportant mentalement aux anciennes. (Sou-
rires d'approbation.)

N'est-ce pas, par exemple, la difficulté de comprendre
les discussions des chambres, sans quelque chose d'analogue aux ministres responsables, qui tend à laisser occuper encore cette sorte de sellette consacrée, sous le
régime parlementaire, aux procès ministériels en per-
manence qui étaient alors l'affaire supérieure à toutes
les affaires? N'est-ce pas, en d'autres termes, sous l'empire de cette préoccupation qu'on a vu le conseil d'État

s'absorber peu à peu et se personnifier dans un président, puis dans des ministres sans portefeuille, puis encore dans des vice-présidents, en attendant peut-être d'autres incarnations? Si je comprends bien l'esprit de nos institutions, je suis autorisé à croire qu'après des essais inévitables dans les premiers temps, l'expérience fera renoncer à des combinaisons qui présentent, en partie, les inconvénients du régime parlementaire sans en avoir les avantages. Je suis donc convaincu que, tôt ou tard, le conseil d'État qui, dans l'esprit comme dans la lettre de la constitution, est chargé de soutenir les discussions devant les chambres ne sera plus personnifié que par lui-même ; que, rendu à l'indépendance, qui seule donne des ailes au talent, par une réglementation nouvelle, facile à introduire dans la pratique, il suffira à toutes les exigences, et qu'alors, non seulement il sera à la hauteur de toutes les discussions, mais pourra dégager toutes les responsabilités.

Quoi qu'il en soit de mes appréciations particulières sur ce point, le temps qui est nécessaire pour fonder les gouvernements l'est aussi pour développer les libertés d'un pays. Mais, dès aujourd'hui, nous pouvons dire hardiment que nos institutions reposent sur le principe le plus pratiquement libéral qui fût jamais ; qu'en séparant l'autorité de la liberté pour les rendre indépendantes l'une de l'autre ; qu'en permettant à celle-ci de se développer librement sans porter atteinte à celle-là, notre constitution a réalisé le plus grand bienfait qu'un peuple puisse recevoir. (*Bravos énergiques.*)

Déjà, l'Europe, qui a vu avec étonnement toutes les grandeurs de ce règne, la gloire des armes unie à la prospérité intérieure, commence à contempler avec non moins d'étonnement le spectacle de notre liberté. Elle ne peut s'empêcher d'admirer cet ordre, cette sécurité, tout à la fois si admirablement assurés par notre organisation et si brillamment ennoblis par nos discussions publiques. (*Assentiment.*) Quant au pays, heureux d'avoir enfin trouvé sa voie naturelle, fier de sentir que sa liberté à lui vaut toutes les libertés du monde, il se repose avec confiance sur la force de ses institutions. Il comprend maintenant qu'il est destiné à voir se réaliser cette belle pensée de Montesquieu, que les grands hommes font les grandes institutions, et qu'à leur tour les grandes institutions font les grands hommes.

J'ai donc l'honneur de vous proposer ce toast:

A L'EMPEREUR NAPOLÉON III,
AU FONDATEUR DE LA LIBERTÉ EN FRANCE !

(*Applaudissements unanimes, suivis des cris de Vive l'Empereur !*)

<hr/>

LETTRE

AU SUJET DU DISCOURS PRÉCÉDENT.

Chamarande, 20 septembre 1864.

Mon cher monsieur, je vous remercie infiniment de l'obligeance avec laquelle vous avez bien voulu recueillir pour moi les divers articles parus dans les journaux sur mon discours de Saint-Étienne. J'ai lu avec attention cette collection et surtout les critiques que mes paroles ont provoquées, mais ce n'est pas sans un extrême étonnement, comme vous allez en juger.

Comparant l'organisation de la société anglaise avec la nôtre, j'avais dit que puisque, chez nous, les fonctions de l'autorité étaient confiées non pas au corps élec-

13

toral lui-même, comme en Angleterre, mais à une hiérarchie administrative constituée en dehors de ce corps,
il était impossible d'établir chez nous les formes de la
liberté anglaise, sans subordonner l'autorité à la liberté
et les ruiner l'une par l'autre; que cette considération
capitale nous imposait donc l'obligation de fonder nos
institutions sur la séparation de l'autorité et de la liberté,
au lieu de les réunir dans les mêmes mains, comme en
Angleterre. C'était là tout mon discours.

Assurément, je n'avais pas la naïveté de croire que
tous ceux qui ont été nourris et élevés dans les doctrines
de l'école anglaise discuteraient avec impartialité une
théorie qui condamne ces doctrines en France. Je m'attendais donc à de vives attaques; et, sous ce rapport,
je ne m'étais pas trompé. Mais j'espérais apprendre, au
moins, par cette discussion, à quels arguments serait
immolée la théorie que je venais d'exposer; et, sur ce
point, j'ai été complétement désappointé, car, entre tous
les journaux français ou étrangers qui ont critiqué mes
paroles, il ne s'en est pas trouvé un, pas un seul, qui ait
touché à la thèse que j'ai exposée. Au lieu de considérer
si la liberté en France peut être fondée sur la séparation
et l'indépendance réciproque de l'autorité et de la liberté,
c'est-à-dire sur l'impossibilité pour le pouvoir législatif
d'absorber le pouvoir exécutif ou d'être absorbé par lui,
on a trouvé plus commode de dénaturer le sens de mes
paroles, et de me prêter des idées ou des sentiments qui
ne s'y trouvent ni directement ni indirectement.

Comme la liberté fondée par l'Empire n'est, après
tout, qu'une application des théories formulées par
Locke et Montesquieu, il eût été cependant curieux de
voir des professeurs de libéralisme s'attaquer à la doctrine capitale de ces deux grands chefs du libéralisme

moderne. Rien n'eût été plus piquant que la réfutation
par l'école dite libérale du célèbre chapitre de l'*Esprit
des lois* où se trouvent exposées les conditions de la
liberté chez tous les peuples. Quand l'illustre philosophe
démontrait d'une manière si saisissante que la liberté
réside dans la séparation des trois grands pouvoirs qui
se retrouvent dans toute espèce de sociétés, le pouvoir
exécutif, le pouvoir législatif et le pouvoir judiciaire, et
que selon qu'ils sont plus ou moins réunis dans les mains
d'un homme ou d'une assemblée, ou plus ou moins séparés et indépendants, c'est le despotisme ou la liberté
qui l'emporte, il ne se doutait pas qu'un jour ses dis-
ciples infidèles, plus préoccupés de buts particuliers que
de la liberté elle-même, renieraient ses doctrines. Que
dis-je? ils n'ont pas osé les renier; mais trouvant plus
prudent de ne pas les reconnaître, ils ont passé à côté
sans les voir.

Savez-vous comment ils ont considéré la thèse de mon
discours? Tantôt comme la glorification de la centralisation administrative en opposition aux principes libéraux
du gouvernement, tantôt comme l'exposition d'un régime
politique qui immobiliserait l'état présent, en condam-
nant d'avance tous les progrès que comporte la liberté.

De ces deux attaques, la dernière me paraît puérile.
Comment admettre, en effet, qu'un peuple qui dispose
souverainement du pouvoir législatif par le suffrage universel, puisse être privé contre son gré des progrès qu'il
désirerait voir accomplir? En quoi le principe et la forme
de nos institutions seraient-ils un obstacle à la manifestation de sa volonté? Du moment que le pays est rendu
maître de ses destinées, sa liberté est fondée, car il a le
moyen de réaliser, à son temps et à son heure, tous les
développements qu'il peut juger convenables. C'est donc

à lui, plus encore qu'au fondateur de la liberté, qu'il
appartient d'accélérer ou de ralentir suivant les circonstances la marche de ses institutions. Que si, rendu prudent par l'expérience de nos agitations passées, il se
montre moins pressé que certains esprits de favoriser
toutes les aspirations de la liberté, c'est là une disposition
de l'opinion publique qu'on peut approuver ou regretter,
mais qui n'affecte en rien la théorie de la liberté de
l'Empire.

Quant aux idées qu'on me prête sur la centralisation,
et quoiqu'il ne soit ni dans mes goûts ni dans mes habitudes de relever les inexactitudes de la polémique à mon
égard, j'avoue qu'après avoir essayé de marquer mon
double passage au ministère par deux décrets de décentralisation, et Dieu sait en dépit de quelles résistances,
je ne m'attendais pas à être représenté comme un adversaire des projets préparés aujourd'hui par le Gouvernement sur ces matières.

La vérité est que je n'ai pas attendu que la décentralisation fût devenue populaire pour m'en faire le partisan. C'est au lendemain du coup d'État, et quand le
pays avait bien d'autres préoccupations, que, cherchant
à interpréter les sentiments de l'Empereur, je formulai
ainsi qu'il suit les considérants du décret du 25 mars 1852 :

« Considérant que depuis la chute de l'Empire, des
» abus et des exagérations de tout genre ont dénaturé le
» principe de notre centralisation administrative, en
» substituant à l'action prompte des autorités locales les
» lentes formalités de l'administration centrale ;

» Considérant qu'on peut gouverner de loin, mais
» qu'on n'administre bien que de près ; qu'en consé-
» quence, autant il importe de centraliser l'action gou-
» vernementale de l'État, autant il est nécessaire de dé-

» centraliser l'action purement administrative, etc. »

Et ici pas d'équivoque : la décentralisation que je n'ai cessé de favoriser, ce n'est pas seulement celle qui consiste dans la délégation de certaines attributions du pouvoir central aux autorités locales, mais encore celle qui doit émanciper le pays lui-même. Si je suis bien informé, la principale disposition du projet actuel concéderait aux départements et aux communes la faculté de s'imposer un certain nombre de centimes sans l'intervention du Gouvernement. Or, il y a douze ans qu'une faculté analogue avait été concédée par le décret que j'ai eu l'honneur de proposer à l'approbation de l'Empereur. Il faut croire que cette mesure était prématurée, que le moment n'était pas venu d'en faire l'application définitive, puisqu'elle fut rapportée par la loi du 10 juin 1853.

Mais si je suis heureux de voir s'accomplir enfin le progrès que l'Empereur avait cru pouvoir réaliser il y a douze ans, si je n'ai naturellement pas le droit de revendiquer l'honneur des mesures qu'on prépare aujourd'hui, j'ai peut-être au moins celui de m'étonner, sinon de me plaindre, qu'on m'en suppose l'adversaire.

Non ; quoique je sois toujours le partisan déclaré de la centralisation politique qui est la première condition de la grandeur de l'État, je reste aussi le partisan résolu de la décentralisation administrative qui doit finir par affranchir les départements et les communes de la tutelle du Gouvernement et apprendre au pays à faire lui-même ses affaires.

En résumé, et à part des objections accessoires sans objet comme sans fondement, on n'a rien répondu à la doctrine que j'ai cru devoir exposer. Les armes de la critique n'ont pas même essayé de pénétrer aux abords de la place ; et à l'heure qu'il est, la thèse de mon discours est restée aussi inattaquée qu'elle me parait inattaquable.

Agréez, etc.

LETTRE

SUR LE RÉGIME DE LA PRESSE.

Chamarande, le 2 novembre 1864.

Mon cher monsieur de Girardin, je ne me suis pas borné à lire les deux grands passages que vous m'indiquez dans le livre remarquable que vous avez eu la bonté de m'adresser; je l'ai lu presque en entier et avec un vif intérêt. L'idée mère que vous exposez avec tant de talent est digne des plus sérieuses réflexions, et je crois même qu'elle finira par triompher. Mais il ne suffit pas d'avoir raison : il faut que l'opinion vous donne raison. Je crois que, comme beaucoup d'esprits éminents qui voient trop loin et trop vite pour leur temps, vous devancez l'opinion. Vous dites quelque part que, depuis qu'on ne brûle plus les sorciers, ils ne sont plus dangereux. Cela est vrai, parce qu'on ne croit plus aux sorciers; mais on croit encore aux journaux. Vous vous efforcez bien de dire que la presse n'a pas d'influence, et cela est encore vrai en tant que discussion d'opinions; mais bien des gens redoutent les scandales que la presse peut produire et par suite les passions qui peuvent en surgir. Je ne comprendrais pas, du reste, qu'on passât sans transition de l'état actuel à celui que vous proposez.

Assurément, le jour où la presse pourra être libre comme en Angleterre, où cette liberté ne nuit à personne et sert à tout le monde, ce jour sera la fin de nos révolutions et le couronnement d'un état régulier ; mais quelque hardiesse que je me sente dans l'esprit, je ne crois pas que l'opinion publique soit suffisamment préparée à accepter un régime qui d'avance inquiéterait tant d'intérêts. C'est sur ce point que je diffère de vous ; cependant, je vous avoue que cette question de la presse me préoccupe beaucoup, et que je me sentirais bien peu disposé aujourd'hui à maintenir le régime actuel sans de sérieuses modifications.

Agréez, etc.

LETTRE DE ROME [1].

Rome, 30 avril 1865.

Mon cher président, je vous écris de Rome où je suis venu rechercher la cause des difficultés qui divisent en France l'État et l'Église. Depuis longtemps, je pressentais l'existence d'un grave secret au siége de la papauté, et je me proposais d'aller l'étudier sur les lieux mêmes. J'avais la conviction qu'en écartant résolûment les voiles qui cachent la vérité, je pourrais rendre un service à l'Empereur et au pays ; et voilà pourquoi je n'ai pas attendu qu'on me donnât cette mission : je me la suis donnée moi-même.

Le secret cependant n'était pas difficile à pénétrer, car il se produit ici au grand jour et apparaît à tous les yeux aussi éclatant que le soleil qui éclaire en ce moment la ville éternelle. Ce grand secret qui n'en est un pour personne ici, c'est l'existence à Rome d'un parti orga-

[1] Adressée à S. Ex. M. Troplong, président du sénat, etc.

nisé depuis longtemps par les ennemis de la France, d'un parti qui domine tout, le Pape, les cardinaux, les congrégations, le gouvernement; qui, dans sa haine des principes de notre législation civile, jouerait sans hésiter contre ce qu'il appelle la révolution, la sécurité de vingt papes, et qui, maître de tous les instruments de la puissance spirituelle, n'a d'autre pensée que de les faire servir à la désorganisation de la France actuelle et au triomphe de ses ennemis. Telle est la foi de ce parti dans les forces mystérieuses dont il dispose, qu'il ne prétend à rien moins qu'à courber d'abord sous son joug tout ce grand clergé de France, le plus noble, le plus illustre de l'Europe, le plus célèbre par son esprit d'indépendance et de nationalité; puis, par le concours de toutes ces forces réunies, à renverser l'œuvre déjà presque séculaire de la révolution française.

Vous savez déjà, mon cher président, par quel mélange de caresses et de menaces il a su s'emparer d'une partie de nos évêques, séduire les uns, effrayer les autres, et les forcer tous à compter avec lui; comment, en plaçant nos plus fermes prélats dans cette alternative fatale ou de la révolte ouverte contre le saint-siége ou de la soumission absolue à ce qui n'est qu'un parti, il est parvenu à dompter quelques-uns des plus fiers courages; comment, enfin, en les entourant d'une surveillance humiliante qui subordonne le séculier au régulier, le prêtre au moine, il a jeté le trouble dans toute l'Église de France.

Oubliant que le clergé français, après tant d'années d'une existence précaire, n'a reconquis sa légitime influence que par le bras puissant qui a rétabli en France le principe d'autorité; ignorant surtout que, quelles que soient les vertus qui le recommandent à la considération

publique, il ne saurait se passer ni de la protection de
l'État, ni des sympathies du grand princè qui, dans
toutes les difficultés, le couvre du manteau de sa popularité, c'est par le clergé même que le parti dominant à
Rome ne désespère pas, en plein dix-neuvième siècle, de
soumettre l'État à l'Église.

On a peine à s'expliquer une ignorance aussi étrange
des conditions de la société moderne et de l'état de
la France; mais, quelque insensé que soit ce but, il est
poursuivi avec une ardeur et une persévérance que la
raison elle-même trouve rarement à son service.

Imaginez à côté des cardinaux tout un monde de
diacres, sous-diacres, monsignori, prêtres, moines,
princes, nobles, avocats, etc., distribués dans une ving-
taine de congrégations, ces diverses congrégations formant en quelque sorte comme autant de sections d'un
immense conseil d'État pour étudier, juger et décider
de toutes les affaires de la catholicité : les congrégations
du Saint-Office, du Consistoire, des Immunités, de la
Propagande, de l'Index, des Rites, etc. ; figurez-vous
cette administration du gouvernement spirituel de l'univers avec un personnel de trois à quatre mille employés
ecclésiastiques ou laïques à Rome, de quinze mille agents
ou correspondants au dehors ; et si vous vous représentez
que toute cette hiérarchie, que toute cette vaste organisation est possédée de la même idée, émue de la même
passion et qu'elle marche au même but, vous ne vous
étonnerez pas de l'impuissance d'un Pape, quoique le
plus sage, le plus saint des hommes, à maîtriser un tel
ensemble de forces. Quand un parti qui personnifie les
intérêts et les préjugés d'un autre temps occupe toutes
les situations, tous les abords du pouvoir et domine
tous les corps publics, il n'y a pas de souverain au monde

capable de remonter le courant de ces passions. Un
prince peut sans doute, comme Pie IX, par son inef-
fable bonté et les vertus touchantes dont il orne le trône
pontifical, adoucir les frottements de la violente machine
qui l'emporte, mais non pas en changer la direction.

Il n'appartient donc à personne de dénouer la situation que présente Rome. Cette conspiration au sein de
la papauté contre la seule puissance qui la protége et
puisse la protéger, cet anachronisme de deux siècles en
arrière de la civilisation, tout cet échafaudage de préjugés ne croulera qu'en se heurtant à la réalité des choses,
comme l'avalanche ne s'arrête qu'au fond de l'abime.
Le moment approche où cette forteresse du passé contre
le présent va être soumise à une épreuve suprême.
Déjà, un trouble étrange semble agiter ce monde de chimères. Pour la première fois, peut-être, le doute se glisse
dans ces esprits obstinés; et çà et là, quelques intelligences, frappées par la logique des situations, com-
mencent à s'effrayer de notre longue magnanimité.

Qu'elles se rassurent! la France est la nation chevaleresque par excellence. Elle sait par sa propre histoire
à quelles illusions, à quelles passions la lutte des idées
peut donner naissance. Autant elle se sent capable de
braver les forts, autant elle est disposée à pardonner à
l'erreur et à protéger la faiblesse.

Et cependant si jamais un parti a mérité le châtiment
de ses fautes, c'est celui qui s'efforce depuis quinze ans
de faire du père commun des fidèles l'instrument de ses
passions politiques; qui, dans sa répugnance pour l'état
social d'une nation dont il méconnaît le caractère, la
grandeur et les vertus, ne cesse de la calomnier; qui,
oubliant qu'elle est le plus ferme appui du catholicisme
dans le monde, cherche constamment à jeter l'agitation

dans son sein, affecte, pour justifier son ingratitude, de ne voir dans les actes les plus généreux de la France qu'un devoir imposé par la nécessité, et ne craint pas de faire du Pape lui-même l'enjeu de ses desseins contre elle.

Ce serait une triste histoire à retracer que celle de ce parti, depuis le jour où, après avoir été constitué et organisé par l'Autriche pendant la domination de cette puissance en Italie, il s'est vu contraint à changer de protecteurs. L'Europe n'a retenti que trop souvent de ses malédictions contre le gouvernement qui avait ramené le Pape à Rome. On se rappelle avec quels dédains les plus sages conseils de la France étaient repoussés, les exigences de la faiblesse devant la force, comme la modération de la force devant la faiblesse. Mais c'est surtout à l'époque de la guerre d'Italie qu'éclate le génie de ce parti si funeste au Pape et à l'Église.

Et d'abord, il n'est pas étonnant qu'aveuglés par leur sympathie pour l'Autriche, les hommes de ce parti n'aient jamais voulu comprendre les intérêts sérieux qui nous forcèrent à la guerre; et il faut avouer que, sincères ou non, ils ont trouvé parfois hors de Rome de bien étranges auxiliaires. Cependant, quelles que fussent les causes de la rupture entre l'Autriche et le Piémont, la France était conduite par la plus impérieuse des nécessités à intervenir en Italie. Si, abdiquant son rôle de protectrice des États faibles, elle assistait, l'arme au bras, à la défaite du Piémont; si, dédaignant les conseils de la plus vulgaire prudence, elle laissait s'établir la domination autrichienne sur toute l'Italie, elle sacrifiait à la tranquillité du moment la sécurité de l'avenir, et méritait le châtiment que la destinée réserve à l'imprévoyance des États. L'Autriche, maitresse de la Péninsule, régnant en souveraine de Venise à Chambéry, délivrée tout à la fois, par le prestige de la victoire, de ses embarras financiers et de ses divisions intestines en Hongrie, devenait la première puissance du continent. Elle pesait de tout le poids de son triomphe sur les destinées de l'Allemagne, et n'avait plus qu'à donner la main aux ressentiments de la Russie, pour que quelque chose d'analogue à la sainte-alliance fût reformé contre nous.

Quelle aurait été alors la situation de la France? Rentrée dans les conditions des traités de 1815, entourée d'une ceinture de fer, menacée de toutes parts, elle se serait vue condamnée de nouveau ou à subir le rôle effacé que la prudence lui avait imposé pendant trente ans, ou à en sortir par la plus terrible des explosions. Il n'y avait donc pas à hésiter. Il ne fallait pas attendre qu'une alliance continentale pût se former contre nous, il fallait en prévenir la possibilité; et puisque, heureusement, la Providence nous offrait dans la délivrance d'un peuple le moyen pratique d'étouffer toute coalition dans son germe, nous devions assurer l'indépendance de la France par l'indépendance de l'Italie. Voilà la moralité de cette guerre.

Mais, pendant qu'un prince généreux, conduit par l'intérêt vital de son pays, allait exposer sa vie et sa fortune dans les plaines de la Lombardie, que faisait le parti qui dominait la cour de Rome? Au nom du Pape protégé par la France, il condamnait la France; au nom d'un prince italien, il vouait l'Italie à l'extermination; au nom du père commun des fidèles, il prenait parti dans la querelle des nations également catholiques, et entre deux grands souverains, l'un qui combattait pour asservir un peuple et l'autre pour le délivrer, il bénissait le conquérant et maudissait le libérateur.

Ce parti ne devait pas, du reste, se borner à manifester des sympathies ou des antipathies. Dominé par l'ardeur de ses passions, il devait faire échouer toutes les combinaisons favorables que le cours des événements allait offrir aux intérêts du Saint-Siége.

Vous savez mieux que personne, mon cher président, qu'à côté de la nécessité de soustraire l'Italie à la domination autrichienne, nous en avions une autre tout aussi absolue, c'était de ne pas remplacer cette domination par la nôtre. Pour nous, le plus grand péril de la guerre contre l'Autriche, ce n'était pas la guerre elle-même; c'était que dans les actes à accomplir pour fonder l'indépendance de l'Italie, nous ne fussions amenés par des raisons, par des circonstances quelconques, à violenter les Italiens. Car, une fois engagés dans l'engrenage fatal de la force, nous étions contraints de proche en proche à décider de tout malgré eux, à les soumettre partout aux gouvernements que nous aurions reconnus, à violer par conséquent nous-mêmes leur indépendance que nous venions de proclamer, en un mot à substituer la domination française à la domination autrichienne.

Que l'Autriche, malgré les leçons de l'expérience, ait essayé de maintenir cette politique en Italie, rien de plus naturel. Elle possédait deux des plus riches provinces de la Péninsule; elle en tirait beaucoup d'hommes et beaucoup d'argent; et, comme elle avait à lutter contre le sentiment public au dedans et au dehors de ces provinces, elle se voyait forcée par l'intérêt de sa propre sécurité à soumettre tout le reste de la Péninsule à sa domination.

Mais pour nous, sans possessions en Italie, ayant tout à y porter, hommes, chevaux, matériel, argent, ne pouvant retirer de tous ces sacrifices que l'avantage illusoire de protéger de petits gouvernements dont l'amitié équivoque, ou tout au moins impuissante, ne pouvait compenser l'inconvénient certain d'attirer sur nous la haine d'un peuple et la condamnation de l'Europe, en vérité c'eût été une politique insensée. Voilà pourquoi le premier mot, la première condition de toutes nos conventions, de tous nos traités, à commencer par Villafranca, c'était que la force ne serait pas employée contre l'Italie, car à aucun prix nous ne pouvions faire une telle faute.

Eh bien, cette faute, il n'y a pas de tentatives, pas d'intrigues, pas de manœuvres auxquelles le parti qui domine à Rome n'ait eu recours pour nous amener à la faire ; il n'y a pas d'injures, de calomnies ou d'accusations qu'il nous ait épargnées pour ne l'avoir pas faite.

Assurément, si le projet de confédération formulé à Villafranca devait soulever des résistances en Italie, ce n'était pas à Rome qu'on devait s'attendre à les rencontrer, car ce projet était tellement favorable au Saint-Siége, qu'il semblait n'avoir été inspiré que par le désir d'assurer la sécurité du Pape. Et cependant la première protestation contre Villafranca vint de Rome, c'est-à-dire de ce parti qui est comme un éternel défi à la raison. A défaut de la force qui, entre les divers moyens de réaliser la convention, était exclue par la convention elle-même, la célérité de l'exécution pouvait seule en assurer le succès ; mais, pendant qu'on perdait des jours, des semaines, des mois, à discuter des vétilles à Rome et dans les petites cours, le peuple italien, avec une intelligence politique si supérieure à celle de ses princes, marchait à de bien autres destinées, et le traité devenait bientôt une lettre morte.

Mais continuons. Vous vous rappelez que, pendant le cours des opérations militaires, l'Autriche, contrairement à nos engagements communs envers le Pape, avait évacué les Légations et fait perdre ainsi une province au Saint-Siége. Eh bien, aux yeux de la cour pontificale, nous qui gardions fidèlement le Pape à Rome, pendant que les Autrichiens l'abandonnaient en Romagne pour disposer de toutes leurs forces, nous étions les vrais coupables! Nous aurions dû nous faire battre à Solferino, car alors il n'y aurait pas eu de convention interdisant l'emploi de la force contre les Italiens, et les Légations n'auraient pas été perdues pour le Pape. Voilà la logique romaine! Un événement de force majeure enlève une province au Saint-Père; cet événement, c'est l'abandon de cette province par l'Autriche, et c'est la France qui en est rendue responsable.

Vous vous rappelez, mon cher président, la proposition que fit alors la France au Saint-Siége. Si, pour rétablir la paix en Italie, et tout en conservant ses droits sur la Romagne, le Pape consentait à autoriser le roi de Sardaigne à gouverner cette province en son nom, à la charge d'en rendre compte au Saint-Père comme à son souverain, nous nous engagions à faire garantir par l'Europe, ou tout au moins par les puissances catholiques, le reste des États de l'Église. Or, qui croirait aujourd'hui que cette proposition fut repoussée avec indignation par le parti qui domine à Rome? Mais ce n'est pas tout: et nous allons voir le couronnement de cette série de fautes.

Au milieu des bruits de guerre et des expéditions aventureuses, l'esprit militaire s'était à son tour em-

paré de Rome, et le Saint-Siége voulut avoir une armée.
Cette armée fut donc organisée rapidement, et un général français appelé par le Pape à l'honneur de la
commander. Sans le funeste esprit qui régnait à Rome,
cette armée aurait pu rendre les plus grands services.
Si, comme nous le proposions, elle eût gardé le Pape
pendant que nous aurions occupé les provinces et
observé les frontières, la sécurité des États de l'Église
eût été assurée. Comme aucune collision n'était possible
entre les troupes italiennes et les nôtres, les frontières
auraient été certainement respectées. De son côté, Rome
eût été maintenue par des troupes exclusivement pa-
pales dans des conditions qui auraient suffi, et au delà,
à la tranquillité de la ville. Au besoin, les troupes
françaises, chargées de la garde des frontières, auraient
pu donner la main aux troupes romaines de l'intérieur.
La dignité, l'indépendance et la sécurité du Saint-Père
étaient donc toutes à la fois garanties.

Mais on avait alors de bien autres visées à Rome. On
s'était imaginé avoir trouvé un général capable de
renouveler les merveilles de l'histoire. Avec une armée
de vingt mille hommes, les stratégistes de Rome se
croyaient en état de résister à l'Italie et de reconquérir
la Romagne. Ils se flattaient surtout de pouvoir, par
d'habiles combinaisons, engager malgré nous l'armée
française dans la lutte; et c'est ainsi que fut adopté ce
plan singulier qui reléguait nos troupes à Rome et à
Civita-Vecchia, pendant que le général Lamoricière,
occupant seul l'Ombrie et les Marches, tiendrait la
campagne en face de Cialdini. Comme nous ne pouvions à aucun prix compromettre notre situation en
Italie et payer les frais d'une partie dont nous n'avions
pas les cartes dans les mains, tous ces beaux calculs

ne devaient aboutir qu'à faire perdre au Pape une autre portion de ses États.

Ainsi, le parti anti-français à Rome a tout fait pour perdre le Pape, qu'il croyait sauver. Toutes les fautes qui devaient le mettre en péril, il les a commises; et l'on doit lui attribuer certainement la plus grande part dans les malheurs de la papauté. Après avoir mis le gouvernement papal vis-à-vis de ses sujets dans l'impossibilité de se maintenir sans une force étrangère, il l'a rendu impopulaire en Italie et n'a manqué aucune occasion de le compromettre aux yeux de l'Europe.

« Cependant, » me disait ces jours derniers un personnage éminent qui les connaît bien, « les hommes de » ce parti ne doivent pas être jugés trop sévèrement. » Quoique, dans le gouvernement de la puissance spiri- » tuelle qu'ils exercent au nom du Pape sur l'univers » entier, ils entretiennent la plus vaste correspondance, » ils ne se doutent pas de ce qui se passe en Europe, et » même à Rome. Pour eux la cour pontificale est un cou- » vent où rien du monde réel ne pénètre. Ils vivent d'illu- » sions sur la vie présente, comme les moines de médi- » tations sur la vie future. » En effet, il est impossible de ne pas être frappé du manque de sens pratique que révèle toute discussion d'affaires avec ces hommes. Quels que soient, d'ailleurs, leur esprit, le charme de leur conversation et les qualités qui distinguent plusieurs d'entre eux, on sent que la passion, l'ignorance et les préjugés ont mis comme un voile entre eux et le monde réel. On comprend que ce grand nom de Providence qu'ils invoquent à tout propos et à qui ils délèguent la solution de toutes les difficultés, n'a pas d'autre signification dans leur esprit que la fatalité des Turcs. Leur croyance en la Providence n'est pas cette foi sublime qui exalte

les forces de l'âme au-dessus des conditions ordinaires
de l'humanité : c'est cette croyance commode et pares-
seuse qui dispense de sagesse, de résolution, de pré-
voyance, de toutes les vertus qu'exige le gouvernement
des peuples.

Maintenant, mon cher président, que vous connaissez le parti qui règne souverainement à Rome, vous pouvez vous faire une idée des éventualités que la convention du 15 septembre prépare, et des difficultés qu'elle
doit rencontrer dans son exécution. Elles me paraissent
mériter l'attention sérieuse du gouvernement français.
Ce n'est pas, comme je vais essayer de le démontrer,
que la nature même des choses soit un obstacle à la solution de la question romaine. S'il y avait à Rome un des
gouvernements quelconques de l'Europe, c'est-à-dire la
plus vulgaire connaissance des choses humaines, la plus
simple entente des affaires publiques, je suis convaincu
qu'il n'y aurait rien de plus facile que de maintenir le
Pape à Rome, d'amener l'Italie à respecter le pouvoir
temporel dans ses limites actuelles, de rallier la population romaine à son gouvernement, enfin, d'assurer la
grandeur, la sécurité et l'indépendance du Saint-Siége.

En ce qui concerne l'Italie, je ne suis pas de ceux
qui voient ou affectent de voir un danger pour nous
dans l'existence d'un État de vingt-quatre millions
d'âmes au delà des Alpes. Quoique nous ayons été étrangers aux actes qui ont amené au profit de l'autonomie
italienne la dépossession des princes ; quoique l'unité
ait été accomplie par les Italiens dans l'exercice de leur
indépendance, sans notre concours et même malgré nos
avis, je considère la formation du royaume d'Italie
comme l'événement européen le plus heureux pour la
France qui se soit produit depuis longtemps. Ce n'est

pas, je me hâte de le dire, que nous devions compter sur
la reconnaissance de l'Italie, contrairement aux leçons
d'histoire qu'on nous a exposées. Pour moi, je vais plus
loin que nos professeurs. Je soutiens que non seulement
les peuples, en général, ne peuvent être engagés par la
reconnaissance, mais que l'Italie, en particulier, ne
nous en doit aucune, car, si nous l'avons aidée à conquérir son indépendance, et quelque satisfaction d'ailleurs
que nous ayons éprouvée de son affranchissement, c'est
avant tout l'intérêt de la France que nous avons consulté.
Or, il se trouve que les intérêts des deux peuples sont
communs; que par le seul fait de son existence comme
nation, l'Italie annule l'Autriche en tant que puissance
agressive, et que sans l'Autriche aucune alliance continentale n'est dangereuse pour nous ; que quant à l'Italie,
comme elle est placée entre deux grands États dont l'un
menace de l'asservir, tandis que l'autre est aussi intéressé qu'elle-même à son indépendance, il n'est pas nécessaire de faire intervenir des sentiments d'affection, si
naturels, du reste, après de tels événements, pour savoir
de quel côté est l'alliance des deux peuples. Avant la
guerre, l'Italie divisée était ou allait être entièrement
entre les mains de l'Autriche. Ses vingt à vingt-quatre
millions d'habitants formaient l'avant-garde, et ses
richesses les principales ressources de toute alliance continentale contre la France ; or, ces millions d'hommes et
ces ressources, nous les avons enlevés à toute tentative
de coalition contre nous pour les tourner d'avance contre
elle. Voilà le résultat, voilà le gain de la guerre d'Italie,
et ce qu'aucune critique de la jalousie, de la rancune ou
de la haine ne pourra enlever à la gloire du vainqueur
de Solferino.

Je me demande maintenant si l'intérêt de l'Italie,

qui est le nôtre, rend nécessaire ou avantageux de faire de Rome sa capitale, et je n'hésite pas à répondre non.

Au moment de la formation du nouveau royaume d'Italie, et sous l'impression des rivalités qui existaient jadis entre les grandes villes de la péninsule, les partisans de l'unité s'effrayaient des dangers que ces rivalités faisaient courir à l'Italie, et se persuadaient que, par la grandeur de son prestige, Rome seule pouvait les conjurer. L'expérience des dernières années a démontré que ces craintes étaient chimériques. On peut même dire que depuis longtemps ces rivalités s'étaient anéanties dans l'immense aspiration des esprits vers la patrie italienne. Ce que tout un peuple voulait, c'était de former un État; et le choix de sa capitale n'était qu'un objet secondaire de ses préoccupations. Les partis extrêmes, qui vivent de trouble et de confusion, avaient trouvé dans le projet de transporter la capitale à Rome un de ces expédients fertiles en agitations, et ils n'avaient pas manqué de s'en emparer; mais le bon sens du peuple italien, guidé par un intérêt supérieur à tous les calculs des partis, a bien vite compris la difficulté de Rome. Voilà pourquoi, à l'étonnement de l'Europe, le gouvernement de Victor-Emmanuel, en proposant Florence pour capitale, n'a rencontré aucun obstacle sérieux.

C'est qu'en effet, si le projet de Rome pour capitale est de nature à séduire les imaginations, il ne satisfait pas également aux exigences de la raison et aux intérêts de la politique. D'abord, qu'y a-t-il de commun entre l'Italie moderne et la Rome des consuls, des empereurs et des papes? Qui oserait de nos jours, sans avoir conquis l'univers, relever la formule célèbre *Senatus populusque romanus*, fouler les dalles de la Voie sacrée et monter au

Capitole? Et si ces grandes choses ne peuvent se répéter, pourquoi Rome? La Rome antique écraserait l'Italie de tout le poids de l'histoire. Cette prétention de l'Italie moderne en face de la Rome païenne serait puérile, comme en face de la Rome catholique elle pourrait être odieuse. Au milieu de cette innombrable quantité d'églises, de monuments religieux de tout genre et de toute magnificence, que ferait l'Italie? Se ferait-elle dévote ou impie? non, entre ces deux villes, la Rome païenne et la Rome catholique, qui se coudoient, se pressent et s'enchevêtrent, il n'y a pas la place d'une capitale politique; et mon étonnement, aujourd'hui que j'ai vu Rome de mes yeux, c'est que cette question ait pu être sérieusement posée.

Une considération d'ordre supérieur domine, d'ailleurs, toute la question : c'est que Rome, aussi bien la Rome païenne que la Rome chrétienne, n'appartient pas à l'Italie, mais à l'univers. Quel est donc le peuple, en effet, qui peut se dire l'héritier exclusif de la Rome antique? Rome, en se répandant dans le monde pour le conquérir, a mêlé son sang aux barbares, comme les barbares se sont mêlés aux Romains en envahissant l'Italie. Nous, Gaulois transalpins, Ibères, Bretons, Germains, nous sommes donc aussi bien les enfants de Rome que les Gaulois cisalpins, les Étrusques et les Latins. Comme eux et autant qu'eux, nous sentons dans nos veines des gouttes de ce sang généreux, le plus glorieux sang de l'histoire, et comme eux, héritiers de Rome, nous ne pouvons reconnaître de droit d'ainesse à personne. Il est donc juste que le berceau de notre civilisation n'appartienne à aucun peuple, mais qu'il soit le bien indivis de tous les peuples européens, le terrain neutre où tous, en venant honorer les tombes de leurs ancêtres communs, puissent se donner la main. Pour ce qui est de la Rome catholique, notre droit est encore plus saisissant. La capitale du monde chrétien, le siége du gouvernement spirituel de tous les catholiques de l'univers, ne saurait appartenir exclusivement à un État particulier. Constituée, organisée, enrichie depuis des siècles par la piété des fidèles du monde entier, Rome doit rester le bien, le centre, l'apanage commun de toutes les puissances catholiques.

Du reste, le peuple italien, dont le sens politique a su si admirablement profiter des circonstances pour constituer son autonomie, ce peuple intelligent, qui a déjà si habilement opéré la fusion de ses divers éléments qu'on les croirait réunis depuis des siècles, comprend la question aussi bien que nous. Il sait que la satisfaction de dater de Rome les actes du nouveau royaume ne compenserait pas le danger d'exciter le mécontentement de grandes puissances et le ressentiment de tous les catholiques; et s'il s'étonne de quelque chose dans notre opposition au projet de Rome pour capitale, c'est peutêtre de ce que cette opposition n'ait pas été plus formelle et plus absolue.

Voulez-vous une preuve de ce sentiment? Elle est dans ce qui se passait à Turin, au siége même du gouvernement italien, avant la convention du 15 septembre. Pendant qu'on y agitait à grands cris la question romaine, convaincus qu'on n'irait pas à Rome, et ne soupçonnant pas qu'on pourrait aller ailleurs, les Turinois s'engageaient résolûment dans les plus grandes spéculations de terrains et de constructions; c'est-à-dire qu'ils étaient en train de bâtir chez eux la nouvelle capitale, et dans les plus vastes proportions, au moment même où ils paraissaient réclamer Rome avec le plus d'insistance; de là la violente émotion que la convention causa à Turin.

Quant à la révolution italienne en elle-même, nous nous en faisons généralement, en France, une très-fausse idée. En nous rappelant les longs bouleversements de notre pays, nous ne pouvons nous persuader que des trônes aient été renversés et emportés par l'orage sans laisser sous leurs débris des germes de nouvelles convulsions. Nous ne comprenons rien au calme étonnant et sans exemple dans notre histoire, qui a succédé aux révolutions de Florence et de Naples. Trompés par nos souvenirs, nous ne serions pas éloignés de croire que ce calme n'est que le précurseur de la tempête, comme l'absence de fumée au Vésuve annonce, dit-on, une éruption prochaine. C'est une erreur étrange que de comparer la révolution italienne à la nôtre. Il ne s'agit plus ici, comme chez nous en 1789, de la lutte des classes moyennes contre la noblesse, puis des classes populaires contre la bourgeoisie, chacune de ces classes tour à tour vaincue ou triomphante au gré des événements et des réactions de l'esprit public. Ici, rien de pareil à ces révolutions sociales, dont les convulsions naissent des convulsions, et qui mettent si souvent la société en péril. La révolution italienne est purement nationale. Son seul objet est de constituer un peuple, de former une nation, un État en Europe. Du reste, aucune division, aucune rivalité entre les classes; nobles, bourgeois, artisans, laboureurs, tous n'ont qu'une même pensée; tous, sans distinction de position sociale, ne veulent qu'une chose, l'Italie. Il y a sans doute, comme dans toute agrégation d'hommes, des opinions différentes sur les voies et moyens; mais aucune de ces opinions ne cherche et ne trouve des partisans plutôt

dans une classe que dans une autre. Le corps social
est, en un mot, aussi uni, aussi compacte, aussi sain,
après qu'avant l'événement. Voilà pourquoi l'ordre et
la tranquillité ont repris leur empire, aussitôt que l'acte
suprême a été accompli. Voilà pourquoi, également,
l'Italie peut supporter sans trouble, sans agitations,
sans difficultés sérieuses, des libertés que l'état de perturbation sociale où nous avons été si longtemps, avait
malheureusement rendues dangereuses pour nous.

Ce qui avait contribué aussi à nous tromper sur l'état
de l'Italie, c'est qu'à force de bruit, de tapage et de manœuvres de presse, les démagogues s'étaient donné
l'apparence d'être à la tête de la révolution italienne et
l'avaient ainsi compromise aux yeux de l'Europe. Trouvant dans les masses de la population une sympathie
profonde pour la cause de l'indépendance italienne, ils
avaient cherché à exploiter le sentiment national, en
s'emparant d'un drapeau qu'avaient arboré, avant eux,
les plus illustres familles de la péninsule. Mais depuis
que ce parti, sans racines véritables dans le pays, a été
écarté par le bon sens public; depuis qu'à la voix d'un
prince héroïque, les éléments conservateurs ont pris résolûment la direction de la révolution et l'ont fait triompher, il n'est plus permis de s'abuser sur l'état de
l'Italie.

La vérité, c'est qu'à part certaines régions monta-
gneuses où l'absence de routes et de moyens de communication a maintenu l'ignorance de la barbarie, où,
depuis des siècles, la population vit à l'état de brigan-
dage; c'est qu'à l'exception de ce fléau, triste produit de
l'incurie des régimes précédents, mais qui, par les soins
d'un gouvernement national, tend chaque jour à disparaître avec les causes qui l'entretenaient, on peut dire

hardiment qu'il n'y a pas de pays au monde où la population soit plus paisible, plus satisfaite et plus tranquille.
Depuis la création du royaume d'Italie, une activité
inouïe s'est emparée de la nation. A Naples, par exemple,
la population s'est accrue de cinquante mille âmes ; le
prix des salaires a doublé ; la consommation de la viande
a triplé, et les lazzaroni ont totalement disparu. Telle
est la situation des esprits dans cette ville de cinq cent
mille âmes, que là où la liberté la plus absolue en toutes
choses a remplacé le régime de la compression, une gar-
nison de moins de quatre mille hommes suffit à assurer
l'ordre public.

En résumé, je crois que l'Italie n'a à redouter ni rivalités entre les provinces, ni divisions entre les classes, ni
violences entre les partis ; qu'elle n'est, par conséquent,
menacée à l'intérieur d'aucune des convulsions qu'on
prophétise, et que son unité, au contraire, est solidement constituée. Que si l'on parle de ses difficultés
financières, je répondrai qu'en parcourant ce pays si
riche, si fertile et si bien cultivé, qu'en voyant cette
population si paisible et si laborieuse, je me suis senti
complétement rassuré sur les ressources du nouveau
royaume. Quand le gouvernement italien aura achevé de
régulariser l'impôt, et surtout l'aura mis en rapport avec
le développement de la richesse générale, ce qui lui
offre une grande marge, il n'est pas douteux qu'il ne
réussisse à mettre les finances de l'État en harmonie avec
la richesse du pays. Je crois donc que non seulement les
ressources du budget italien suffiront aux dépenses publiques, mais permettront sans peine, lorsque le moment sera venu, toutes les combinaisons que la diplomatie européenne pourra proposer pour la solution
pacifique de la Vénétie. En un mot, le nouvel État, le

produit glorieux de Solferino, l'enfant dont nous sommes les parrains, n'est pas seulement né viable : il est plein de force et d'avenir.

Aussi, mon cher président, et pour revenir à la question romaine, quel que soit, d'ailleurs, en Italie, le langage de certains journaux et de certains orateurs, ne craignez à cet égard aucune difficulté sérieuse de la part des Italiens. Dans le bonheur inouï qu'ils éprouvent à former un peuple, dans cette joie immense qui déborde ici de toutes les âmes devant la réalisation inespérée de ce rêve de cinq siècles, ils sont disposés à sacrifier toutes les choses accessoires à la chose principale. Comme ils comprennent surtout admirablement que leur destinée est liée à la nôtre; que toute cause d'affaiblissement pour nous serait une menace pour eux; que, sans notre appui, pendant longtemps encore leur nationalité pourrait être compromise, ils se résigneront à tout plutôt que de nous causer aucun embarras. Tel est leur sentiment sur la solidarité absolue des intérêts qui nous lient, que si demain l'Empereur et la France étaient menacés, vous les verriez se lever en masse pour se ranger à nos côtés. Ne craignez donc rien pour Rome de la part des Italiens : ils respecteront la convention aussi bien dans son esprit que dans sa lettre. Quoi qu'on puisse penser de leur bonne foi sur cette question, je suis certain qu'ils ont déjà renoncé à Rome, à la seule réserve d'une espérance que, du reste, ils ne cachent pas. Cette espérance, c'est que l'incapacité du gouvernement pontifical pour administrer Rome et les États du Saint-Siége sera telle, qu'après des efforts infructueux, nous finirons nous-mêmes par abandonner cette œuvre impossible. En cela je crois qu'ils se trompent, et que, quelque difficile que soit le problème à résoudre, nous en viendrons à bout.

Je commence par reconnaître qu'au temps où nous vivons, l'exercice de la souveraineté politique entre les mains d'un prêtre est très-difficile, sinon impossible, tandis qu'à l'époque où ce genre de souveraineté fut établi, il était naturel et fonctionnait aisément. Sous le régime féodal, en effet, toute souveraineté ecclésiastique ou laïque n'était en réalité qu'une suzeraineté. La société européenne était alors formée de deux éléments distincts, les communes et les fiefs. Les communes s'administraient, s'imposaient et se régissaient elles-mêmes en toutes choses, à la condition de rendre foi et hommage au suzerain, de lui payer la dîme et de pourvoir, par des impositions plus ou moins volontaires, aux nécessités imprévues de l'État. Les fiefs, de leur côté, étaient administrés civilement, militairement et judiciairement par les seigneurs, qui étaient dispensés de concourir aux charges pécuniaires, mais à la condition de fournir gratuitement au suzerain le service militaire sous la forme du ban et de l'arrière-ban : de sorte que la force civile des États étant représentée par l'argent des communes, et la force militaire par les contingents des fiefs, le prince suzerain, quelle que fût sa qualité ecclésiastique ou laïque, pouvait être tout à la fois et très-riche et très-puissant, sans avoir à se mêler de l'administration de son État. Grâce à ce mécanisme si simple du régime féodal, les fonctions du sacerdoce s'alliaient sans peine aux obligations de la puissance publique. En effet, il y avait alors sur la surface de l'Europe un grand nombre de souverainetés ecclésiastiques, des archevêchés, des évêchés, et même des abbayes souveraines, où ce genre de gouvernement fonctionnait sans difficultés sérieuses.

Mais, quand le régime féodal, disparaissant peu à

peu par l'introduction dans les divers États de l'Europe du système des armées permanentes, eut fait place aux gouvernements monarchiques proprement dits; quand les princes, prenant peu à peu le caractère de la souveraineté à la place de la simple suzeraineté, furent obligés de connaître de tous les détails de l'administration politique, civile, militaire, judiciaire, financière, des communes et des fiefs fondus peu à peu dans l'État, alors l'esprit public commença à être frappé de l'incompatibilité entre le sacerdoce et les fonctions du gouvernement. Ce qui s'était trouvé caché jusque-là dans l'ensemble des faits, se révélait peu à peu par le détail. Les peuples étaient frappés de voir des prêtres d'une religion dont le royaume n'est pas de ce monde, mêlés à tous les intérêts, à toutes les passions de ce monde, les gouvernant, les dirigeant; et ce spectacle choquant chaque jour davantage les esprits, il arriva que de proche en proche, sous l'empire de l'opinion, toutes les souverainetés ecclésiastiques disparurent de l'Europe. Seul, par le prestige supérieur de sa situation, le Pape survécut quelque temps à la déchéance universelle des souverainetés ecclésiastiques; mais bientôt il sentit à son tour s'ébranler sous ses pieds le terrain jadis si solide de ses prédécesseurs. On vit avec étonnement le Souverain Pontife obligé de recourir à des forces étrangères pour tenir ses sujets sous l'obéissance; pour obtenir une sécurité artificielle, le chef des Guelfes était réduit à se faire Gibelin; celui qui avait été si longtemps le protecteur de l'Italie contre les Césars germaniques, livrait l'Italie à ses ennemis et la condamnait à l'asservissement.

Or, il était évident que du jour où l'Autriche cesserait de dominer l'Italie, les causes inhérentes à la civilisation moderne rendraient impossible le pouvoir temporel du

Pape dans ses États. Je suis bien convaincu, en effet, que s'il s'agissait de maintenir aujourd'hui sous l'obéissance du Pape les États de l'Église dans les limites qu'ils avaient avant la guerre, le problème serait insoluble.

Sous ce rapport, on peut considérer comme vraiment providentiels les événements qui, en enlevant au Saint-Siége ses provinces orientales, ont rendu possible tout à la fois le maintien du pouvoir temporel à Rome et l'unité de l'Italie. Pour l'Italie, il est clair que sans la Romagne, les Marches et l'Ombrie, le royaume d'Italie était impossible. Quant au Saint-Père, en réservant toutefois la question financière, la privation de ces provinces n'est pour lui qu'une perte illusoire. Ce n'est pas l'étendue de ses États qui fait son importance dans le monde. S'il conserve parmi les rois de l'Europe le caractère auguste de la souveraineté, s'il conserve son pouvoir temporel à Rome, indépendant, maître chez lui, et doté de ressources suffisantes à l'éclat du trône pontifical, le chef spirituel de tous les catholiques de l'univers reste assurément aussi grand, aussi puissant, aussi respectable aux yeux des peuples qu'avant la perte des trois provinces; et l'on peut même dire que sa puissance grandit de toutes les difficultés politiques dont cette perte le débarrasse.

Faut-il, d'ailleurs, tant s'indigner, l'histoire à la main, des événements qui ont fait perdre ces provinces au Saint-Siége? A-t-on oublié de quelle manière elles y avaient été réunies; par quelles séries de crimes et de perfidies César Borgia s'empara de la Romagne; comment Jules II la confisqua sur Borgia, au profit de l'Église; comment Léon X surprit Ancône, et Jules II Pérouse? Évidemment, les populations italiennes conspiraient au seizième siècle en faveur du Saint-Siége, puisqu'il suffisait que les princes disparussent pour que les peuples fussent réunis aux États de l'Église. Il ne faut donc voir dans ces événements que des mouvements d'opinion, les populations italiennes tantôt se prêtant, tantôt se refusant à la domination du Saint-Siége. La seule différence est dans le caractère des événements, et il faut reconnaître qu'elle est tout à l'avantage du temps présent, car aucun crime n'a souillé la révolution italienne.

Quoi qu'il en soit, il s'agit aujourd'hui de maintenir le pouvoir temporel du Pape dans le domaine de Saint-Pierre. L'œuvre est sans doute difficile; mais, grâce à l'exiguité du territoire qui lui reste, je crois possible de concilier des intérêts en apparence inconciliables. D'abord, avant de songer à résoudre le problème, il ne faut pas s'abuser sur la situation de Rome. Elle est telle que, si demain nos troupes évacuaient les États de l'Église, la révolution s'y ferait le jour même. Toute la population réunie, noblesse, bourgeoisie, peuple, se lèverait comme un seul homme pour mettre fin au gouvernement pontifical. Dans cette révolution, depuis longtemps décidée dans les esprits et arrêtée d'avance dans ses détails principaux, on ne verrait ni émeutes, ni troubles, ni désordres, car il n'y aurait aucune résistance. Et cependant, chose remarquable, toute cette population aime, honore, vénère le Saint-Père. Elle est religieuse et fière des grandeurs catholiques dont Rome est le centre; elle s'intéresse passionnément aux cérémonies de Saint-Pierre, et ne renoncerait qu'avec peine aux splendeurs de la papauté.

Comment expliquer une pareille contradiction? Rien de plus simple. Ce n'est pas seulement parce que l'esprit du gouvernement sacerdotal est contraire aux intérêts de la civilisation moderne, parce que l'intervention du prêtre, au nom de la religion, dans toutes les choses de la vie civile, blesse la liberté et la dignité du citoyen, et que des pratiques de police inouïes ont fini par rendre intolérable le gouvernement sacerdotal à Rome; une autre cause tout aussi puissante s'ajoute à la première pour en exalter les effets : c'est que Rome participe, comme toute l'Italie, à ce mouvement prodigieux qui entraîne tout un peuple vers de nouvelles destinées; qu'elle vit de la vie de l'Italie; que tout ce qui arrive d'heureux ou de malheureux à l'unité italienne retentit ici dans tous les cœurs comme à Turin, à Bologne, à Florence et à Naples; et que, pendant qu'à chaque nouveau succès de la cause italienne, le gouvernement du Pape s'afflige et s'inquiète, la population de Rome tout entière se félicite et applaudit. Assurément, jamais on ne vit divorce plus complet entre un peuple et son gouvernement.

Malgré tout, la réconciliation peut encore se faire. Que dis-je? Elle doit se faire, elle se fera d'une manière ou d'une autre. Voici comment je la comprends.

Et d'abord, Rome doit être prévenue d'une manière claire et catégorique que des intérêts d'un ordre supérieur ne permettent pas à l'Europe catholique de consentir à sa réunion avec l'Italie. La population romaine, qui est, du reste, très-douce de mœurs et remarquablement intelligente, n'en sera pas étonnée : elle en a déjà le sentiment. Mais, comme elle est italienne dans l'âme, en même temps qu'elle a les griefs les plus sérieux contre son gouvernement, il faut nécessairement que, d'une part, la cause de ses griefs disparaisse, et que, de l'autre, elle soit rattachée à l'Italie par un lien capable de satisfaire aux intérêts et aux affections de cette popula-

tion. Or, l'idée qui m'a paru pouvoir être acceptée avec
le plus de faveur à Rome, c'est que les sujets du Pape
soient considérés comme Italiens ; que, tout en conservant
leur qualité de citoyens romains, ils puissent servir en
Italie, entrer dans toutes les carrières civiles et militaires, circuler librement et sans entraves de douanes et
de police, comme de véritables Italiens ; enfin, que Rome,
sous le gouvernement pontifical, soit comme un terrain
neutre, un asile sacré au milieu de la patrie commune,
où les deux sentiments, la vénération pour le Saint-Père
et l'amour pour l'Italie, se confondent dans une aspiration commune.

A ce prix, et si mes impressions ne me trompent pas
étrangement, les Romains accepteront sans regret la
décision de l'Europe catholique. Comme, d'une part, les
États actuels de l'Église jouissent d'institutions municipales très-libérales ; qu'il suffit d'en laisser le libre
exercice aux habitants qui y sont depuis longtemps
accoutumés, pour décharger le Saint-Père d'une foule
de difficultés locales ; que, d'autre part, la population
romaine, où dominent des éléments conservateurs considérables, des classes riches, des familles illustres et
libérales, est très-paisible, très-amie de l'ordre, il n'est
pas nécessaire d'avoir une nombreuse armée pour comprimer les éléments de désordre qui pourraient se glisser
dans cette population. Aujourd'hui, l'armée pontificale,
quoique composée de huit mille hommes de bonnes
troupes et parfaitement organisées, ne saurait maintenir la tranquillité sans le concours de la division française, parce que, dans l'état actuel, il s'agit de contenir
la population tout entière, c'est-à-dire aussi bien les
éléments conservateurs que les autres. Mais, quand elle
n'aura plus à comprimer que les hommes de désordre,

et avec l'appui, au contraire, de tous les partisans de
l'ordre qui forment l'immense majorité de la population, son effectif sera bien près d'être suffisant. En
l'augmentant de quelques milliers d'hommes choisis, elle
se trouvera à la hauteur de toutes les exigences. J'ai
donc l'intime conviction que, le jour où l'on aura donné
à Rome la satisfaction qu'elle réclame, l'on pourra y
maintenir l'ordre et la tranquillité aussi facilement qu'à
Naples. Que le gouvernement pontifical se réconcilie
avec l'Italie, et le trône de saint Pierre sera aussi solidement assis qu'aucun trône de l'univers.

Assurément, ces idées sont bien simples, et il ne faut
pas une grande intelligence politique pour les comprendre. Je les ai exposées au cardinal Antonelli, qui
est certainement un esprit remarquable, et à d'autres
personnages éminents de l'Église; et il ne m'a pas paru
qu'elles aient rencontré, en principe, une opposition
sérieuse de leur part. Mais il ne faut juger de la cour
pontificale par rien de ce qui se dit dans les conversa-
tions, parce que ceux qui peuvent et osent parler sont
eux-mêmes sous la domination du parti qui domine à
Rome, et que ce parti ne comprend rien, n'entend rien,
ne veut rien que ce qui flatte ses passions. C'est qu'il ne
s'agit pas pour les hommes de ce parti de la sécurité du
Pape, mais du rêve de domination universelle qui emporte ces esprits obstinés vers l'abîme. Comme ces
malades désespérés qui, jusqu'au moment fatal, font les
plus beaux projets d'avenir, c'est quand tout craque et
tout croule autour d'eux qu'ils caressent les plus grandes
chimères. Si j'avais pu me faire illusion sur leurs dispositions véritables, j'en aurais été bien vite averti par
leur affectation en me parlant de l'Empereur. « C'est
» en lui, » me disaient-ils tous, « c'est en lui seul que nous

» mettons notre confiance. Il nous a protégés jusqu'ici,
» il saura bien trouver les moyens de nous sauver. » C'est-
à-dire, en bon français, nous ne ferons rien, et c'est
la France qui sera responsable de tout. Ainsi, ne se
prêter à aucune transaction, ne rien faire, dans l'espérance qu'effrayés nous-mêmes des conséquences de leur
aveuglement nous renoncerons à exécuter la convention, ou que, le dénoûment fatal arrivant, le Pape
paraîtra à l'univers entier non plus la victime de leur
obstination, mais la victime des intrigues de l'Italie, et
nous les complices de ces intrigues : voilà la pensée intime de ce parti.

Pour moi, mon cher président, je ne leur ai pas caché
la vérité. Je la leur ai fait connaître dans toute sa cru-
dité. « Je crains bien pour vous, » leur ai-je dit, « que
» vous ne vous fassiez d'étranges illusions. Vous pensez
» probablement qu'en ne vous occupant de rien, ne pré-
» parant rien et ne consentant à rien, vous nous mettrez
» dans de graves embarras; qu'effrayés de la perspective
» du départ du Pape, nous finirons par renoncer à l'exé-
» cution de la convention; peut-être même vous ima-
» ginez-vous, comme plusieurs d'entre vous ne craignent
» pas de le dire tout haut, que le trouble causé par le
» départ du Pape ébranlera en France les pouvoirs pu-
» blics. Détrompez-vous. Jamais plus vaine illusion n'a
» traversé la cervelle des hommes. Si vous voulez faire la
» folie de faire partir le Pape, faites-la. Vous serez bien
» coupables de mettre ce vénérable pontife dans l'obliga-
» tion de recommencer, à son âge, un nouvel exil; mais,
» comme vous aurez prouvé par là que vous ne voulez,
» ne savez ou ne pouvez rien faire par vous-mêmes, on
» se passera de vous pour arranger à Rome les affaires de
» la papauté; et ce sera peut-être le meilleur moyen de

» résoudre le problème. Et, en effet, une fois que vous
» serez partis, voici, suivant moi, comment les choses
» se passeront inévitablement. Rien ne sera plus facile que
» d'organiser Rome suivant l'ordre d'idées qui doit con-
» cilier l'intérêt du Saint-Siége avec les sentiments italiens
» de la population. D'accord avec les puissances catho-
» liques et avec l'Italie elle-même, nous établirons à
» Rome un gouvernement provisoire pour administrer les
» États de l'Église au nom du Pape et y faire en son
» absence les réformes et les arrangements nécessaires.
» Sous ce gouvernement, qui réunira toutes les sympa-
» thies de Rome et de l'Italie, l'ordre ne sera pas un
» instant troublé. Comme à Naples et à Florence, l'esprit
» conservateur de la population dominera sans peine les
» éléments de désordre. Que nos troupes soient encore
» ou ne soient plus à Rome, nous saurons prendre, au
» besoin, les dispositions nécessaires pour y assurer la
» tranquillité; et la ville éternelle attendra paisiblement
» le jour où il plaira au Saint-Père de venir reprendre au
» siége de la papauté le trône de ses prédécesseurs, dé-
» barrassé de toutes les causes qui en compromettaient la
» sécurité.

» Quant à la France, elle assistera avec la plus grande
» tranquillité et au départ du Pape et à ses suites. Les
» efforts que vous ferez pour agiter le clergé français et,
» par le clergé, le pays, seront aussi vains que ceux que
» vous avez tentés aux dernières élections. Vous aviez
» cependant alors un excellent prétexte de défiance à
» fournir au clergé : c'était la présence au ministère de
» l'intérieur, pour diriger les élections, de l'homme même
» qui venait de frapper la société de Saint-Vincent de
» Paul. Vous vous faisiez les plus grandes illusions. En
» secondant de Rome les divers éléments d'opposition

» fournis par les anciens partis, vous ne doutiez pas du
» succès. Mais, si vous aviez mieux connu la France, vous
» auriez su que partout où le clergé, oubliant ses devoirs,
» se mêle aux luttes politiques, il produit sur l'opinion
» l'effet contraire à ses intentions; que là où le prêtre sort
» de son rôle de paix et de charité, il ne fait qu'irriter les
» esprits contre lui. Vous vous rappelez le résultat : il fut
» si contraire à vos espérances, et l'impuissance de la
» partie du clergé qui s'était mêlée aux élections fut si
» complète, que le Gouvernement jugea prudent de ne
» pas en livrer les détails à la publicité. C'eût été cepen-
» dant vous rendre un grand service que de vous éclairer
» sur l'état de la France et sur le degré d'influence du
» clergé en matières politiques ; mais il n'aurait pas été
» juste de blesser la dignité d'un corps si respectable, en
» le rendant responsable des fautes que vous lui aviez fait
» commettre.

    » Pensez-y sérieusement. A force de vouloir dominer
» le clergé français et d'opposer ses devoirs envers l'Église
» à ses devoirs envers l'État, à force de peser sur les évé-
» ques pour qu'ils pèsent à leur tour sur les curés, prenez
» garde de tendre tellement la corde qu'elle ne finisse
» par se rompre. Déjà, les hommes les plus éminents du
» clergé français vous ont fait entendre de graves aver-
» tissements. Mais, si vous faites la faute de pousser les
» choses aux dernières extrémités ; si, au lieu de vous
» entendre avec l'Italie, vous forcez le Pape à un nouvel
» exil, soyez certains que le clergé français ne vous suivra
» pas dans cette aventure, et que le jour où vous quitterez
» Rome sera le dernier de l'ultramontanisme en France. »

    Vous voyez, mon cher président, que je n'ai pas dis-
simulé mes impressions, à Rome. En offrant mes hommages au Pape, en contemplant les traits vénérables du

saint pontife, dont il est impossible d'approcher sans
éprouver les plus tendres et les plus respectueuses sympathies, je me suis senti ému des périls dont il est entouré. Plus il me paraissait facile d'assurer sa sécurité,
plus je déplorais l'aveuglement de ceux qui peuvent
la compromettre : voilà pourquoi j'ai essayé de faire
pénétrer la vérité dans ses conseils. Ce n'est pas que je
me sois flatté de convaincre ces esprits prévenus et obstinés, car je sais qu'on ne triomphe pas des préjugés par
des raisonnements. Mais si mes paroles ont dû glisser sur
leur esprit sans y laisser de traces, je sais, mon cher
président, qu'en livrant ces paroles à la publicité, elles
auront leurs conséquences inévitables. Une fois démas-
quées, toutes les intrigues qui, dans le but de nuire à la
France, devaient compromettre le Pape, vont cesser
d'avoir leur effet. Une fois posée devant l'opinion, la
question se résoudra d'elle-même. Qu'importe ce qu'on
fasse à Rome, que le Pape parte ou reste, la solution est
infaillible. La papauté sera maintenue à Rome dans sa
dignité, dans son indépendance et dans son pouvoir
temporel; elle sera enfin reconciliée avec l'Italie, et le
grand problème sera résolu.

Mais, en attendant ce résultat, que va faire, à la lec-
ture de cette lettre, le parti anti-français à Rome? Naturellement il commencera par s'irriter de ma franchise;
puis il se dira que je ne représente après tout qu'une
opinion individuelle, et il aura raison. Il se rattachera
ensuite, comme d'habitude, à des bribes d'espérance.
Il pensera que pour un homme d'État qui a de la résolution, il y en a beaucoup qui n'en ont pas; qu'avant de
se décider à l'exécution de la convention, le Gouvernement français se laissera peut-être circonvenir. Mais à
mesure qu'on approchera de l'événement, il faudra bien

voir la situation telle qu'elle est. Or soyez certain, mon
cher président, que quand on saura à Rome à quel point
les hommes dévoués à l'Empire s'inquiètent peu des
éventualités qu'on croit ici si dangereuses pour l'Empire,
la question sera aux trois quarts résolue; et voici ce qui
achèvera le reste.

Si le Pape se croyait obligé de quitter Rome, ce serait
pour ce vénérable vieillard une bien cruelle épreuve;
mais enfin il ne manquerait ni de palais, ni de serviteurs,
ni de ressources en aucun genre. Toutes les puissances
catholiques se mettraient à sa disposition. Mais les cardinaux, ces hommes éminents, eux aussi, presque tous
âgés, leur offrirait-on des asiles convenables? Probablement; mais leur déplacement n'en serait pas moins douloureux. Et puis tout ce vaste personnel de plusieurs
milliers de fonctionnaires, ecclésiastiques ou laïques,
cette foule d'évêques, de diacres, sous-diacres, monsignori, auditeurs de rote, etc., que deviendraient-ils? où
iraient-ils? Quel trouble, quel embarras dans cette immense pérégrination! Et pourquoi toute cette mise en
scène? Pour faire croire au monde que le Pape est per-
sécuté par la France, et pour arriver en définitive au
même résultat, au Pape souverain à Rome! Non, nous
n'assisterons pas, je l'espère, à cette grande perturbation. Selon toutes les probabilités, après qu'on aura
essayé de tous les moyens pour chercher à éviter l'inévitable exécution de la convention, on deviendra tout à
coup raisonnable, et nous apprendrons un beau matin
que la cour de Rome s'est entendue avec l'Italie.

Vous vous rappelez, mon cher président, les passions
que la question romaine, à son début, souleva dans les
grands corps de l'État. Deux partis ardents se trouvaient
en présence. L'un ne voyait en Italie qu'une question

politique, l'autre, qu'une question religieuse; le premier
s'intéressait à l'Italie sans s'inquiéter de Rome, le second
s'inquiétait de Rome sans penser à l'Italie; celui-ci pous-
sait l'Italie au démembrement, et celui-là la lançait sur
Rome. Seul, l'Empereur, dominant le débat de sa haute
raison, comprit qu'il y avait là deux questions à concilier et non à opposer l'une à l'autre; et en prononçant
cette grande parole, qu'il ne sacrifierait ni l'Italie au
Pape, ni le Pape à l'Italie, il dénoua le nœud gordien
qu'on ne pouvait trancher sans blesser des intérêts de
premier ordre.

Eh bien! nous sommes à la veille de voir la réalisation de cette grande parole. Bientôt, à côté de l'Italie
unie, libre et indépendante, la papauté réconciliée avec
le nouveau royaume, montrera ce spectacle si désiré du
Pape maintenu dans son indépendance, dans sa dignité,
dans sa souveraineté, et, sans l'humiliation d'être gardé
par une armée étrangère, régnant sur une population
satisfaite et dévouée. Bientôt, en un mot, l'un des plus
graves problèmes de notre époque sera résolu; et alors
il n'y aura pas assez de louanges et d'hommages pour le
grand prince qui, calme, inébranlable au milieu de tant
de passions, aura accompli toutes ces choses à la gloire
de la France.

Maintenant, mon cher président, laissez-moi vous
dire qu'en vous adressant le résultat de mes observations
et de mes réflexions sur ce sujet, j'ai voulu rendre hommage à l'esprit élevé, au caractère noble et pur dont la
présence à la tête du premier corps de l'État est un honneur pour le Gouvernement de l'Empereur.

II

ADMINISTRATION

CIRCULAIRE.

ENVOI DE RENSEIGNEMENTS SUR TOUTES LES MATIÈRES QUI DÉPENDENT DE LA DIRECTION GÉNÉRALE DE L'ADMINISTRATION INTÉRIEURE.

Paris, le 25 janvier 1854.

Monsieur le préfet, aujourd'hui chaque préfet, renfermé, pour ainsi dire, dans le cercle de son département, se trouve nécessairement un peu étranger à l'administration des autres circonscriptions départementales.

Celles de mes décisions qui ne vous concernent pas particulièrement, les actes administratifs, les essais heureux ou malheureux de vos collègues, ne parviennent que rarement jusqu'à vous.

Cependant, j'en suis convaincu, dans l'étude des décisions spéciales rendues par mon administration, dans la connaissance des faits qui se produisent en dehors de vous, dans l'examen des efforts tentés par vos collègues et des obstacles qu'ils ont rencontrés, vous auriez à puiser d'utiles renseignements et de précieuses lumières.

L'administration centrale a seule la mission et le pouvoir d'établir ce lien commun, de former, au profit de tous, une sorte de faisceau de toutes les expériences.

En conséquence, j'ai décidé que désormais vous recevrez communication des actes de l'administration centrale, de ceux de vos collègues, et même de ceux qui émaneraient de toute autre source, lorsqu'il me paraîtra que vous devez en retirer quelque utilité.

Je n'ai pas besoin de vous dire que si vous devez vous conformer à celles de mes décisions qui établissent des règles générales, vous pouvez considérer les autres parties de ces communications comme de simples renseignements qui n'ont pas d'autre objet que d'éclairer votre marche et d'aider votre travail.

Il est bien entendu que vous restez parfaitement libre d'en faire l'usage que vous jugerez à propos; telle mesure qui peut être utile sur un point du territoire, peut ne pas l'être sur un autre. Vous êtes responsable de l'administration de votre département, et, par conséquent, libre appréciateur de la conduite que vous avez à tenir.

Recevez, etc.

RAPPORT.

INSTITUTION DES CONSEILLERS DE PRÉFECTURE HONORAIRES[1].

Sire, par son décret du 6 juillet 1810, sur l'organi-

[1] Le décret qui suit ce rapport est du 15 mars 1854. — Pendant son premier ministère, M. de Persigny s'est préoccupé tout particulièrement d'améliorer la situation des préfets, des sous-préfets, des secrétaires généraux et des conseillers de préfecture. Leur traitement a été porté au chiffre actuel; ils peuvent être élevés de classe sur place, et l'ameublement des sous-préfectures est à la charge des départements.

sation et le service des cours impériales, l'Empereur Napoléon 1er s'était réservé le droit d'accorder le titre de président ou de conseiller honoraire aux magistrats *qui auraient bien mérité dans l'exercice de leurs fonctions.*

J'ai l'honneur de proposer à Votre Majesté d'étendre cette institution bienveillante aux conseillers de préfecture que l'âge ou les infirmités forcent à prendre leur retraite.

A la fin d'une carrière honorablement accomplie, ces magistrats de l'ordre administratif ne peuvent prétendre qu'à une bien modique pension, et j'ai souvent regretté que le Gouvernement n'eût pas les moyens d'accorder une récompense exceptionnelle à ceux d'entre eux qui se seraient plus particulièrement distingués par de longs et éminents services.

La proposition que j'ai l'honneur de soumettre à Votre Majesté aurait encore l'avantage de perpétuer, dans cette partie de l'administration, les traditions de science, d'honneur et de loyauté, en créant une sorte de lien moral entre les anciens et les nouveaux membres des conseils de préfecture. Si ces vues obtiennent l'assentiment de Votre Majesté, je la prie de vouloir bien revêtir de sa signature le projet de décret ci-joint.

Je suis, etc.

RAPPORT.

TRAITEMENT DE NON-ACTIVITÉ POUR LES PRÉFETS ET LES SOUS-PRÉFETS [1].

Sire, aux termes de la loi du 22 août 1790, et du

[1] Le décret rendu à la suite de ce rapport est du 27 mars 1854.

décret réglementaire du 13 septembre 1806, le droit à
la pension n'est acquis qu'aux préfets et sous-préfets
qui comptent soixante ans d'âge et trente ans de services effectifs, ou peuvent justifier d'infirmités contrac-
tées pendant le temps de leur activité.

Cependant, un très-petit nombre de ces magistrats
peuvent remplir ces conditions. Essentiellement soumis aux exigences politiques, ils atteignent rarement, dans leurs fonctions, le terme de trente années; et, d'autre part, les pensions exceptionnelles,
pour cause d'infirmités, n'ont guère été jusqu'à ce
jour que des mesures par lesquelles la bienveillance de
l'administration tempérait la sévérité d'une règle trop
absolue.

Mais le Gouvernement est souvent obligé de remplacer
temporairement ou définitivement des fonctionnaires
qui ne répondent pas aux nécessités de leur position, et
ne réunissent pas cependant les conditions voulues pour
obtenir une pension de retraite. Il se trouve donc ainsi
placé dans l'alternative, ou de sacrifier l'intérêt du service, ou de traiter ces fonctionnaires avec une rigueur
imméritée.

J'ai pensé, Sire, que, par analogie avec les dispositions qui régissent d'autres branches de l'administration,
telles que la guerre, les affaires étrangères, les ponts et
chaussées et l'instruction publique, on pourrait établir,
pour les préfets et sous-préfets que Votre Majesté en
jugerait dignes, une situation de non-activité, à laquelle
serait attaché un traitement temporaire.

Ceux de ces fonctionnaires qui seraient placés dans
cette catégorie recevraient une allocation, pendant un
temps qui ne pourrait excéder six ans. Elle serait de
8,000 francs pour les préfets de première classe, de

6,000 francs pour les autres, de 3,000 et 2,400 francs pour les sous-préfets.

Si Votre Majesté daigne accueillir mes propositions, je la prie de vouloir bien donner son approbation au projet de décret ci-joint.

Je suis, etc.

RAPPORT.

DÉCENTRALISATION ADMINISTRATIVE [1].

Sire, depuis le jour où le suffrage populaire a remis entre vos mains les destinées de la France, l'administration des affaires publiques a été une préoccupation constante de Votre Majesté. Il lui a semblé qu'Elle devait à la fois maintenir, dans l'organisation des pouvoirs, cette forte unité qui est une des gloires de l'Empire, et répondre au vœu des populations en appliquant ce grand principe que, si on peut gouverner de loin, on n'administre bien que de près. Cette pensée féconde a inspiré le décret du 25 mars 1852, et, pour la première fois, la décentralisation si souvent réclamée, si vainement promise, est devenue une réalité[2]. Les préfets ont

---

[1] Les mesures de décentralisation indiquées dans ce rapport sont un complément du décret du 25 mars 1852, rendu sur la proposition de M. le comte de Persigny. — Le décret provoqué par le rapport ci-dessus est du 13 avril 1861.

[2] Voici les considérants qui précédent ce décret :

« Considérant que, depuis la chute de l'Empire, des abus et des exagérations de tout genre ont dénaturé le principe de notre centralisation administrative, en substituant à l'action prompte des autorités locales les lentes formalités de l'administration centrale ;

» Considérant qu'on peut gouverner de loin, mais qu'on n'administre

reçu à cette époque des attributions qui appartenaient aux ministres; la marche des affaires a été accélérée, leur instruction simplifiée, et, dans des cas nombreux, l'action prompte des autorités locales a été substituée aux lentes procédures de l'administration centrale.

C'était un progrès considérable : dix années d'expérience prouvent que la mesure était bonne; qu'elle a porté ses fruits, et qu'on peut, en toute sécurité, persévérer dans la voie ouverte par Votre Majesté. Je crois le moment venu de prendre la question dans les termes où la posait un rapport que j'avais l'honneur de soumettre à l'Empereur au mois de juin 1854 :

« Lorsque, après un certain temps, l'esprit d'initiative » et l'habitude d'une exacte application des lois se seront » fortifiés dans les préfectures, il conviendra d'étendre la » nomenclature des objets décentralisés, ou du moins de » réduire le contrôle des ministres ; peut-être même ces » deux progrès pourront-ils s'effectuer à la fois, car le but » marqué par le décret du 25 mars 1852 est d'investir le » plus possible les préfets de l'administration des localités, » pour rendre plus rapide l'action du pouvoir de tutelle » sur la gestion des affaires départementales et com- » munales. »

Il importait d'examiner avec soin dans quelles limites peut être développé le principe de la décentralisation et à quels objets il doit encore s'appliquer. Plusieurs préfets appréciant, pour le Gouvernement et pour leurs administrés, les avantages d'une mesure qui, renfermée dans de justes limites, profite à leur influence comme à

bien que de près ; qu'en conséquence, autant il importe de centraliser l'action gouvernementale, autant il est nécessaire de décentraliser l'action purement administrative ; etc. »

l'expédition des affaires, ont réclamé trois choses qui m'ont paru inadmissibles :

1° La faculté d'autoriser les impositions extraordinaires pour dépenses facultatives pendant cinq années, et jusqu'à concurrence de vingt centimes additionnels;

2° La décision des affaires de dons et legs, lorsque, même en l'absence de toute réclamation des familles, elles nécessitent l'intervention du pouvoir central par suite de leur connexité, c'est-à-dire de leur caractère à la fois communal, religieux ou charitable.

3° L'approbation des marchés de gré à gré jusqu'à 20,000 francs, au lieu de 3,000 francs.

Le vœu formel du conseil d'État, basé sur des considérations décisives, ne permet pas d'accueillir ces propositions.

En ce qui concerne les impositions comme les emprunts, il faut en effet éviter deux dangers : le premier, celui de toucher trop facilement à l'impôt, dont l'assiette et le recouvrement peuvent affecter d'une manière sérieuse la richesse générale et l'intérêt du Trésor ; le second, celui de ne pas tenir suffisamment compte de la situation des communes, de ne pouvoir résister aux influences locales et à un grand nombre de demandes qui sembleraient presque toujours justifiées par les besoins qu'elles invoquent, s'il ne fallait aussi détourner les yeux des nécessités du moment pour les reporter sur les exigences de l'avenir. Tout se tient dans une question de cette nature, et l'état financier des communes se lie étroitement à la fortune du pays. On ne saurait donc soumettre les affaires dont il s'agit à un examen trop scrupuleux, au risque même de ralentir un peu l'élan des meilleures intentions.

C'est encore une raison de gouvernement qui exige

que la décision des affaires connexes en matière de dons
et legs soit réservée au pouvoir central. Quand un legs
est fait en même temps à une commune ou à une institution de charité et à un établissement religieux, de
graves intérêts sont souvent engagés à côté de questions
toujours délicates, auxquelles se trouvent mêlées la politique et la religion. Lorsqu'on lui demande d'autoriser
l'extension de la propriété de mainmorte, l'État ne peut
pas abdiquer, ne doit pas même déléguer ce droit de
contrôle dont l'ancienne royauté se montra toujours si
justement jalouse.

Quant à l'approbation des marchés de gré à gré, jusqu'à concurrence de 20,000 francs, elle ne semblerait
nullement s'inspirer des vues de Votre Majesté. Toutes
les affaires doivent être traitées au grand jour, surtout
quand il s'agit de travaux et de fournitures. Toutes les
entreprises doivent être adjugées sous les yeux des populations et sous l'aiguillon de la liberté des enchères.
Publicité et concurrence, voilà, malgré des assertions
contraires, les meilleures règles en pareille matière, et
je connais trop les intentions de Votre Majesté pour ne
pas être sûr à l'avance qu'Elle condamnerait toute
mesure qui aurait pour effet de restreindre dans son application le principe si tutélaire et si moral de l'adjudication. Il importe au plus haut degré que l'administration échappe, non seulement à l'abus, mais encore au
soupçon.

Mais, sans toucher à ces graves questions d'impôt, de
biens de mainmorte et d'adjudication, il m'a paru possible de développer encore l'œuvre commencée avec tant
de succès en 1852, de simplifier beaucoup l'instruction
de certaines affaires, d'abréger souvent les délais en
usage, de supprimer une foule d'écritures inutiles et de

formalités superflues, imaginées pour créer des garanties, et qui n'ont jamais causé que des embarras et des lenteurs. Dans cette pensée, je viens de dispenser les préfets d'adresser à mon ministère un grand nombre d'états justificatifs et de documents statistiques, et j'ai restreint, dans des délais déterminés, l'envoi de ceux qui ne pouvaient être complétement supprimés. Ce serait aussi, selon moi, une innovation conforme au vœu public que de rapprocher davantage l'administrateur des administrés, en déléguant certains pouvoirs secondaires des préfets aux sous-préfets. C'est ma conviction, et je suis heureux d'avoir pu la faire partager à mes collègues les ministres de l'agriculture, du commerce et des travaux publics, de l'instruction publique et des cultes, de la guerre et des finances. De concert avec eux, Sire, j'ai l'honneur de soumettre à votre signature un projet de décret dont les dispositions principales, empruntées au travail de la haute commission formée par Votre Majesté, peuvent se résumer brièvement.

Sur certains points, ce projet n'est que le complément du décret du 25 mars 1852, ou même le retour pur et simple à une partie de ses prescriptions altérées dans la pratique. Les nominations réservées aux préfets s'ajouteront à celles qui leur avaient été attribuées, et la liste des nouveaux objets décentralisés fera suite à chacun des tableaux annexés au décret de 1852. Sur d'autres points, le projet actuel est innové : ainsi, il transmet aux sous-préfets des attributions aujourd'hui exercées par les préfets. Le principe de cette délégation est de n'y comprendre que des décisions relatives, soit à des questions d'un intérêt minime, soit à des affaires plus importantes, mais dont les bases auront été arrêtées par les préfets, ou de l'appliquer seulement à des signatures

16.

très-nombreuses de pure forme. Tout ce qui se rattache à la direction politique et administrative, à la juridiction contentieuse, aux droits des préfets en matière de comptabilité, est formellement exclu de cette nomenclature ; et les sous-préfets n'exerceront les pouvoirs qui leur sont conférés que sous la surveillance incessante de leurs chefs hiérarchiques.

Tel est, en substance, le décret soumis à la sanction de Votre Majesté. Sans entrer ici dans de trop longs détails, je lui demanderai la permission d'insister sur trois dispositions qui suffiront pour mettre en relief la portée utile et les résultats pratiques des améliorations proposées.

Les affaires des grandes villes, instruites avec soin et signalées, d'ailleurs, à l'attention par leur importance même, subissent rarement des retards regrettables. Ce sont les intérêts des petites villes et des communes rurales, c'est-à-dire de la masse du pays, qui restent en souffrance. Dans la presque totalité des communes de l'Empire, les municipalités n'ont pas d'autres travaux publics à exécuter que la création de deux ou trois chemins vicinaux, l'érection d'une église, d'un presbytère, d'une salle d'asile et d'une école qui contient la mairie. Or, aujourd'hui, quand un maire a proposé et un conseil municipal voté la construction d'un presbytère, d'un asile ou d'une école, leur projet se formule, en général, par une quadruple demande d'approbations de plans et devis, de secours, d'impôt et d'emprunt, relevant, pour les deux premiers objets, du ministère de l'instruction publique, pour les deux derniers du ministère de l'intérieur, et ne pouvant recevoir sur aucun point sa solution définitive qu'à Paris. La complication des rouages et l'accumulation des formalités entraînent des ajournements prolongés. Ces lenteurs inexpliquées dans la marche des affaires qui les touchent le plus, découragent les administrations locales et mécontentent justement les populations. Dans le système du projet actuel, les préfets approuveront les plans et devis, ils distribueront même le plus souvent les secours de l'État dont la répartition intégrale était jusqu'à présent faite par le ministre. Désormais, si les ressources ordinaires suffisent pour payer la dépense, l'affaire sera terminée à la préfecture. S'il est nécessaire de recourir à l'impôt et à l'emprunt, elle continuera de subir l'examen du conseil d'État; mais cette assemblée statuant rapidement sur les demandes de cette nature, et le circuit du ministère de l'instruction publique et des cultes étant supprimé par la décision si libérale de mon collègue, les vœux et les besoins des communes obtiendront toujours prompte satisfaction. Que si maintenant Votre Majesté considère que cette réforme s'applique à plus de 36,000 communes, Elle pourra mesurer l'étendue du bienfait.

Les services du ministère des finances exigent le concours d'un nombre considérable d'employés dans les départements.

Il y a dix ans, tous ces agents, même ceux du grade le plus inférieur, étaient désignés par l'administration centrale. En 1852, la nomination des surnuméraires percepteurs des contributions directes fut confiée aux préfets. L'expérience, qui a pleinement justifié cette mesure, en conseille aujourd'hui l'extension. D'après le projet de décret ci-joint, les préfets seront chargés de nommer, d'une part, les surnuméraires contrôleurs et le tiers des percepteurs de la dernière classe, qui est la plus nombreuse; de l'autre, les surnuméraires des contributions indirectes. L'autorité préfectorale devra ainsi

donner son adhésion à l'entrée dans la carrière de tous
les employés de ces deux grandes administrations. Un
intérêt sérieux s'attache à cette innovation, dont le ministre des finances a bien voulu reconnaître toute l'importance, et qui remettra une juste part d'influence aux
préfets, mieux placés que personne pour apprécier la
moralité, les antécédents, les relations des candidats, en
un mot, les garanties de toute nature qu'ils doivent
offrir au Gouvernement.

Actuellement, les certificats destinés à établir la position de soutien de famille des militaires sous les dra-
peaux, les certificats d'indigence, de bonne vie et mœurs,
de vie, de libération du service militaire et une foule
d'autres pièces, sont délivrés par les maires et légalisés
par les sous-préfets, dont la signature elle-même est
soumise à la légalisation du préfet. Cette dernière for-
malité est évidemment sans objet : à l'avenir, elle sera
supprimée, et la signature du sous-préfet sera seule
exigée. Cette simple mesure, applicable à des documents
qui sont produits chaque année par centaines de mille,
sera accueillie avec reconnaissance, surtout par les habitants des campagnes, qui pourront désormais, sans être
astreints à des déplacements onéreux, sans recourir à
l'intervention éloignée des préfectures, fournir les justi-
fications et remplir les formalités que la loi leur impose.

Ces nouvelles mesures n'ont pas pour but de grandir
la situation des préfets, mais de servir l'intérêt des populations ; elles seraient incomplètes, elles pourraient même
devenir dangereuses sans le contrôle plus vigilant et plus
sévère de l'autorité supérieure. Si une réclamation, si
une plainte s'élève, il faut, non pas qu'elle soit toujours
accueillie, mais au moins qu'elle soit toujours écoutée et
qu'il y soit toujours répondu. C'est un devoir impérieux

de réprimer les abus de pouvoir, de protéger les intérêts privés, de rendre à chacun la justice qui est le premier besoin de tous. Voilà le rôle de l'administration centrale, qui, moins absorbée par le soin des détails, pouvant exercer plus activement sa haute surveillance, saura user avec fermeté du pouvoir nécessaire dont elle est armée.

Les préfets et les sous-préfets devront donc plus que jamais veiller à leurs actes ; entourés d'employés capables, laborieux et honnêtes, ils devront redoubler de soin dans l'examen et de célérité dans l'expédition des affaires. Leur responsabilité s'accroit, puisque leurs attributions s'étendent ; et le Gouvernement exigera d'eux autant de dévouement qu'il leur témoigne de confiance. Ils comprendront, j'en ai la certitude, que la vraie manière de servir l'Empereur, c'est de faire aimer son Gouvernement, en répandant sur tous les points du territoire les bienfaits d'une administration qui sache être à la fois féconde, rapide et bienveillante.

Je suis, etc.

CIRCULAIRE.

CONFÉRENCES RÉGIONALES DES PRÉFETS.

Paris, le 27 juin 1861.

Monsieur le préfet, plusieurs de vos collègues ont appelé mon attention sur les avantages que présenteraient des communications personnelles et orales entre les préfets des divers départements qui sont liés les uns aux autres par la similitude des intérêts et des habitudes. Ces conférences, renouvelées périodiquement et dont le caractère serait purement administratif, auraient un double but : elles permettraient aux préfets d'étudier en commun et de préparer, d'après des vues d'ensemble, les mesures d'utilité publique dont l'exécution importe également à leurs départements respectifs ; d'un autre côté, elles constitueraient une sorte d'enquête qui servirait à faire connaître au Gouvernement les besoins collectifs de chaque région, et qui aiderait à la réalisation des grandes pensées de l'Empereur sur tout ce qui touche au développement de la richesse et de l'activité nationales.

Ces idées m'ont paru dignes d'être prises en considération, et j'ai décidé que, plusieurs fois chaque année, et notamment avant la session des conseils généraux, les préfets des départements limitrophes seront appelés à se réunir. J'ai arrêté également que les observations échangées entre eux seront consignées dans des procès-verbaux dont une copie devra être adressée au ministre de l'intérieur. Vous serez ultérieurement informé de l'époque de ces conférences et des villes où elles auront lieu.

Recevez, etc.

RAPPORT

SUR LES CHEMINS VICINAUX.

Sire, je me conforme à l'usage établi, en vous exposant la situation annuelle du service vicinal, qui a reçu, sous le règne de Votre Majesté, une si active et si énergique impulsion.

Le budget de la vicinalité n'était que de 44 millions en 1837 ; il s'est élevé, en 1859, à 88,859,960 francs. Ce chiffre comprend 55,964,112 francs de contributions en argent, et 32,895,848 francs de prestations en nature, acquittées volontairement par les populations, qui travaillent avec empressement à l'ouverture des chemins, dont la création est le plus sûr élément de leur prospérité.

Les ressources sont considérables, mais l'entreprise est immense. Il ne s'agit de rien moins que de mettre et d'entretenir en état de viabilité 76,725 kilomètres de chemins de grande communication, 62,298 kilomètres de chemins d'intérêt commun et 425,820 kilomètres de chemins vicinaux ordinaires, c'est-à-dire un développement total de 564,843 kilomètres de voies publiques.

Sans entrer dans d'inutiles détails, je mets sous les yeux de Votre Majesté les chiffres qui résument les travaux de 1859 et font ressortir, d'une part, ce qui avait été fait antérieurement, et de l'autre, ce qui reste encore à exécuter.

(Suit l'état des travaux effectués en 1859.)

Parmi ces voies publiques, les lignes de grande vicinalité destinées, soit à relier les communes entre elles, soit à les rattacher aux routes impériales et départementales ou aux chemins de fer, sont sans contredit celles dont l'achèvement intéresse au plus haut degré l'agriculture et l'industrie.

Les chemins de grande communication actuellement classés, grâce aux ressources que la loi leur consacre, pourront être terminés dans une période de huit ans. La situation de cette partie du service est excellente, je suis heureux de la signaler à Votre Majesté.

Quant aux chemins d'intérêt commun, l'insuffisance

manifeste des sommes qui leur sont affectées ne permettra pas de les achever avant de longues années.

Quand on songe aux admirables résultats obtenus, à la richesse territoriale doublée par les chemins déjà ouverts, à la mise en valeur de tant de terres, de tant de produits, à l'essor et aux progrès si marqués de notre industrie agricole, combien ne regrette-t-on pas que les ressources fassent défaut pour mener à fin, sous un bref délai, les lignes commencées ! Mais ni les départements ni les communes, quoiqu'ils soient prêts à de grands sacrifices, ne sauraient suffire seuls à une pareille tâche. Cependant, aucune dépense ne serait plus utile, plus féconde et plus conforme aux vœux unanimes des conseils électifs et du corps législatif lui-même dans sa dernière session. Ce serait là, d'ailleurs, une des entreprises les plus considérables de notre époque, car on verrait s'achever en peu d'années environ 40,000 kilomètres de chemins de *grande* ou de *moyenne* communication, c'est-à-dire un réseau plus vaste que le parcours entier des routes impériales qui sillonnent le territoire, et dont l'étendue ne dépasse pas 36,000 kilomètres.

Cette œuvre terminée, Sire, il n'y aurait plus en France une seule commune qui n'eût sa grande voie de communication, et cet immense bienfait resterait, je ne crains pas de le dire, une des gloires les plus solides de votre règne, un de ses titres les plus populaires et les plus durables à la reconnaissance du pays [1].

Je suis, etc.

---

[1] La mesure décidée par l'Empereur, sur la proposition du ministre de l'intérieur, a été accueillie avec une reconnaissance profonde par les populations de l'Empire. Leurs sentiments à ce sujet ont été interprétés dans des adresses chaleureuses par tous les conseils généraux.

A la suite de ce rapport, l'Empereur a adressé au
ministre de l'intérieur la lettre suivante :

« Monsieur le ministre, j'ai lu avec intérêt le rap-
» port que vous m'avez adressé sur la situation du ser-
» vice des chemins vicinaux.

» Le vœu que vous exprimez répond trop à ma solli-
» citude en faveur de l'agriculture pour que je ne tienne
» pas à le voir promptement réalisé. Les communes
» rurales, si longtemps négligées, doivent avoir une
» large part aux subsides de l'État, car l'amélioration
» des campagnes est encore plus utile que la transfor-
» mation des villes.

» Il ne suffit pas d'assainir et de fertiliser de vastes
» étendues de territoire, de travailler à la mise en valeur
» des biens communaux et au reboisement des mon-
» tagnes, d'organiser des concours et de multiplier les
» comices, il faut surtout poursuivre avec vigueur l'achè-
» vement des chemins vicinaux. C'est le plus grand ser-
» vice à rendre à l'agriculture.

» Les documents que vous m'avez soumis établissent
» qu'une allocation, sur les fonds de l'État, de 25 mil-
» lions répartie sur sept exercices, permettrait de ter-
» miner en huit ans les chemins d'intérêt commun
» actuellement classés. Pour obtenir un si grand résultat,
» l'État doit faire un sacrifice. Préparez donc un projet
» de loi dans ce sens pour la prochaine session du corps
» législatif, et, en attendant, concertez-vous avec le
» ministre des finances pour qu'un premier crédit affecté
» à cet emploi puisse être ouvert sans délai.

» Sur ce, je prie Dieu qu'il vous ait en sa sainte garde.

» Écrit au camp de Châlons, le 18 août 1861.

» NAPOLÉON. »

CIRCULAIRE.

COMMUNICATION DU RAPPORT DU PRÉFET AUX MEMBRES DU CONSEIL GÉNÉRAL, AVANT LA SESSION.

Paris, le 21 août 1861.

Monsieur le préfet, plusieurs de vos collègues adressent à tous les membres du conseil général, avant l'ouverture de la session, un exemplaire imprimé de leur rapport annuel.

Cette mesure me paraît utile, et je désire qu'elle soit adoptée partout.

Les affaires soumises aux assemblées départementales sont importantes et nombreuses. Répartis en commission, les conseillers sont initiés aux questions dont l'examen spécial leur est attribué ; mais souvent ils demeurent étrangers, jusqu'à la délibération, à celles qui les intéressent le plus.

L'envoi préalable de votre exposé complet remédiera à cet inconvénient et aux conséquences regrettables qu'il peut entraîner. Mieux préparée, la discussion sera à la fois plus éclairée et plus pratique ; et vous aurez contribué à abréger, en le facilitant, le travail des sessions.

A partir de l'an prochain, cette communication devra avoir lieu huit jours avant la réunion du conseil ; je veillerai à ce que les documents et les instructions nécessaires à la rédaction de votre rapport vous parviennent en temps utile.

Recevez, etc.

CIRCULAIRE.

CONFÉRENCES DES SOUS-PRÉFETS AVEC LES MAIRES.

Paris, le 2 février 1862.

Monsieur le préfet, à l'époque où l'administration fut réorganisée en France, l'Empereur Napoléon Ier décida que les sous-préfets visiteraient chaque année toutes les communes de leur arrondissement. Avec la pénétration de son génie pratique, il avait compris l'avantage de rapprocher l'administration des administrés et de faire traiter sur place la plupart des questions d'intérêt local. A ses yeux, le rôle principal des sous-préfets était de recueillir les vœux des populations, d'apprécier eux-mêmes leurs besoins, et de stimuler souvent, par leur présence et leurs conseils, le zèle des municipalités.

Le nombre, la variété et l'importance des affaires qu'ont fait naître, depuis le premier Empire, les progrès de l'agriculture et de l'industrie, empêcheraient aujourd'hui de visiter, en une seule année, un arrondissement tout entier ; mais il importe de mettre en vigueur une mesure dont le principe est excellent et dont la stricte application peut être modifiée sans inconvénient.

A l'avenir, les sous-préfets devront se rendre deux fois par an dans chaque canton ; ils y réuniront, sous leur présidence, les maires de la circonscription. Ces réunions auront lieu, l'une à l'époque de la tournée de recrutement, l'autre au mois de juin. La première se tiendra toujours au chef-lieu de canton ; la seconde, à tour de rôle, dans une des localités les plus importantes après le chef-lieu. Les sous-préfets soumettront à votre approbation leur itinéraire, qui sera combiné de façon à traverser le plus grand nombre de communes, et à les avoir toutes visitées dans le délai de deux ans.

Ces conférences auront un double avantage : d'une part, elles permettront aux sous-préfets d'examiner contradictoirement les budgets et les comptes des communes, d'étudier en détail notamment tout ce qui touche à l'instruction primaire, à la vicinalité, à l'assistance, à la médecine gratuite, à la mise en valeur des biens communaux ; de l'autre, elles fourniront aux maires l'occasion de s'éclairer sur l'interprétation des circulaires, l'application des lois, les propositions à soumettre aux conseils municipaux. Les sous-préfets et les maires, appelés ainsi à se prêter un concours mutuel, gagneront à se mieux connaître ; et la confiance, élément nécessaire d'une bonne administration, qu'on n'impose pas, mais qui s'inspire, naîtra sûrement de ce fréquent échange de rapports toujours profitables à la gestion des affaires communales.

J'attache une véritable importance, monsieur le préfet, à ces réunions. Un procès-verbal en sera dressé ; vous me le transmettrez avec les observations que son examen vous aura suggérées. Il restera joint au dossier de chaque sous-préfet, et j'y puiserai mes informations les plus sûres pour apprécier le zèle et le dévouement de ces fonctionnaires. Je désire qu'ils parcourent le plus souvent possible leur arrondissement ; qu'ils s'attachent à voir de près les hommes et les choses, et que les populations trouvent en eux les vrais représentants d'un gouvernement qui veut donner satisfaction à tous les intérêts, et n'a d'autre but que la prospérité du pays.

Recevez, etc.

RAPPORT

PROPOSANT DE CONFÉRER LA DÉCORATION DE LA LÉGION
D'HONNEUR A DES MAIRES DE COMMUNES RURALES [1].

Sire, à l'occasion de l'anniversaire de la naissance du
Prince Impérial, Votre Majesté, désirant accorder un
témoignage de sa bienveillance aux municipalités de l'Empire, m'a donné l'ordre de lui présenter pour la décoration
de la Légion d'honneur quelques-uns des maires que
recommandent à la fois la valeur et la durée de leurs services. J'ai l'honneur de placer sous les yeux de Votre Majesté les noms de ceux qui me paraissent les plus dignes
de cette haute distinction. Ainsi que l'Empereur daignera
le remarquer, je ne me suis pas attaché seulement à Lui
signaler les magistrats placés dans des centres importants
de population : parmi les maires proposés, un certain
nombre administrent des communes rurales ; quelques-
uns d'entre eux sont de simples cultivateurs ; mais Votre
Majesté sait apprécier partout l'abnégation et le zèle
pour le bien public, et je suis certain de répondre à ses
intentions, en lui désignant de vieux et loyaux serviteurs
de l'État qui, entourés d'estime et de respect, se con-
sacrent gratuitement aux intérêts des communes.

Sire, en 1856, Votre Majesté appelait au baptême du
Prince Impérial les maires de tous les chefs-lieux de
département ; aujourd'hui, Elle choisit le moment où
l'*Enfant de France* va entrer dans sa septième année,
pour donner aux administrations municipales une nouvelle preuve de son auguste sympathie. Cette classe si

[1] Ce rapport et le décret qui l'accompagne sont du 12 mars 1862.

nombreuse et si utile de fonctionnaires comprendra la pensée de l'Empereur. Elle éprouvera un profond sentiment de reconnaissance, en voyant son dévouement et ses services unis, dans le cœur de Votre Majesté, au souvenir d'un événement cher au peuple qui a associé ses destinées à celles de votre dynastie.

Si Votre Majesté daigne approuver mes propositions, j'aurai l'honneur de soumettre à sa signature le projet de décret ci-joint.

Je suis, etc.

RAPPORT

SUR LES ARCHIVES DÉPARTEMENTALES [1].

Sire, j'ai l'honneur de présenter à Votre Majesté les deux premiers volumes de l'*Inventaire sommaire des archives départementales antérieures à* 1790.

Votre Majesté regrettait, dans la préface d'une de ses œuvres, que l'idée émise un jour par Napoléon Ier n'eût pas été exécutée. Le fondateur de votre dynastie voulait que les savants créassent des catalogues par ordre de matières, des sources authentiques où les auteurs, écrivant sur une branche quelconque du savoir humain, pourraient aller puiser leurs renseignements. « Aujourd'hui, ajoutiez-vous, Sire, l'homme désireux de s'instruire ressemble à un voyageur qui, pénétrant dans un pays dont il n'a pas la carte topographique, est obligé de demander son chemin à tous ceux qu'il rencontre. »

---

[1] Inséré au *Moniteur* du 20 août 1862. — Le service central des archives a été organisé par M. de Persigny, sous son premier ministère.

La publication dont j'ai l'honneur de soumettre la première partie à Votre Majesté, est en voie de réaliser ce projet de l'Empereur.

Les archives départementales, formées en 1790 dans les chefs-lieux des préfectures actuelles par la réunion de tous les titres provenant des intendances, cours des comptes, bailliages, évéchés, monastères, châteaux, etc., constituent un vaste et magnifique ensemble de documents authentiques comparable en richesse et de beaucoup supérieur en nombre à l'important dépôt des archives centrales de l'Empire. Si ce dernier dépôt renferme le trésor des chartes royales et les actes émanés des anciennes administrations établies au siége même du Gouvernement, les archives départementales comprennent, de leur côté, toutes les collections de nature analogue que possédaient nos provinces, c'est-à-dire la France entière, à l'exception de Paris.

Elles contiennent donc d'abord, d'une manière spéciale et complète, ce qui se rapporte à l'histoire des provinces, des communes et des propriétés particulières, ainsi qu'aux intérêts des familles qui les ont habitées.

Elles offrent, en outre, un grand nombre de titres précieux pour l'histoire générale, et notamment les actes promulgués par les souverains dans le royaume pour notifier leur avénement, annoncer leurs plans de réforme, demander adhésion à leur politique, etc., telles, par exemple, les lettres de Philippe le Bel réclamant l'appui de ses vassaux dans sa lutte contre le Saint-Siége, organisant les élections générales des représentants du pays, prescrivant l'arrestation des Templiers et justifiant cette mesure ; telles aussi ces circulaires dans lesquelles Charles IX décline la responsabilité de la Saint-Barthélemy, etc.

17

A un autre point de vue, les archives départementales fournissent encore à l'étude de l'histoire générale
et de l'administration publique d'innombrables matériaux.

Avant l'organisation uniforme de la France en départements, chacune de nos provinces avait conservé plus
ou moins son autonomie, et, à mesure qu'on remonte
dans le passé, les individualités provinciales prennent
un caractère plus indépendant de l'action du pouvoir
central. Ce ne sont plus alors des parties d'un empire,
mais de véritables États souverains (Bourgogne, Provence, Lorraine, Bretagne, etc.), qui traitent parfois
d'égal à égal avec le roi de France, possèdent une administration propre, une représentation en quelque sorte
nationale, une cour princière protectrice des sciences
et des arts, et entretiennent des relations diplomatiques
séparées, soit avec la France, soit avec l'étranger.

On comprend dès lors que les éléments de l'histoire
générale et de l'administration publique de notre pays
soient aussi divisés que le pays l'était lui-même, et que
l'étude de nos provinces dans leurs rapports entre elles
et avec Paris puisse seule donner l'intelligence complète
et la juste appréciation de l'ensemble des faits. S'il était
besoin de démontrer cette solidarité d'intérêt historique,
il suffirait, Sire, de rappeler un exemple qui a déjà
frappé l'attention de Votre Majesté. La précieuse correspondance de Charles le Téméraire, indiquant jour
par jour la marche de ses armées et révélant ses projets
(documents conservés aux archives de Dijon), n'inté-
resse-t-elle pas autant l'histoire du règne de Louis XI
que celle de la Bourgogne elle-même? Et, pour descendre à une époque plus rapprochée de nous, comment
se rendre compte de l'importance de la Ligue, sans en

avoir étudié les nombreuses ramifications provinciales, dont les archives de nos départements nous livrent aujourd'hui le secret?

Enfin, si nous abordons l'histoire des sciences et des arts, de l'agriculture, du commerce, de l'industrie, de toutes les branches, en un mot, des connaissances humaines ou de l'administration, l'étude particulière des documents que recèlent nos provinces ne sera pas moins féconde. N'est-ce pas dans les archives de leur patrie ou des villes qu'ils ont habitées que l'on rencontre sur nos grands hommes le plus de renseignements? Peut-on faire l'histoire du droit, de la médecine, de la littérature, de la sculpture, de la peinture, etc., sans consulter les titres que nous ont conservés Valence et Toulouse sur Cujas, Montpellier sur Rabelais, Rouen sur Corneille, Marseille sur Puget, Nancy sur Callot, etc.? Et, pour des questions que l'on pourrait croire toutes modernes, qui se douterait, par exemple, si les archives des Bouches-du-Rhône n'en fournissaient la preuve, que déjà au quinzième siècle la France et le Piémont projetaient de concert le percement des Alpes?

En résumé, Sire, les archives départementales contiennent l'histoire de nos provinces dans ses moindres détails, des éléments de tout genre pour l'histoire générale du pays, et une quantité innombrable d'actes relatifs aux familles et aux propriétés particulières.

Il était donc désirable que ces riches dépôts, inexplorés et trop méconnus jusqu'à ce jour, fussent mis en valeur au profit des intérêts qui s'y rattachent.

La loi du 10 mai 1838, en classant parmi les dépenses ordinaires des départements les frais de garde et de conservation de leurs archives, avait permis d'en effectuer la mise en ordre et de réaliser successivement plusieurs améliorations. Mais il était réservé à l'initiative de Votre Majesté d'imprimer à cette partie de l'administration une impulsion décisive.

Le décret impérial du 22 juillet 1853, que j'avais préparé d'après vos ordres, donna aux archives départementales une organisation plus large et plus régulière.

Habilement secondé par les chefs de service de mon ministère, et notamment par le personnel du bureau des archives, je confiai à l'expérience d'inspecteurs généraux sortis de notre savante école des chartes le soin de visiter les archives des départements, des communes et des hôpitaux, afin d'en surveiller la conservation et le classement, de diriger le personnel d'après une méthode uniforme, et de relier entre eux les efforts jusquelà isolés des archivistes, dans le but de les faire concourir à l'exécution de l'inventaire que je voulais créer.

Les travaux antérieurs n'avaient eu pour résultat que la publication d'un tableau général donnant pour chaque dépôt d'archives départementales le titre et l'état numérique des fonds qu'il comprenait. Cela ne pouvait pas suffire. Il importait surtout de faire connaître le contenu même de ces fonds, de révéler les ressources qu'ils offrent pour tous les genres de recherches.

Dans ce but, Sire, je prescrivis en 1853 une méthode d'inventaire sommaire, qui donne l'analyse de chacun des articles (cartons, liasses ou volumes), dont les archives sont composées. En même temps que ce travail assure la conservation des documents exposés jusqu'alors à de si regrettables dilapidations, en constatant publiquement leur nombre et leur état matériel, il en indique la date et le contenu par des citations de natures diverses, dont la réunion formera, pour ainsi dire, une table générale des matières.

L'établissement de cet inventaire sommaire donna presque immédiatement d'importants résultats, et dans un rapport adressé à Votre Majesté, le 24 juin 1854, je pouvais déjà Lui annoncer que cette opération, en pleine exécution dans toutes les préfectures, avait amené la découverte d'un grand nombre de titres précieux. Les archivistes départementaux, formés pour la plupart à l'enseignement de l'école des chartes, ont secondé les vues de l'administration centrale avec zèle et dévouement; et, grâce à leurs efforts que je regarde comme un devoir de récompenser en faisant améliorer de plus en plus la position de ces fonctionnaires, les inventaires des archives civiles étaient, l'année dernière, après huit ans d'un travail assidu, généralement terminés. Il restait, pour mettre en lumière toute leur valeur, à en entreprendre la publication ; et, dès ma rentrée au ministère de l'intérieur, je me suis occupé d'en préparer les voies et moyens.

J'ai fait appel aux départements, plus intéressés que personne à publier le catalogue des richesses historiques qu'ils possèdent, et des documents d'intérêt particulier dont la loi les autorise à délivrer des expéditions rétribuées. L'empressement à peu près unanime avec lequel les conseils généraux ont adopté ma proposition et voté les frais d'impression nécessaires, montre que les avantages d'une œuvre aussi importante ont été appréciés.

Dès à présent, cette publication s'exécute simultanément dans toute la France, d'après un même modèle, dans un même format; et, tirée à un nombre d'exemplaires suffisant pour assurer l'échange entre les préfectures et faire une large part à la publicité, elle constituera dans chaque département un centre de recherches d'autant plus faciles que, par les soins de mon ministère, il sera dressé une table générale, résumé et complément de l'œuvre.

Les deux volumes que j'ai l'honneur de placer sous les yeux de Votre Majesté concernent 54 préfectures, renferment 1,683 pages de texte, et présentent l'analyse de 12,000 volumes manuscrits, 5,670 plans, 10,978 liasses contenant un total de 732,946 pièces dont la plus ancienne remonte au commencement du huitième siècle.

J'ose espérer que Votre Majesté trouvera ce travail digne de sa haute approbation, surtout si Elle daigne considérer que la première feuille n'a été mise sous presse qu'au mois de janvier dernier. Elle peut ainsi prévoir la marche rapide que cette publication est destinée à suivre, et l'importance des résultats qui s'ajouteront chaque jour à ceux que j'ai l'honneur de Lui signaler.

A l'exemple des départements, et dans le même format, plusieurs administrations communales et hospitalières ont commencé à faire imprimer l'inventaire de leurs collections; et cette seconde opération, exécutée conjointement avec la première, permet, dès à présent, d'entrevoir le moment où l'ensemble de ces travaux, encouragé par votre auguste patronage, constituera un véritable monument national.

Je suis, etc.

RAPPORT

SUR LA PUBLICITÉ DES SÉANCES DES CONSEILS DE PRÉFECTURE [1].

Sire, l'empereur Napoléon Ier disait dans une discussion au conseil d'État : « Il y a un grand vice dans

[1] Le décret est du 30 décembre 1862. — Voici les paroles prononcées

» le jugement des affaires contentieuses, c'est qu'elles
» sont jugées sans entendre les parties. »

L'ordonnance du 2 février 1831 a modifié la procédure suivie devant le conseil d'État; mais elle n'a pas
été rendue applicable aux conseils de préfecture.

Ces conseils statuent, chaque année, sur plus de
200,000 affaires qui concernent notamment les travaux
publics, la grande voirie, les chemins vicinaux, les contributions, les élections, les cours d'eau, les mines, les
établissements insalubres et la comptabilité communale.
Sur ces matières, ils forment le premier degré de la juridiction administrative ; mais les justiciables regrettent de
ne pas trouver auprès d'eux toutes les garanties que leur
assurent au conseil d'État, depuis trente ans, la création d'un commissaire du Gouvernement, la présence
des parties et la publicité des audiences.

Le moment me paraît venu, Sire, de mettre un terme
à cette situation exceptionnelle, qui n'est en rapport ni
avec les principes qui président à notre organisation
judiciaire, ni avec les idées et les exigences de notre
temps. J'apprécie l'importance des services rendus par
les conseils de préfecture, la haute impartialité de leurs

au sujet de cette grande mesure par M. le conseiller d'État Boulatignier
dans la discussion du projet de loi sur les conseils de préfecture devant
le Corps législatif : « Comment! vous voulez faire siéger au conseil de
préfecture, pour prononcer sur la validité d'une élection, le préfet qui a
été mêlé à la lutte électorale, qui y a été mêlé avec ardeur, avec une
ardeur qui a pu dépasser même ce que le Gouvernement désirait, car la
défense se mesure souvent à l'attaque, et ceux qui voulaient défendre
avec modération sont quelquefois, à leur grand regret, entraînés à franchir certaines limites à la suite de leurs adversaires.

» Les objections de cette nature n'ont pas manqué, lorsqu'il s'est agi
de réaliser un vœu de l'Empereur, recueilli depuis 1853 par M. de
Persigny, pour la publicité des séances des conseils de préfecture. Et je
ne saurais assez rendre hommage au courage qu'a montré M. de Persigny
pour écarter toutes les exceptions au principe de la publicité qu'on
voulait faire admettre. » (*Moniteur* du 27 mai 1863.)

jugements, le savoir et le zèle des magistrats qui s'honorent d'y prolonger leur carrière ; mais il est impossible de méconnaitre l'avantage des débats publics et contradictoires. La justice aime à s'appuyer sur l'opinion, et son autorité gagne à se trouver en contact direct avec les citoyens dont elle règle les intérêts et termine les différends.

J'ai l'honneur de soumettre à Votre Majesté les propositions suivantes :

A l'avenir, les séances des conseils de préfecture statuant sur les affaires contentieuses seraient publiques. Les parties seraient admises à y présenter leurs observations en personne ou par mandataire. Cette innovation, consacrée déjà par la pratique dans trois départements, permet d'atteindre le but essentiel en pareille matière, c'est-à-dire de rendre, à peu de frais, bonne et prompte justice.

La publicité des audiences serait une mesure défectueuse si, en donnant satisfaction aux parties, elle laissait l'administration désarmée devant elle. Il importe que, dans chaque affaire, une voix autorisée puisse s'élever dans l'intérêt de la loi et revendiquer les droits de l'État ; il est donc nécessaire de créer auprès des conseils de préfecture un ministère public. Le commissaire du Gouvernement prendrait des conclusions dans toute question contentieuse ; il veillerait à l'exacte observation des lois et des règles de la jurisprudence. Son intervention contribuerait sans aucun doute à réduire le nombre des infirmations et, par suite, il est permis de l'espérer, celui des recours devant la juridiction supérieure.

Cette création n'entraînerait aucune charge nouvelle pour le budget. Les fonctions de commissaire du Gouvernement seraient confiées au secrétaire général de

chaque préfecture. C'est le moyen le plus simple de constituer, sans accroissement de dépense, un ministère
public assez haut placé pour inspirer confiance aux justiciables, et assez expérimenté pour faire prévaloir un
corps de doctrines.

L'application de cette mesure dans les départements
qui ne comptent que trois conseillers, n'aurait pas l'inconvénient d'en réduire le nombre au-dessous du chiffre
nécessaire pour délibérer, puisque le préfet, aux termes
de l'arrêté du 19 fructidor an 9, fait partie du conseil,
et qu'à son défaut un suppléant prendrait sa place. J'attache, d'ailleurs, une véritable importance à la présence
des préfets dans le sein des conseils de préfecture : ils en
ont la présidence, et c'est pour eux un impérieux devoir
de remplir toutes les obligations qu'elle leur impose. On
n'a donc pas à craindre que le nombre des juges soit
insuffisant ; réduit à trois dans quelques conseils, il sera
encore égal à celui des magistrats de l'ordre judiciaire
dans la plupart des circonscriptions, et ni l'importance ni la multiplicité des affaires n'exigent qu'on
l'augmente au delà des limites fixées pour les tribunaux
ordinaires.

Enfin, pour compléter cette organisation, un greffe
serait établi près de chaque conseil de préfecture ; tous
les dossiers y seraient déposés ; les communications nécessaires y seraient faites aux intéressés, et un registre spécial permettrait de suivre le mouvement des affaires. Le
greffier serait désigné par le préfet et choisi parmi les
employés de la préfecture.

Quant aux formes relatives à l'introduction des
instances, à l'instruction et à la décision des affaires,
elles ont été établies, soit par des actes législatifs, soit par
la jurisprudence du conseil d'État. Elles réunissent

toutes les conditions d'une procédure à la fois simple, sommaire et peu dispendieuse. Je ne verrais que des inconvénients à changer un ensemble de règles éprouvées par un long usage et qui répond partout aux besoins et aux vœux des justiciables.

Telles sont, Sire, les principales dispositions du décret soumis à Votre Majesté. Si Elle daigne les agréer, la juridiction des conseils de préfecture n'aura plus rien à envier à celle du conseil d'État ; les affaires contentieuses seront entourées, en première instance comme en appel, des formes protectrices de la même procédure. Sans doute, la publicité provoque le contrôle ; mais l'administration française ne redoute pas cette épreuve, et je vais au-devant de ses désirs, en proposant à Votre Majesté de décréter la publicité des audiences et le droit pour les parties d'être entendues avant d'être jugées.

Cette sage et utile réforme sera accueillie avec faveur par les populations, auxquelles elle montrera une fois de plus le profond respect de l'Empereur pour les grands principes qui sont le fondement de notre droit public et la base de la constitution de l'Empire.

Je suis, etc.

RAPPORT.

INSTITUTION DES PRÉFETS HONORAIRES [1].

Sire, les préfets doivent beaucoup à la sollicitude de Votre Majesté. Après avoir assuré à ces hauts fonctionnaires une existence digne de leur rang, Elle a augmenté

[1] Le décret rendu à la suite de ce rapport est du 28 février 1863.

leurs attributions, étendu leur initiative, appelé enfin plusieurs d'entre eux à partager les travaux des grands corps de l'État.

Cette constante bienveillance m'autorise à signaler à l'attention de l'Empereur la situation des préfets que des nécessités politiques, la limite d'âge ou les infirmités obligent à quitter la carrière active. Du jour où ils cessent d'exercer des fonctions qu'une responsabilité directe de tous les instants rend si difficiles et si élevées à la fois, ces magistrats rentrent dans la vie privée. Aucun titre, aucune prérogative ne viennent rappeler aux populations les services qu'ils ont rendus.

Je propose à Votre Majesté de vouloir bien décider qu'à l'avenir les préfets placés hors des cadres d'activité ou admis à la retraite pourront obtenir le titre de préfet honoraire. Ils auraient alors le droit de conserver le costume attribué à leurs anciennes fonctions, moins l'écharpe qui est le signe du commandement, d'occuper une place dans les cérémonies publiques et d'y prendre rang avant les conseillers de préfecture.

Maintenus en possession d'un titre qui est inséparable de l'idée même d'attachement à l'Empereur et d'obligations envers le public, les préfets honoraires resteraient unis aux préfets en activité et associés à cet esprit de dévouement, de travail, d'intégrité, qui est l'honneur de l'administration française.

Si Votre Majesté daigne approuver ces considérations qui me paraissent devoir être invoquées également en faveur des sous-préfets et des secrétaires généraux de préfecture, je La prierai de vouloir bien revêtir de sa signature le projet de décret ci-joint.

Je suis, etc.

PRINCIPAUX ACTES

DE L'ADMINISTRATION DE M. DE PERSIGNY [1].

(22 *janvier* 1852 — 23 *juin* 1854.)

1852. 25 janvier. Réunion du ministère de l'agriculture et du commerce au ministère de l'intérieur.

— 29 janvier. Circulaire qui invite les préfets à reviser les mesures de sûreté prises au 2 décembre 1851.

— 2 février. Décret organique pour l'élection des députés au Corps législatif.

— 2 février. Décret réglementaire pour l'élection des députés au Corps législatif.

— 12 février. Décret qui crée le *Moniteur des communes*.

— 28 février. Décret sur les sociétés de crédit foncier.

— 23 mars. Décret sur la composition des commissions administratives des hospices et hôpitaux.

— 25 mars. Décret sur la réorganisation des chambres consultatives d'agriculture.

— 25 mars. Décret sur la décentralisation administrative.

— 26 mars. Rapport et décret sur l'organisation des sociétés de secours mutuels.

— 27 mars. Décret relatif à l'augmentation du traitement des préfets, sous-préfets et conseillers de préfecture.

— 28 mars. Rapport et décret sur la création de commissions cantonales de statistique.

— 28 mars. Décret qui met à la charge des départements l'ameublement et l'entretien du mobilier des hôtels de sous-préfecture.

— 15 avril. Décret relatif à la surveillance de la gestion et à la comptabilité des caisses d'épargne.

---

[1] Nous avons jugé utile d'énumérer les principaux actes administratifs auxquels M. de Persigny a attaché son nom, pendant ses deux ministères, afin d'indiquer soit son esprit d'initiative, soit la mesure dans laquelle il s'est associé aux pensées de l'Empereur.

1852. 9 mai. Décision qui prescrit la publication annuelle de la statistique de tous les établissements pénitentiaires.

— 25 juin. Décret ordonnant l'envoi du *Moniteur universel* aux maires de tous les chefs-lieux de canton.

— 12 août. Circulaire qui invite les préfets à consulter les conseils généraux sur les moyens de favoriser le crédit agricole.

— 30 août. Décret sur la réorganisation des chambres de commerce.

— 7 novembre. Décret convoquant le peuple français dans ses comices pour accepter ou rejeter le projet de plébiscite relatif au rétablissement de l'Empire.

— 18 décembre. Arrêté qui dispose que des livrets de la caisse d'épargne seront distribués en prix, tous les ans, aux jeunes détenus des quartiers correctionnels des maisons centrales.

— 30 décembre. Circulaire relative à l'organisation, sur de nouvelles bases, du service du transférement des condamnés.

1853. 31 janvier. Arrêté qui institue des prix et des médailles d'encouragement pour le concours annuel des animaux de boucherie, à Poissy.

— 2 février. Décret qui charge des conseillers d'État de l'inspection des préfectures.

— 2 février. Décret qui place les sociétés de charité maternelle sous la présidence et la protection de l'Impératrice.

— 2 février. Décret qui établit près du Gouvernement un conseil supérieur du commerce, de l'agriculture et de l'industrie.

— 6 février. Arrêté qui institue des concours régionaux d'animaux reproducteurs, d'instruments et de produits agricoles.

— 17 février. Arrêté réglementaire concernant les courses de chevaux.

— 3 mars. Arrêté qui institue une commission pour rechercher les améliorations à introduire dans l'organisation des conseils de préfecture.

1853. 8 mars. Décret portant qu'une exposition universelle des produits agricoles et industriels aura lieu à Paris, en mai 1855.

— 22 juillet. Décret organisant les archives départementales.

— 22 novembre. Rapport et décret ouvrant un crédit de 4 millions dans le but d'aider les communes qui feraient des sacrifices pour travaux d'utilité communale.

1854. 1er janvier. Arrêté organisant le conseil général des bâtiments civils.

— 16 janvier. Rapport suivi d'un décret qui ouvre un crédit de 2 millions pour être employés en secours aux établissements de bienfaisance.

— 20 janvier. Circulaire relative à l'inventaire des archives départementales.

— 1er février. Rapport suivi d'un décret qui ouvre un crédit de 2 millions pour subvention aux travaux communaux.

— 26 février. Rapport et décret ouvrant un crédit de 2 millions pour travaux communaux.

— 15 mars. Rapport et décret instituant des conseillers de préfecture honoraires.

— 27 mars. Rapport et décret établissant un traitement de non-activité pour les préfets et les sous-préfets.

— 5 avril. Rapport sur les cités ouvrières.

(26 *novembre* 1860 — 23 *juin* 1864.)

1861. 20 février. Décret qui applique aux secrétaires généraux les dispositions du décret du 27 mars 1854, relativement aux sous-préfets mis en non-activité.

— 10 avril. Arrêté prescrivant que les inspecteurs généraux des établissements de bienfaisance et du service des aliénés se réuniront en commission pendant l'intervalle de leurs tournées.

— 13 avril. Rapport et décret sur la décentralisation administrative.

1861. 15 juin. Circulaire prescrivant aux préfets de favoriser la souscription aux œuvres complètes de M. de Lamartine.

— 3 juillet. Établissement d'une taxe uniforme pour la télégraphie privée.

— 18 août. Rapport proposant d'allouer 25 millions pour l'achèvement des chemins vicinaux.

— 21 août. Circulaire prescrivant aux préfets de communiquer leur rapport aux membres des conseils généraux, huit jours avant la session.

— 16 octobre. Circulaire invitant les préfets à faire rentrer dans les conditions de la loi les associations de bienfaisance (conférences de saint Vincent de Paul) non autorisées.

— 22 novembre. Décret supprimant le droit d'entrée à la bourse.

— 25 décembre. Décret qui porte le traitement des conseillers de préfecture au dixième de celui des préfets.

1862. 15 janvier. Suppression du passe-port pour les sujets anglais, belges, hollandais et suédois qui entrent en France.

— 2 février. Circulaire prescrivant aux sous-préfets des tournées semestrielles dans les communes de leur arrondissement.

— 26 février. Rapport et décret qui place l'institution des crèches sous le patronage de l'Impératrice.

— 17 mai. Circulaire qui prescrit d'appliquer les jeunes filles détenues principalement aux travaux de ferme et aux soins du ménage.

— 21 juin. Arrêté créant une inspection des sourds-muets.

— 15 août. Rapport sur la publication de l'inventaire des archives départementales.

— 29 août. Décret instituant un comité consultatif pour l'examen des questions relatives à l'hygiène et au service médical des hôpitaux.

— 30 décembre. Rapport et décret relatifs à la publicité des audiences des conseils de préfecture.

1863. 28 février. Arrêté décidant que les inspecteurs généraux de bienfaisance se réuniront pour donner leur avis sur les affaires concernant les hospices, bureaux de bienfaisance et monts-de-piété.

1863. 28 février. Rapport et décret instituant le titre de préfets, sous-préfets et secrétaires généraux honoraires.

—— 17 mars. Décret qui institue une présidence du conseil de préfecture de la Seine.

III

ALLOCUTIONS

ALLOCUTION

AUX MEMBRES DU CERCLE DES ARTS DE SAINT-ÉTIENNE [1].

Messieurs, permettez-moi d'abord de vous remercier, au nom du conseil général, des sentiments de sympathie que M. le président du cercle vient de lui exprimer, et que, de mon côté, j'éprouve vivement pour mes honorables collègues.

Quant aux paroles beaucoup trop flatteuses qui me sont adressées, je suis profondément reconnaissant de l'honneur que vous me faites. C'est une vérité vulgaire que la véritable récompense de l'homme public est l'estime de ses concitoyens ; mais, si mon cœur est touché de la réception qui m'est faite dans mon pays, mon esprit est vivement frappé de la responsabilité qui m'est imposée par la confiance de mes concitoyens.

Ayant passé la plus grande partie de ma vie loin de

---

[1] Prononcée le 24 août 1858.

mon pays natal, je connais à peine les grands intérêts
qui s'y agitent. Mais j'entrevois de telles destinées pour
Saint-Étienne ; je vois de tels éléments de richesse, de
prospérité et de grandeur à cette ville remarquable qui
fait l'orgueil de notre province ; je suis frappé de tant
de questions graves, difficiles, à la solution desquelles
la prospérité de ce grand foyer de production est intéressée, que je me sens vivement ému, en présence des
devoirs que m'imposent et ma reconnaissance et mon
dévouement envers mon pays. (*Vifs applaudissements.*)

Je vous demande donc, Messieurs, votre indulgence
et votre appui. Je ne puis promettre d'être aussi utile au
pays que je le voudrais du fond de mon cœur ; mais, au
moins, soyez certains que je ne négligerai rien de ce qui
dépendra de moi pour faire connaître officieusement au
Gouvernement de l'Empereur l'expression de vos vœux
et aider ainsi aux efforts incessants de M. Thuillier,
l'honorable et habile administrateur que la confiance de
l'Empereur a si heureusement placé à la tête de votre
département.

Comptez donc, Messieurs, sur mon dévouement,
comme j'espère pouvoir compter sur vos conseils et
votre appui. Faisons tous des vœux pour la prospérité
de cette cité et pour le bonheur de la nombreuse et inté-
ressante population qui en fait la richesse.

A LA VILLE DE SAINT-ÉTIENNE ! (*Bravo ! bravo ! Applaudissements prolongés.*)

TOAST

AU FOREZ ET A LA VILLE DE SAINT-ÉTIENNE [1].

Messieurs, si l'honneur que je reçois de mes concitoyens s'adressait uniquement à ma personne, je serais bien embarrassé d'y répondre, car je sentirais au fond de ma conscience que je ne mérite pas de tels hommages; mais, je le vois avec plaisir, s'il y a dans ces témoignages de sympathie quelque chose qui me concerne personnellement et qui me pénètre de reconnaissance (*Vifs et bruyants applaudissements.*), la grande partie s'adresse à la cause populaire dont je suis un humble serviteur, à cette cause, Messieurs, que votre honorable et digne maire [2] caractérisait naguère avec tant d'éloquence, en peignant d'un trait le phénomène de l'ordre succédant à l'anarchie. (*Applaudissements.*)

Singulier phénomène, en effet, et qui excitera l'admiration de la postérité, car ce n'est pas par la compression, la force ou la conquête que l'ordre public a été rétabli. C'est du sein même de ces masses populaires qui semblaient désorganisées et plongées dans les abîmes de l'anarchie, qu'est sortie la lumière qui devait dissiper le chaos. (*Bravos.*)

Pendant que les habiles cherchaient dans les palais et les châteaux le fil perdu de nos destinées, c'était la *bonne vieille* de Béranger qui le retrouvait au bout de ses fuseaux, *en parlant de sa gloire;* et ainsi les souvenirs du peuple devenaient les nouvelles traditions de la France. (*Explosion d'applaudissements.*)

---

[1] Prononcé, le 26 août 1858, au banquet offert par la ville de Saint-Étienne.

[2] M. Faure-Belon.

Ce phénomène, Messieurs, vous l'avez vu mieux que personne et dans tout son éclat, au sein de cette grande et populeuse cité; et ce n'est pas une des moindres causes de ma sympathie que le souvenir des deux grandes dates de décembre à Saint-Étienne. (*Bravos prolongés.*)

Monsieur le maire, je vous remercie des paroles flatteuses que vous m'avez adressées, et surtout du titre de concitoyen que vous m'avez donné. (*On applaudit.*) Saint-Étienne, en devenant le chef-lieu du département de la Loire, est aujourd'hui la capitale du Forez, et, par conséquent, citoyens de la même cité, nous sommes tous, nous Foréziens, liés désormais à ses intérêts et à sa grandeur, à ses destinées et à sa fortune. (*Vives acclamations.*)

Messieurs, notre petite province doit nous être chère et nous devons être fiers d'elle, car elle a été illustre dans tous les temps : illustre sous les Romains, quand le forum des Ségusiens lui donnait son nom; puissante sous Charlemagne, quand le grand empereur plaçait à sa tête l'un de ses principaux compagnons; surtout chevaleresque au moyen âge et aux croisades; plus humaine qu'aucune autre peut-être pendant les crimes de la révolution; mais, brave et généreuse dans tous les temps, l'une des dernières à combattre pour repousser l'invasion étrangère; enfin, aujourd'hui, dans ce siècle d'activité industrielle, fière de posséder dans son sein l'un des plus grands foyers de production du monde.

Permettez-moi donc de vous proposer un toast qui réunisse toutes nos sympathies :

À LA GLOIRE DU FOREZ ET A LA PROSPÉRITÉ DE SA CAPITALE! (*Tonnerre d'applaudissements.*)

TOAST

AU CONSEIL GÉNÉRAL DE LA LOIRE [1].

Messieurs, en vous remerciant de la manière dont vous avez accueilli le toast que vous a proposé mon honorable ami, M. Heurtier, je vous prie de lui pardonner ce que sa bienveillance pour moi lui a fait mettre d'exagération dans ses éloges. Moi, Messieurs, qui n'ai besoin de rien exagérer pour vous exprimer ma sympathie, je vais essayer de vous faire comprendre d'une manière un peu étrange, mais que je vous prie d'excuser, ce que j'éprouve d'estime et de considération pour vous.

Un jour, causant avec l'un des hommes d'État les plus éminents de l'Angleterre, sur l'organisation comparée des deux pays rivaux, j'eus l'occasion de parler de notre province, et voici comment :

La France, me disait cet homme d'État, est puissante par l'organisation savante de sa centralisation, de ses finances et de son armée; mais en dehors de la constitution de son gouvernement central, elle n'a pas, comme nous, en Angleterre, cette classe forte et puissante de la *gentry* de province qui, réunissant dans son sein, sans distinction d'origine, toutes les supériorités sociales de la naissance, de la fortune et du talent, fait concourir à la bonne administration des provinces toutes les forces vives du pays, au lieu de les user dans des luttes stériles, comme vous faites depuis si longtemps.

Je vous demande pardon, milord, lui répondis-je, je ne connais pas toutes les provinces de France, et ne puis dire en conséquence à quel point sont effacées dans

---

[1] Prononcé, le 29 août 1860, au banquet offert par les membres du conseil général de la Loire.

toutes les traces de nos discordes civiles; mais j'en sais une, c'est la mienne, la province du Forez (département de la Loire), où le conseil général, institution qui remplit à certains égards, chez nous, les fonctions du grand jury de vos comtés, où le conseil général, dis-je, est l'exacte représentation de ce que vous venez de décrire; où l'union, la confiance et la sympathie la plus réelle règnent entre tous les éléments qui le composent; où les noms qui représentent les traditions du passé sont côte à côte avec les fortes et vigoureuses individualités du présent; où les gloires de l'industrie sont rapprochées des illustrations de la politique; où les trois éléments dont vous parlez, confondus, reliés par une pensée commune, un intérêt commun, n'ont plus d'autre préoccupation que de concourir ensemble au bien public; où enfin j'admire aujourd'hui avec bonheur ce que j'admirais jadis avec envie chez votre *gentry*. (*Applaudissements.*)

Mais alors, me fut-il répondu, s'il en est ainsi, si vous en êtes déjà arrivés là, c'est que la France est enfin reconstituée au grand avantage de sa prospérité et de sa puissance.

Et maintenant laissez-moi porter ce toast que je propose avec la plus vive sympathie :

AU CONSEIL GÉNÉRAL DE LA LOIRE ! (*Vifs applaudissements.*)

ALLOCUTION

AUX MEMBRES DU CERCLE DES ARTS ET DU COMMERCE DE SAINT-ÉTIENNE [1].

Messieurs [1], je ne mérite les témoignages d'estime

---

[1] Prononcée le 29 août 1860.

que vous me prodiguez qu'à un seul titre, l'attachement
profond que je porte à notre belle province. Malgré les
intérêts qui auraient dû me retenir à mon poste, j'ai
tenu absolument à venir, cette année, présider le conseil général de la Loire. J'y suis venu pour deux raisons :
la première, pour vous rassurer sur la situation de nos
affaires extérieures qu'on représente comme compliquée
et dangereuse, quand en réalité elle n'a jamais été
plus rassurante, car, depuis que la France a repris
dans le monde la grande position qui lui était due, et
cela avec l'agrément et l'assentiment de toute l'Europe,
elle n'a plus besoin de s'engager et n'est plus engagée
nulle part que de concert et d'accord avec les autres puissances; le second intérêt qui m'a amené ici est relatif
au traité de commerce. Plus je suis partisan des idées
qui ont produit ce traité, plus je les ai soutenues et
défendues dans le sein de mon gouvernement, et plus
je tenais à connaître, en ce qui concerne vos intérêts,
les points vulnérables que le nouveau système pouvait
découvrir, et les défauts de cuirasse qu'il pouvait offrir
aux coups de vos adversaires. Je suis donc venu écouter
vos observations et savoir de vous ce qui nous manque
pour soutenir aussi loyalement que vigoureusement la
concurrence. Or, je crois maintenant être suffisamment
éclairé : je crois savoir ce qui est juste et convenable
qu'on vous accorde; en un mot, je connais aujourd'hui
ce que j'ai à faire dans vos intérêts auprès du Gouvernement de l'Empereur, et je ne manquerai pas à
mes devoirs. (*Applaudissements.*)

ALLOCUTION

AU MAIRE DE MONTBRISON [1].

Monsieur le maire [2], Messieurs, ce qui me touche
et me frappe en voyant une réception si extraordinaire,
ce n'est pas ce qui peut s'adresser à ma personne, ce
n'est pas même ce qui s'adresse à un de vos concitoyens,
que vous considérez en ce moment comme le représentant de l'Empereur. Ce qui m'émeut au delà de toute
expression, c'est de voir une ville rendant de tels hommages au représentant d'un gouvernement qui l'a dépouillée d'un grand avantage [3], et qui ne lui a accordé
encore aucun dédommagement. (*Bravos unanimes et
applaudissements.*) Ah! vous êtes bien de vrais Foréziens
par le cœur, par la générosité et le dévouement. (*Nouveaux applaudissements.*) Vous oubliez vos intérêts pour
ne songer qu'à donner l'essor à vos généreux sentiments.
Mais, si vous oubliez vos intérêts, c'est au Gouvernement à y penser. (*Bravo! bravo!*) C'est à moi à les lui
rappeler, au besoin. (Ici l'orateur est interrompu par des
applaudissements et des acclamations de *Vive l'Empereur!
Vive M. le comte de Persigny!*) Aussi, croyez-le bien, si
je suis venu au milieu de vous, ce n'est pas pour grati-
fier ma vanité des splendeurs d'une réception si éclatante et peut-être sans précédents; c'est pour venir connaître vos besoins, c'est pour en conférer avec vos autorités et particulièrement avec votre maire, qui met tant
de zèle et d'intelligence à soutenir et défendre vos inté-

---

[1] Prononcée, le 30 août 1860, à son arrivée à Montbrison.
[2] M. Léon de Saint-Pulgent.
[2] Allusion au déplacement du siége de la préfecture.

rêts. (*On applaudit.*) Comptez donc, Messieurs, que je
ne faillirai pas au devoir que votre générosité m'impose, et que je ne négligerai rien pour aider au bien-
étre et à la prospérité de Montbrison. (*Applaudissements
bruyants et prolongés.*)

TOAST

AU FOREZ ET A LA VILLE DE MONTBRISON [1].

Messieurs, je suis profondément touché des chaleureuses paroles que vient de m'adresser votre honorable
député [2], ce modèle de loyauté et de dévouement. (*Applaudissements.*) Je n'ai pas la faiblesse de croire que les
hommages extraordinaires que je reçois dans cette ville
s'adressent à ma personne, car ils seraient tellement dis-
proportionnés au peu de mérite que je puis avoir, que je
ne les accepterais pas. Mais, comme je vous l'ai dit hier,
et comme je me plais à vous le répéter, ce qui me frappe
et m'émeut vivement, c'est de voir qu'une ville qui a
été dépouillée d'un grand avantage par le Gouvernement de l'Empereur, fait à celui que vous considérez
comme le représentant de ce Gouvernement une réception si éclatante. (*Applaudissements.*) Une conduite si
généreuse me pénètre d'admiration et de reconnaissance ; il est donc naturel que je m'efforce de vous prouver la sincérité de mes sentiments.

J'ai consulté vos autorités et vos représentants les
plus autorisés, et surtout votre digne et excellent

[1] Prononcé, le 31 août 1860, au banquet offert par la ville de Montbrison à M. de Persigny.
[2] M. Bouchetal-Laroche.

maire, M. de Saint-Pulgent, qui honore ses fonctions à un si haut degré (*Applaudissements*) ; et voici, je crois, vos véritables intérêts. (*Mouvement marqué d'attention.*)

Il vous faut absolument le chemin de fer qui vous a été positivement promis (*De toutes parts : Oui, oui, bravo !*), et mon premier devoir, mon premier soin, en arrivant à Paris, sera d'aller demander au Gouvernement la déclaration d'utilité publique qui doit, en vertu des contrats existants, imposer la prompte exécution de ce tronçon à la compagnie du chemin de fer. (*Bruyants applaudissements.*)

Un autre intérêt, intérêt considérable, immense, c'est l'assainissement et la fertilisation de la plaine du Forez. Pour arriver à ce grand résultat attendu avec tant d'impatience par notre population, il faut trois choses : l'arrosage, le drainage et le chaulage. (*Applaudissements.*) Pour faire pénétrer ici l'amendement de la chaux qui dans notre pays granitique enfante des miracles, qui a déjà doublé, triplé les produits de la plaine du Roannais, et surtout assaini ce dernier arrondissement, au point d'avoir fait disparaître complétement ces terribles fièvres qui naguère faisaient autant de ravages que dans le Forez proprement dit, il nous faut absolument un abaissement des tarifs de transport, car, au prix actuel de 10 centimes par tonne et par kilomètre, il est impossible de songer à cet amendement. Ce sera donc une de mes premières demandes à faire au Gouvernement (*Bravos éclatants et prolongés.*), et je ne doute pas qu'il ne soit très-disposé à favoriser un intérêt si considérable. La compagnie, de son côté, j'en suis persuadé, se rendra à une grande considération d'hygiène publique, car la chaux, pour nous, c'est plus que la richesse, c'est la santé. (*Approbation générale.*) L'intérêt véritable de la compagnie est, d'ailleurs, d'entrer dans cette réforme de tarif dont le taux actuel n'est pas seulement une calamité publique pour notre province (*Cris universels : Oui, oui, c'est vrai !*), mais une perte pour la compagnie qui s'interdit elle-même un élément considérable de trafic par l'exagération de ses tarifs.

Quant au drainage et au desséchement des marais, la première opération est faite ou du moins en train de se faire, grâce au zèle éclairé de M. Thuillier, l'administrateur éminent que l'Empereur a mis à la tête de notre département (*Explosion d'applaudissements.*), et à qui quelques années ont suffi pour exciter partout l'émulation, éveiller l'activité, donner une vie nouvelle à tous les services, et tout cela sans blesser personne et en ménageant tous les intérêts. (*Applaudissements.*)

Pour ce qui est enfin de l'arrosage, après les études de M. Graëff, l'habile ingénieur en chef de notre département, dont le dévouement aussi actif qu'éclairé est un bienfait pour le pays, nous avons acquis la conviction que non seulement ce grand travail sera facile d'exécution, mais qu'il pourra donner des profits importants à la compagnie qui, à défaut du Gouvernement, serait chargée de l'exécution. M. le Préfet m'a soumis des idées pratiques qui peuvent rendre facile et prompte la formation d'une compagnie. (*Vifs applaudissements.*)

Moi, Messieurs, je n'ai jamais patroné aucune compagnie. Mais, pour une entreprise qui intéresse si puissamment notre chère province, je souscrirai avec empressement (*Applaudissements.*); et si mon nom peut aider à la formation d'une compagnie organisée surtout dans notre pays, je serai heureux de contribuer à cette œuvre. (*Double salve d'applaudissements.*) En un mot, Messieurs, j'offre mon concours pour tout ce qui pourra développer les ressources de notre pays. Unissons nos efforts, nous touchons à de grandes destinées; accomplissons ces grands travaux, et nous aurons bien mérité du pays (*Applaudissements.*), car, à la place d'une plaine malsaine et misérable, nous pouvons faire et nous ferons l'un des pays les plus riches, les plus sains et les plus fertiles de l'Europe.

A LA PROSPÉRITÉ DU FOREZ ET PARTICULIÈREMENT DE LA GÉNÉREUSE VILLE DE MONTBRISON! (*Tonnerre d'applaudissements.*)

ALLOCUTION

AUX MEMBRES DE LA SOCIÉTÉ D'AGRICULTURE DE ROANNE [1].

Messieurs, très-vivement touché des flatteuses paroles que vous venez de m'adresser, je remercie la société d'agriculture de Roanne de m'avoir convié à cette fête, et surtout de l'accueil qu'elle a bien voulu me faire. (*On applaudit.*) Quant à vous, bons et honnêtes habitants des campagnes, je ne saurais trop vous féliciter des progrès que vous avez faits et du zèle que vous mettez à mériter les honorables distinctions du concours. C'est avec une vive sympathie que je vois les efforts que vous faites, car, moi aussi, j'ai connu les rudes épreuves de la vie. Enfant de ce pays, fils d'une famille ancienne, mais ruinée, je suis parti d'ici presque aussi pauvre que vous. (*Applaudissements unanimes.*) J'y reviens aujourd'hui, presque riche, presque un personnage suivant les idées du monde, et, dans tous

---

[1] Prononcée à Roanne, le 1er septembre 1860, à l'occasion de la distribution des primes de la société d'agriculture.

les cas, l'un des principaux dignitaires de l'État, comblé
de tous les honneurs qu'un citoyen puisse recevoir de
son pays. Eh bien, mes amis, je vais vous dire mon
secret : dévouement à une idée et persévérance. (*Applaudissements.*)

Quand j'ai entrepris de servir la grande cause qui a si
heureusement triomphé pour le bonheur et la gloire de
la France, je ne me suis pas demandé si j'arriverais par
là à la fortune ou à la misère, mais si l'idée était bonne
pour mon pays (*Double salve d'applaudissements.*), parfaitement résolu, du reste, ou à supporter la pauvreté avec
résignation, si elle devait être mon lot, ou à accepter
la fortune avec modestie (*Applaudissements.*), si elle devait
m'arriver un jour. Eh bien, mes amis, faites de même,
dévouez-vous à votre œuvre avec courage, avec persévérance. Si vous réussissez, remerciez Dieu de vos succès,
mais ne dédaignez pas ceux qui n'ont point été aussi
heureux que vous. (*Applaudissements.*) Si, au contraire,
vos efforts sont impuissants, acceptez votre sort avec
résignation, et consolez-vous par la conviction d'avoir
fait honnêtement votre devoir. Entre le riche et le pauvre,
il n'y a pour Dieu aucune différence, et aux yeux de
l'homme raisonnable, il y en a bien peu. Courage donc,
mes amis, et persévérance; venez maintenant recevoir
le prix de vos efforts. (*Applaudissements.*)

TOAST

A LA VILLE DE ROANNE [1].

Messieurs, je remercie de tout mon cœur M. le comte

---

[1] Prononcé, le 1er septembre 1860, au banquet offert par la ville de
Roanne.

de Vougy [1] des généreuses paroles qu'il vient de prononcer et de la manière si gracieuse dont il a présenté mon nom à vos chaleureuses acclamations. (*Applaudissements.*) Je suis profondément reconnaissant de la réception que vous m'avez faite dans cette chère ville de Roanne. Vous savez combien j'aime mon pays et combien je lui suis dévoué. (*Bravos prolongés.*) Je me dispenserai donc de répondre à des compliments par des compliments ; je vous dirai seulement comment je comprends les intérêts du pays et de quelle manière nous devons procéder pour arriver promptement à des résultats. (*Attention générale.*)

Nous avons dans le département trois arrondissements, intéressants chacun à divers titres : Saint-Étienne est l'arrondissement industriel, Montbrison l'arrondissement agricole, et Roanne, qui participe des deux autres, est en outre, par sa situation sur la Loire, le canal latéral et le chemin de fer, plus particulièrement commercial. J'ai étudié avec soin, en consultant les hommes spéciaux, les chefs d'administration, vos principales autorités, les besoins des trois arrondissements.

Pour Saint-Étienne, la grande question est l'abaissement des tarifs de transport et certaines mesures à prendre contre la contrefaçon des dessins de la rubanerie.

Montbrison a besoin absolument d'être relié par un tronçon au chemin de fer de Rhône-et-Loire, comme il en a reçu la promesse ; de grands intérêts, d'ailleurs, ont attiré mon attention : la plaine du Forez a besoin de l'arrosage, du drainage et du chaulage, c'est-à-dire non-seulement de remplacer la stérilité par la richesse,

[1] Président du comice agricole de Roanne.

mais de faire aussi à son tour, par le chaulage, l'heureuse révolution que nous avons faite dans le Roannais en détruisant la fièvre. (*Applaudissements répétés.*)

Quant à ce qui vous concerne particulièrement, d'après ce qui m'a été dit par votre excellent sous-préfet, votre digne maire et les principaux habitants de Roanne, vos besoins peuvent se résumer à peu près ainsi : la prompte mise à exécution du chemin de fer de Roanne à Lyon par Tarare (*Oui! oui!*), le rattachement du canal qui va être racheté par l'État au chemin de fer (*Applaudissements.*), la restauration du pavé de la route impériale n° 8, dans la traversée de Roanne, et quelques intérêts secondaires, comme ceux de la nouvelle église de Notre-Dame des Victoires. (*Applaudissements.*) Or, Méssieurs, je n'ai pas besoin de vous dire que si j'ai promis mon concours à Saint-Étienne et à Montbrison, je n'oublierai pas Roanne, l'arrondissement où je suis né.

Comptez donc sur mon dévouement sincère, et permettez-moi, en attendant que je puisse vous prouver ma sympathie, de boire à la prospérité de la ville de Roanne. (*Applaudissements et acclamations enthousiastes.*)

TOAST

AU CONSEIL GÉNÉRAL DE LA LOIRE [1].

Je remercie notre honorable vice-président [2] des paroles si flatteuses qu'il vient de prononcer; je vous remercie également, Messieurs, des témoignages de

---

1 En réponse à un toast porté à M. le duc de Persigny, dans un banquet offert par le conseil général de la Loire, le 26 août 1862.

2 M. Lachèze.

sympathie dont vous ne cessez de m'honorer. Je ne
puis vous dire combien j'en suis touché. Assurément, je
n'ai pas la prétention de porter bannière au milieu de
vous, mais je veux servir avec vous sous cette noble, antique et chère bannière du Forez. Honorons, respectons
cette bannière, et suivons-la avec amour. Ce pays est bien
digne de notre dévouement ; il a de grands mérites à
mes yeux, et l'un de ces mérites, c'est d'avoir choisi,
pour le représenter, un conseil général qui est un modèle
d'honneur, de loyauté et de sagesse.

Permettez-moi de porter un toast au conseil général
de la Loire. (*Applaudissements enthousiastes.*)

<hr />

ALLOCUTION

AUX MEMBRES DU CERCLE DES ARTS DE SAINT-ÉTIENNE [1].

Monsieur le président [2], je vous remercie de l'accueil
que vous me faites. Je vous remercie surtout de croire à
ma profonde sympathie pour cette grande cité. Elle
n'est pas seulement une gloire du Forez, elle est une
gloire de la France. Comme vous l'avez reconnu, dans
les pénibles circonstances que nous venons de traverser, le Gouvernement n'a cessé de veiller sur ce grand
foyer industriel. Il a rendu hommage à la patience, à la
résignation, au courage avec lesquels votre noble population ouvrière a traversé ces temps difficiles. Soyez certain
que l'Empereur n'oubliera rien de ce qui peut vous aider à
supporter les conséquences fâcheuses de la guerre d'Amé-

---

[1] Prononcée le 26 août 1862.
[2] M. Vier.

rique. Si elles se prolongeaient jusqu'à l'hiver prochain, son Gouvernement ne manquerait pas d'étendre de nouveau sa main pour adoucir et soulager des misères si noblement supportées. (*Applaudissements unanimes.*)

ALLOCUTION

AU MAIRE DE MONTBRISON [1].

Monsieur le maire, je vous remercie de l'accueil que vous me faites. Je remercie également toute cette population qui se presse autour de vous, de ses chaleureuses sympathies. J'en suis profondément touché. Déjà, il y a deux ans, alors qu'on venait de lui enlever son plus grand avantage, j'ai pu apprécier sa générosité par la réception qu'elle fit au représentant de l'Empereur. Je vous dis alors que je vous étais acquis corps et âme. Autant qu'il a dépendu de moi, cette promesse a été tenue. (*Oui! oui! c'est vrai!*) Les travaux du chemin de fer de Montbrison à la ligne de Saint-Étienne sont commencés, ainsi que les grands travaux d'irrigation et d'assainissement qui feront de la plaine du Forez un des plus riches pays du monde. Vous pouvez compter sur moi. Je vous en donne une nouvelle preuve aujourd'hui, en venant au milieu de vous fonder une société[2] qui peut rendre les plus grands services à cette province et devenir l'une de ses gloires. Croyez-bien, Messieurs, que je serai toujours heureux de pouvoir vous témoigner mes vives et réelles sympathies. (*Applaudissements et bravos.*)

[1] Prononcée, le 29 août 1862, en réponse à un discours de M. Majoux, maire de la ville.
[2] La société de la *Diana.*

TOAST AU FOREZ [1].

Monsieur le maire, je vous remercie, au nom de la
société de la Diana, de la magnifique hospitalité que la
ville de Montbrison vient de lui offrir. Les arrondissements de Saint-Étienne et de Roanne ont accueilli avec
empressement la proposition de mettre le siége de notre
société à Montbrison. Ils ont reconnu qu'il était juste de
rendre cet hommage à notre ancienne capitale et de la
dédommager des avantages qu'elle a perdus. Montbrison, de son côté, a noblement témoigné de sa reconnaissance ; les uns et les autres ont été dignes du Forez.
Quant à moi, Messieurs, j'ai besoin de vous remercier
des marques si éclatantes de sympathie que vous me
donnez ; il semble que vous vouliez faire mentir le proverbe : *Nul n'est prophète dans son pays*, car tout ce que
je dis, vous l'approuvez ; tout ce que je propose, vous
l'acceptez. Mais votre bienveillance pour moi n'exaltera
pas ma vanité : ce n'est pas mon mérite que je vois au
travers de ces témoignages de sympathie, c'est votre
bonté, c'est votre générosité.

Je crois, du reste, bien comprendre les sentiments qui
vous animent à mon sujet. Vous vous dites : « Voilà un
de nos compatriotes qui, par son dévouement à une
grande cause, est parvenu à une situation élevée de
l'État ; » mais ce n'est pas le vrai motif de votre sympathie. Le motif, c'est que vous vous dites encore, et
vous avez raison : « Ce ministre aime son pays natal ; il
nous aime, et il faut l'aimer un peu à notre tour. »
(*Explosion de bravos.*)

---

[1] Prononcé, le 29 août 1862, au banquet offert par la ville de
Montbrison.

Eh bien, je vous en remercie de tout mon cœur, et je vous prie en conséquence de me permettre de proposer un toast qui résume nos sentiments à tous :

A NOTRE CHÈRE, A NOTRE NOBLE PROVINCE DU FOREZ! (*Applaudissements prolongés.*)

TOAST

A LA SOCIÉTÉ D'ENCOURAGEMENT DE LA LOIRE [1].

Monsieur le président et Messieurs les membres de la société d'encouragement de la Loire, je vous remercie de la flatteuse réception que vous m'avez faite. Je vous félicite surtout de l'heureuse idée que vous avez eue de fonder cette société, dont l'objet peut être si favorable aux progrès de l'agriculture, en même temps qu'à l'élégance des mœurs du pays. C'est pour les classes élevées un noble exercice de leurs loisirs, que de les faire servir à la prospérité publique. (*Applaudissements.*) Les classes élevées en France ont perdu un jour le pouvoir, parce qu'elles avaient perdu la confiance du peuple. Si elles veulent reconquérir cette confiance, ce n'est pas en continuant les luttes de partis, c'est en se dévouant généreusement à faire le bien du peuple dans tout ce qui dépend d'elles, et cela sans arrière-pensée, sans calculs personnels ou politiques (*Bravos et applaudissements.*), sans se demander si cela peut être utile à tel ou tel parti, mais en ne s'inspirant que de l'amour du peuple (*Vive approbation.*), car ce n'est que le jour où cette confiance sera complète de part et d'autre, que la France pourra

[1] Prononcé à Feurs, le 30 août 1862, au banquet offert par la société d'encouragement de la Loire.

jouir fructueusement de toutes ses libertés. (*Adhésion générale.*)

Quant aux idées que M. le président a si heureusement exposées sur les systèmes en présence pour l'amélioration des races chevalines, je ne puis que féliciter la société d'être entrée dans les voies qu'elle poursuit avec tant de zèle et de sagesse. Il s'agit de perfectionner les races qui ont besoin d'être perfectionnées et non pas celles qui répondent parfaitement au but qu'on se propose en les élevant. Nous avons en France des races excellentes, comme la race percheronne, par exemple, qu'il faut conserver avec soin, de même qu'en Angleterre, où nous avons été précédés dans le système de l'amélioration des races, il y a certaines races qui sont gardées pures de tout sang étranger.

Quant au pur sang qui a été tiré du sein de l'Arabie, où cette race célèbre a été probablement formée par l'élite de ces innombrables cavaleries qui, pendant des milliers d'années, ont parcouru et ravagé l'Asie en tout sens, quant à cette race extraordinaire qui a toutes les qualités désirables, la beauté des formes, le courage, la douceur, la rapidité, la force, et surtout une ardeur de travail que rien n'abat, nous ne saurions trop vivifier nos races communes de ce sang généreux. Remarquez qu'il ne s'agit pas de couvrir le pays de chevaux de pur sang. Les chevaux de pur sang ne doivent être que le type régénérateur, le réservoir commun de toutes les grandes qualités dont j'ai parlé ; mais ceux de trois quarts, de demi, de quart de sang, doivent avoir une grande place dans notre organisation chevaline. (*Mouvement marqué d'approbation dans toute la salle.*)

Messieurs, je suis enchanté d'avoir vu de mes yeux les progrès que vous avez déjà accompli en si peu de temps. Je vous en fais mon compliment sincère, et c'est avec la plus vive sympathie que je vous propose de boire à la prospérité de la société d'encouragement de la Loire. (*Applaudissements.*)

TOAST A LA VILLE DE ROANNE[1].

Messieurs, je remercie M. le maire[2] des paroles qu'il vient de m'adresser, et je suis vivement touché de la manière dont vous m'avez accueilli. Je demande, toutefois, la permission de ne pas répondre à des compliments. Permettez-moi aussi d'oublier un moment l'objet agricole de cette fête pour me rappeler seulement que je suis ici l'hôte de la ville de Roanne, que je me retrouve dans mon pays natal et au milieu des anciens compagnons de mon enfance. (*Très-bien.*)

Messieurs, en passant hier sous les arcs de triomphe pour entrer dans cette ville qui m'est si chère, je n'avais pas besoin, soyez-en sûrs, comme les anciens Romains, qu'un esclave placé derrière moi me rappelât à la modestie. (*Bravos.*) Ne croyez pas, en effet, que j'aie pris pour moi-même des honneurs que je n'aurais pas acceptés à ce titre, et qui ne pouvaient raisonnablement s'adresser qu'au grand Prince dont je suis l'humble et fidèle serviteur. (*Applaudissements prolongés.*)

Quant aux témoignages de sympathie qui se sont adressés au compatriote, si on peut les mériter par l'amour porté à son pays, je ne crains pas de dire que

[1] Prononcé, le 8 mai 1864, au banquet offert par la ville de Roanne.
[2] M. Boullier.

j'en suis digne. De tout temps, dès ma plus tendre enfance, le nom de Roanne a été doux à mes oreilles et cher à mon cœur. (*Vive approbation.*)

Je n'ai pas besoin de rappeler l'acte héroïque que l'Empereur vient de reconnaitre et récompenser en décorant le blason de la ville de Roanne d'une croix d'honneur. Le souvenir de ces volontaires Roannais qui arrêtèrent la marche de l'armée autrichienne, en barricadant le faubourg du Coteau et faisant sauter le pont de la Loire, a toujours été présent à mon esprit.

Je me rappelle que tout enfant, au collége, quand on me demandait le nom de mon pays natal, je me redressais fièrement et je disais avec orgueil : J'appartiens à cette ville de Roanne qui résista la dernière à l'invasion étrangère. (*Applaudissements.*) Et peut-être ce souvenir a-t-il été le point de départ de ma destinée.

Permettez-moi donc, aujourd'hui, de proposer un toast qui sort tout entier de mon cœur :

AU BONHEUR, A LA FORTUNE ET A LA PROSPÉRITÉ DE LA VILLE DE ROANNE !

TOAST A LA VILLE DE SAINT-ÉTIENNE [1].

C'est le cœur pénétré de reconnaissance que je viens d'entendre les généreuses paroles que l'honorable et digne maire de Saint-Étienne [2] vient de prononcer et auxquelles vous venez de donner une si chaleureuse approbation.

---

[1] En réponse à un toast porté par le maire de Saint-Étienne, le 24 août 1864, au Cercle des arts et du commerce.
[2] M. Faure-Belon.

Oui, M. le maire a dit la vérité : j'aime notre pays comme vous l'aimez vous-mêmes. Je suis attaché à tous ses intérêts, à toutes ses gloires ; et au nombre de ses gloires, quoi de plus éclatant que Saint-Étienne, dont nous sommes si fiers, pour notre chère province du Forez ? Et savez-vous pourquoi nous en sommes fiers ? Ce n'est pas seulement parce que ce foyer de production et de richesse est l'un des plus puissants du monde : c'est parce qu'il est consacré à ce qui honore le plus l'homme, le travail honnête, car, ce n'est pas ici par l'agiotage ou par l'intrigue que se crée la fortune ; c'est par les qualités éminentes qui distinguent le travailleur sérieux.

Voulez-vous que je fasse ici le tableau de la vie industrielle de Saint-Étienne. Prenons l'histoire de ces hommes qui se sont élevés eux-mêmes dans cette grande cité, qui sont devenus de grands citoyens, et dont les noms sont sur vos lèvres comme dans vos cœurs. (*Applaudissements.*)

Voici un enfant né dans une pauvre famille, mais élevé dans ces sentiments religieux qui font honneur à notre pays. Le voici qui débute sur le dur pavé de Saint-Étienne, au milieu de toutes les privations. Le courageux enfant comprend tout d'abord que la vie est une lutte ; il devine d'instinct, par ce qu'il voit autour de lui plus encore que par les conseils de sa famille, que rien ne lui sera possible sans instruction et que la nourriture de l'esprit est aussi nécessaire que celle du corps. Il fréquente donc avec assiduité, avec zèle et profit, nos écoles publiques. Puis, il s'agit de gagner sa subsistance, et le voilà au travail. La plus belle époque de la vie pour la jeunesse riche, il la passe dans les privations. Mais, avec ses forces qui se développent, il acquiert plus de facilité pour son travail ; il fait mieux et plus

vite, et il est plus rétribué. Or, avec de plus grands salaires, va-t-il augmenter son bien-être et ses jouissances?
Non. Il comprend qu'avant de jouir, il faut se créer des
économies, des réserves, pour toutes les éventualités.
Cependant, au bout de quelques années de fatigues et
de privations, il s'est créé un petit capital, et bientôt il
devient patron à son tour. Alors, s'il a toujours été
honnête et loyal dans ses relations; s'il a su gagner la
confiance de ses anciens compagnons de labeur, ces derniers, en travaillant pour lui, vont aider eux-mêmes à
sa fortune. Bientôt, son nom commence à être prononcé
dans la grande cité du travail. On vante ses qualités,
son courage à l'œuvre, son économie, son intelligence,
son activité, sa fidélité à tenir ses engagements; et son
crédit s'étend et se développe. C'est ainsi, en un mot,
qu'il arrive peu à peu au sommet de l'édifice social, pour
prendre place à son tour parmi les hommes considérables de la cité. (*Bravos.*)

Eh bien, Messieurs, c'est un beau spectacle pour le
philosophe que de voir dans cette rude bataille de la vie
la fortune et la richesse ne devenir le prix que des qualités et des vertus. Voilà ce que j'honore, ce que nous
honorons tous dans cette ville de Saint-Étienne, dans
ce temple de la richesse honnête. Permettez-moi donc
de porter un toast à ces nobles enfants de la cité du travail, aujourd'hui ouvriers et demain grands citoyens:

A LA GLOIRE ET A LA PROSPÉRITÉ DE SAINT-ÉTIENNE !
(*Vifs applaudissements.*)

IV

DIANA

LETTRE

SUR L'ORIGINE DES ARMES DES ANCIENS SIRES DE BEAUJEU[1].

Londres, le 27 novembre 1861.

Monsieur et cher compatriote[2], la dernière fois que j'ai eu le plaisir de vous voir et de vous féliciter de la belle publication que vous poursuivez avec tant de zèle et d'intelligence, nous avons eu l'occasion de parler d'une question en apparence frivole, mais qui touche en réalité à l'organisation de l'ancienne société féodale et particulièrement à l'histoire de notre province de Forez, je veux parler de l'origine des armes des anciens sires de Beaujeu.

La Mure, jugeant d'après les idées de son temps, a cru la chose toute simple ; sachant que les sires de Beaujeu

---

[1] Cette lettre a été imprimée en tête de l'*Histoire des ducs de Bourbon et des comtes de Forez*, par Jean-Marie de la Mure, ouvrage en deux grands volumes in-4°, annoté par M. de Chantelauze, imprimé à Lyon chez Louis Perrin, 1861-1862.

[2] M. de Chantelauze.

étaient des cadets des comtes de Forez, et qu'il est d'usage de désigner héraldiquement les branches cadettes par des brisures, il s'est dit tout naturellement que les armes de Beaujeu, *d'or au lion de sable brisé d'un lambel à cinq pendants de gueules,* devaient reproduire les armes des premiers comtes de Forez, et qu'ainsi, quoique inconnues jusqu'ici, ces armes se retrouvaient dans le blason de Beaujeu.

Mais aujourd'hui que l'histoire des premiers siècles de la féodalité nous est mieux connue, si l'on réfléchit qu'à l'époque reculée où se reporte ce point de notre histoire provinciale, au temps où vivait le premier sire de Beaujeu, puîné de Forez, c'est-à-dire près d'un siècle avant la première croisade, il est impossible d'admettre qu'alors que l'usage des bannières armoriées commençait à peine à s'introduire dans la société féodale, on en fût arrivé déjà à ce point avancé de la science héraldique qu'indique une brisure. Puis, comme nous n'avons aucun monument authentique sur les armes des sires de Beaujeu à ces époques reculées, il est bien permis de penser que les armes connues de cette maison sont d'une origine moins ancienne qu'on ne l'a supposé. Enfin, si nous ajoutons à ces données le rapprochement singulier de ces trois circonstances que M. de La Carelle, dans son *Histoire du Beaujolais,* a le premier signalées, à savoir qu'un des sires de Beaujeu avait épousé, à la fin du douzième siècle, une princesse de la maison de Flandre; que leurs armes, moins la brisure, sont exactement les armes de Flandre, et qu'enfin, comme les comtes de Flandre eux-mêmes et plusieurs maisons qui en sont sorties par les femmes, ils criaient *Flandre!* on comprendra que la question n'est pas aussi simple qu'elle le paraissait à La Mure, et que, touchant à des points si

obscurs de notre histoire provinciale, elle soit digne
d'exciter une certaine curiosité.

Et d'abord, si nous voulons pénétrer l'esprit des temps
féodaux, dégageons-nous des idées modernes de noblesse
et de blason qui, n'ayant aucune analogie réelle avec la
société d'il y a huit siècles, ne peuvent qu'embarrasser
la question.

Pour comprendre quelque chose au moyen âge, il faut
se reporter au temps de cette société guerrière, quand
le territoire était fractionné en mille pièces, et que de
toutes parts flottaient des bannières éclatantes sous lesquelles venaient se ranger les vassaux armés du ban et
de l'arrière-ban des duchés, des comtés, des seigneuries,
qui étaient alors pour l'armée féodale ce que nos corps
d'armée, nos régiments, nos bataillons, sont pour nos
armées modernes, et se demander l'origine et le but de
tout ce déploiement d'emblèmes et de couleurs.

Cette origine et ce but paraissent, du reste, faciles à
expliquer aujourd'hui. C'est dans nos guerres contre les
Sarrasins d'Europe, dans le midi de la France, en
Sicile et en Espagne, que nous avons pris la première
idée de ces bannières de couleurs éclatantes et variées,
adoptées par les Arabes et les peuples asiatiques pour
guider et rallier leurs innombrables cavaleries. Les Romains, dont les armées n'étaient principalement composées que d'infanterie, s'étaient contentés de figurines
d'aigles en métal au bout d'une lance. Mais le fractionnement infini du territoire féodal, et par conséquent des
armées du moyen âge, fit saisir avec empressement l'idée
arabe des bannières comme un moyen facile de se reconnaître. Puis, comme la première croisade, survenant
bientôt après, donna l'occasion d'appliquer l'invention
nouvelle aux nombreux éléments dont se composait

l'armée des Francs, il arriva que la comparaison des bannières des croisés avec celles des Sarrasins d'Asie permit de faire promptement de la connaissance de ces nombreux insignes une sorte de science qui, pendant plusieurs siècles, fut indispensable pour mettre de l'ordre dans la confusion féodale.

Le caprice, le choix, le hasard, établirent d'abord la composition des couleurs ou des figures des bannières des grands fiefs, duchés, comtés ou sireries, puis, de proche en proche, des subdivisions des grands fiefs. Mais, une fois fixés et illustrés par la victoire et le sang versé, ces emblèmes devinrent, pour les divisions du territoire féodal, autant de signes glorieux de ralliement qu'on avait tout intérêt à conserver, car il fallait qu'à la vue seule de la bannière, on pût dire : « Voilà Bourgogne, Champagne, Flandre ou Normandie ! » et de là l'immobilité des armoiries dans les terres. Tel était, en effet, l'esprit de l'institution dans les premiers siècles de la féodalité, que, quelles que fussent les mutations amenées dans la possession des fiefs, par héritage, mariage ou autres causes, quand une maison changeait de fief ou parvenait à un fief supérieur, c'est elle qui changeait de bannière et non le fief. Et, de même que quatre ou cinq maisons différentes sont montées sur le trône d'Angleterre en ne prenant que la bannière, ou, comme on dit aujourd'hui, les armes d'Angleterre, de même les maisons de Normandie, de Danemark, d'Alsace, de Hainaut, de Dampierre, parvenues au comté de Flandre, quittaient les armes de Normandie, de Danemark, d'Alsace, de Hainaut, de Dampierre, pour prendre de Flandre.

La même maison de Dampierre abandonnait aussi ses armes pour celles de Bourbon, en héritant de cette

sirerie', un siècle avant qu'elle donnât son nom à la
maison royale de France, issue de saint Louis; une
branche de l'ancienne maison de Bourgogne prenait de
Viennois, en arrivant, à la fin du douzième siècle, à la
possession du Dauphiné; et, pareillement, les sires de
la Tour-du-Pin, devenus à leur tour dauphins de Viennois, supprimaient leur écu pour celui de Dauphiné; la
maison des Baux quittait la comète de son blason pour
le cornet des armes d'Orange, en parvenant à cette dernière principauté; une foule de maisons, toutes dans
des circonstances analogues, faisaient de même; enfin,
chose remarquable, les princes puinés de la maison de
France eux-mêmes, malgré l'éclat des fleurs de lis royales,
ne prenaient également que les armes de leurs terres. Les
maisons royales de Bourgogne ancien, de Dreux et de
Courtenay, ne portaient que les armes de leur fief : Bourgogne : *bandé d'or et d'azur à la bordure de gueules;*
Dreux : *échiqueté d'or et d'azur;* et Courtenay : *d'or à
trois tourteaux de gueules,* et toutes sans l'écusson royal,
qui n'appartenait alors, en réalité, qu'à la France, dans
la personne du roi, et, tout au plus, de l'héritier de la
couronne. En un mot, la bannière et les armes étaient
attachées à la terre et non à la famille qui possédait la
terre. Mais, vers la fin du douzième siècle, quand l'usage
s'introduisit de porter les couleurs et figures armoriales
des fiefs, non pas seulement sur la bannière, mais sur
l'écu et la cotte d'armes du seigneur, en manière de
parure et de vêtement distinctif, comme il était naturel
que tous les fils d'un même seigneur fussent vêtus, en
quelque sorte, à la même mode, ces couleurs et ces
figures qui, seulement alors, prirent le nom d'armes et
d'armoiries, commencèrent à devenir une sorte de propriété pour tous les enfants d'une même famille, et de

là, probablement, la première idée de l'hérédité des armes dans les familles.

Il est, du reste, curieux de voir quand et comment commence, pour les branches cadettes de la maison royale, l'usage de porter les armes de France avec une brisure. Nous avons vu que, dans les premiers temps, les princes puinés du sang de France ne portaient pas les armes de France. Succédant par mariage ou autrement à de grands fiefs, suivant l'usage général, ils avaient pris purement et simplement la bannière de ces fiefs. Mais, sous Louis VIII, père de saint Louis, cet usage changea tout à coup, soit par la cause que nous venons de dire, soit par la nature même des nouveaux apanages démembrés du domaine royal. Si l'on réfléchit, en effet, que, quelles que fussent leur origine et leurs anciennes bannières, les diverses terres du royaume, une fois réunies à la couronne, ne relevaient plus directement que de la bannière royale, on comprendra qu'il ne pouvait plus être question de retirer aux vassaux de ces terres les glorieuses couleurs de France, surtout quand le nouveau chef du fief était un prince du sang royal. Mais d'un autre côté, comme la bannière fleurdelisée du nouvel apanage ne devait pas être confondue avec la bannière royale, dont elle était vassale, on y pourvut par de légères additions appelées brisures, et ainsi les nouvelles bannières d'Artois, d'Anjou et de Poitou, des trois frères de saint Louis, représentèrent exactement leur origine caractéristique de terres royales de France démembrées, et comme brisées du domaine royal. On voit, du reste, que cet exemple de la maison de France se répandit très-vite dans la société féodale et dut ainsi favoriser beaucoup la transformation qui tendait à faire passer des terres aux familles la propriété des armes. Mais, malgré cette transformation, tant que dura le régime des fiefs, c'est-à-dire tant que l'armée féodale du ban et de l'arrière-ban ne fut pas remplacée par l'organisation des armées royales permanentes, commencée par le roi Jean et surtout par Charles VII, sous le nom de compagnies d'ordonnance, la fixité des armes était encore plus dans les terres que dans les familles, qui changeaient encore habituellement de blason à mesure qu'elles changeaient de terre, et à mesure surtout qu'elles parvenaient, par héritage ou autrement, à des terres plus considérables, plus illustres ou plus noblement titrées, car, encore une fois, tant qu'il y eut une armée féodale, il y avait intérêt et avantage à conserver au fief la bannière antique et glorieuse sous laquelle il s'était illustré. Ce n'est qu'à la fin du régime féodal, quand les compagnies d'ordonnance, les régiments royaux, les armées permanentes eurent remplacé les bandes féodales du ban et de l'arrière-ban des duchés, des comtés et des diverses seigneuries ; quand les vassaux des différentes terres ne furent plus sérieusement réunis sous leurs bannières respectives, ce n'est qu'alors, dis-je, que les armes se fixèrent absolument dans les familles, qui purent désormais changer de terre sans avoir intérêt à changer de blason.

Je ne veux pas allonger cette lettre par des exemples, mais j'en citerai deux qui sont frappants. Le premier, c'est qu'aussi tard qu'en 1450, c'est-à-dire quand l'hérédité des armes était déjà depuis longtemps fixée dans les familles, nous voyons par l'armorial de Guillaume Revel que, dans notre province de Forez, sur seize principaux barons dont ce héraut d'armes donne le blason, il y en avait encore deux qui portaient les armes de leur terre, à l'exclusion de leur blason originel : Eustache de Lévis, sire de Couzan, qui portait de Couzan et non

pas de Lévis, et Anne de Talaru, seigneur de Marcilly,
qui portait de Marcilly et non pas de Talaru. Le second
exemple est bien connu et toujours de la même époque,
le milieu du quinzième siècle. Une famille puissante et
illustre du Dauphiné, la maison des Allemans, se trouvait alors divisée en onze branches qui toutes portaient
encore, comme par le passé, les armes de leurs terres
et non pas de leur race. Un concordat fut, en conséquence, fait en 1455, entre toutes les branches pour renoncer aux armes de leurs terres et prendre chacune
d'elles, avec des brisures convenues, les armes de la branche aînée dite de Valbonnois. Un siècle auparavant, les
divers seigneurs de cette maison n'auraient pas eu l'idée
de changer la bannière sous laquelle chacun d'eux con-
duisait ses vassaux à la guerre. Mais quand, au lieu de
porter leur propre bannière, ils n'étaient plus rangés sous
l'étendard royal qu'en qualité d'hommes d'armes des
compagnies d'ordonnance, alors, suivant l'esprit du
temps, il était naturel pour eux d'adopter l'usage, devenu
général, de symboliser leur famille par le même blason.

En résumé, et comme toutes les choses de ce monde,
le régime des armoiries a subi les transformations qui
résultaient des transformations mêmes de la société.
A l'origine, et quand elles ne se présentaient que sous la
forme de bannière et de drapeau pour chaque État
féodal, les couleurs armoriées n'appartenaient qu'à la
terre. Plus tard, et après que la bannière se reprodui-
sant sur l'écu, sur la cotte d'armes et le caparaçon des
chevaux, donna naissance aux armoiries proprement
dites, on aperçoit une espèce de système mixte : le
blason tend à s'attacher aux familles, qui tantôt l'imposent aux terres, tantôt le reçoivent des terres, suivant que l'illustration appartient à la terre ou à la

famille ; enfin, quand le système féodal est détruit et que l'armée féodale est remplacée par les armées permanentes, comme la terre n'a plus besoin de bannière, c'est dans la famille qu'est fixée définitivement la propriété des armes ; et le blason, dépouillé bientôt de son utilité et de sa signification guerrière, n'est plus qu'un souvenir honorable du passé pour les familles, ou qu'un recueil de documents archéologiques pour l'histoire.

Si ce qui précède est vrai et exact, la question des armes de Beaujeu est d'elle-même résolue. Il est clair d'abord que faire remonter à un cadet de Forez vivant un siècle avant la première croisade, l'adoption de l'écusson de Beaujeu comme brisure des armes de Forez, ce n'est qu'une naïveté historique. Mais pourquoi chercher si loin l'origine des armes de Beaujeu ? Nous savons que Guichard IV de Beaujeu épousa Sibylle de Hainaut, fille de Marguerite d'Alsace, comtesse de Flandre, et de Baudouin de Hainaut, empereur de Constantinople, c'est-à-dire une princesse héritière éventuelle de deux grands fiefs féminins. Or, de même qu'Edmond Tudor, père de Henri VII, en épousant une Plantagenet, devenait prince du sang de la maison royale d'Angleterre et quittait ses armes pour prendre les armes d'Angleterre, de même Humbert IV de Beaujeu, devenu, par sa mère, membre d'une des plus grandes maisons souveraines de la féodalité, dut en prendre les armes et le cri, comme firent les maisons d'Alsace, de Dampierre, de Saint-Dizier et d'Avesnes, sorties de même, par les femmes, de cette glorieuse maison de Flandre.

Je vais, du reste, répondre à une objection faite par l'auteur de l'*Armorial général du Lyonnais, Forez et Beaujolais,* récemment publié à Lyon, travail remarquable à tous égards et dont la conscience égale l'érudition. Il est vrai qu'Yolande de Hainaut, femme de Guichard IV de Beaujeu, portait l'écu de Hainaut, qui est *chevronné d'or et de sable de six pièces,* et non pas de Flandre, comme le constate le sceau de cette princesse, reproduit dans l'*Histoire de la maison de Courtenay* par Du Bouchet. Mais en quoi cela affaiblit-il l'argumentation? Qu'Yolande et même Sibylle aient porté les armes de leur père de préférence à celles de leur mère, les deux maisons et les deux terres féodales étant de même dignité, il n'y a rien en cela que de très-régulier. Mais que Humbert IV de Beaujeu, faisant partie des deux maisons et ayant un droit égal à l'héritage éventuel des deux comtés, ait pris l'écusson le plus illustre des deux, comme ses deux cousines germaines, Jeanne et Marguerite de Hainaut, comtesses de Flandre et de Hainaut, c'est ce qui était aussi naturel que conforme à l'esprit de la féodalité. Probablement qu'un siècle et demi plus tard, c'est-à-dire quand l'usage des écartelures se fut introduit dans les armoiries, Humbert de Beaujeu aurait adopté quelque combinaison d'écartelures, conservé, par exemple, son blason particulier en l'écartelant de Hainaut et mettant sur le tout de Flandre, suivant l'ordonnance des quartiers de Jean Sans-Peur, duc de Bourgogne. Mais, comme au commencement du treizième siècle on ne portait encore qu'un simple et unique écusson, c'était naturellement celui de la terre la plus noble, la plus considérable ou la plus illustre, qui était préféré.

Et maintenant, si les armes de Beaujeu ne sont pas les armes brisées des premiers comtes de Forez, quel était donc l'écusson de Forez avant la maison de Viennois, et l'écusson de Beaujeu avant Guichard IV? Assu-

rément, ces points de notre histoire provinciale ne sont
que d'un médiocre intérêt et ne valent pas la peine, mon
cher compatriote, que votre groupe de modernes béné-
dictins, si zélés pour tout ce qui peut concourir à l'illustration de nos trois provinces, consacre ses veilles à les
découvrir. Cependant, si, dans le cours de vos recherches, vous découvriez par hasard des sceaux de Forez et
de Beaujeu antérieurs à la seconde maison de Forez et à
Guichard IV de Beaujeu, il serait intéressant de faire
connaître cette petite découverte archéologique.

En attendant, permettez-moi de vous soumettre une
conjecture à ce sujet. La Mure nous apprend que le
comte Jean Ier de Forez, un des derniers de la seconde
race, homme intelligent, savant et fort instruit des antiquités du Forez, voulant honorer la première race des
comtes ses prédécesseurs, fit peindre entre plusieurs de
ses écussons et de ceux de son épouse Alix de Viennois,
dans le chœur de l'église collégiale de Montbrison, un
écusson symbolisant le nom de notre ancienne province,
et destiné, suivant notre illustre historien, à perpétuer
le souvenir de la première race de nos comtes. Or, cet
écusson, *de gueules au chêne d'or rayé et feuillé de
sinople*, qu'il considère et qu'on a considéré depuis
comme un écusson de fantaisie, une sorte d'emblème et
de devise parlante faisant allusion au nom de notre province, comme synonyme de bois et représenté par un
arbre, me paraît avoir un tout autre caractère. Et,
d'abord, pourquoi supposer qu'un écusson à armes parlantes ne soit pas un blason sérieux et réel, quand nous
savons qu'un très-grand nombre d'armes anciennes,
authentiques et illustres, étaient elles-mêmes des armes
parlantes? Je ne crois pas, d'ailleurs, qu'on ait jamais,
sous le régime féodal, exprimé une devise sous la forme

d'un écusson. Des idées, des caprices de ce genre, fréquents au moyen âge, prenaient la forme de cimiers, de supports, d'ornements extérieurs à l'écu et de *badge* à la manière anglaise, comme la herse des Plantagenet; mais on ne comprend pas plus de fausses armoiries au moyen âge qu'on ne comprendrait, de nos jours, une grande puissance avec un drapeau de fantaisie. Et voyez la force d'un préjugé et d'une erreur : le lambel des armes de Beaujeu avait fait croire, au temps de La Mure, que les anciennes armes de Forez étaient *d'or au lion de sable*. Voilà cependant qu'on retrouve un écusson différent dont les armes offrent le caractère de l'authenticité la plus sérieuse, car rien ne les distingue des armes authentiques du comte Jean et de sa femme. Ce comte vivant seulement un siècle et demi après l'extinction de la première race, et très-instruit des antiquités du Forez, comme La Mure nous l'apprend, devait assurément connaître l'ancien écu de Forez mieux qu'on ne pouvait le connaître quatre siècles après lui. Mais, comme ces armes renversaient le système de la prétendue origine du blason de Beaujeu, on a trouvé tout naturel de les supprimer comme armes de fantaisie. Cependant mettez de côté l'histoire du lambel de Beaujeu, et, je vous le demande, qui aurait douté de l'authenticité d'un écusson placé, à la fin du treizième siècle, par un prince illustre et savant en antiquités, à côté de son propre écusson et de celui de sa femme, dans la principale église de ses États?

Voici, du reste, une observation qui me frappe. Dans la manière dont la seconde maison des comtes de Forez composa son écusson, on est étonné de deux choses : la première, c'est qu'elle ait imposé son blason à la terre au lieu de le recevoir d'elle, ce qui, à ces époques reculées, est tout à fait extraordinaire; la seconde, c'est qu'elle ait transformé l'écu *d'or au dauphin d'azur* de la maison de Viennois dont elle sortait, d'une façon si anormale, et cela, non pas qu'il n'y ait eu des exemples de transformations analogues, mais parce que, au lieu de prendre *contre-Viennois, d'azur au dauphin d'or,* ce qui était le plus simple et le plus régulier, elle a altéré le blason de Viennois au point d'y introduire *un champ de gueules.*

Mais, si l'on admet l'authenticité de l'ancien écusson de Forez, reproduit par le comte Jean Ier, *de gueules au chêne d'or,* et si on le rapproche du second écusson de Forez, *de gueules au dauphin d'or,* alors rien de plus régulier, rien de plus héraldique, car, en combinant son écu, la nouvelle maison respecte les couleurs de l'ancienne; elle ne fait que substituer sur le champ de gueules du blason forézien, le *dauphin d'or au chêne d'or,* et, par conséquent, les barons, seigneurs et vassaux du Forez, ne pouvaient être blessés d'une substitution de pièces qui, tout en rappelant l'origine des nouveaux comtes, et sans changer les couleurs de la bannière de Forez, ne faisait qu'en rendre le blason plus noble.

Quant à l'époque où se fit ce changement, La Mure, en l'attribuant au premier comte de la maison, c'est-à-dire à Guy Ier qui vivait à la fin du onzième et au commencement du douzième siècle, a encore été trompé par les idées de son époque, car, outre qu'au commencement du douzième siècle, un pareil changement était contraire à l'esprit du temps, ce n'est qu'à la fin du douzième siècle que la maison de Viennois introduisit le dauphin dans ses armes. Il est donc évident que ce changement ne put s'effectuer que beaucoup plus tard, probablement dans le cours du treizième siècle, quand l'idée de famille avait commencé à se faire jour dans le régime

des armoiries, et que l'éclat de la seconde maison de
Viennois, issue de celle de Bourgogne, du sang royal de
France, put donner à nos comtes la pensée de s'y rattacher par l'adoption d'un dauphin dans ses armes. Or,
plus le changement de blason du Forez s'est effectué
tard, plus les couleurs des anciennes armes ont dû être
respectées, plus le comte Jean Ier a dû connaître ces
anciennes armes, si ce n'est pas lui-même qui les a
changées, plus enfin le prétendu écusson de fantaisie
dont il a été accusé paraît être le véritable blason des
premiers comtes.

Je vous prie d'excuser la longueur de cette lettre. N'y
voyez qu'une preuve du prix que j'attache, avec vous,
à tout ce qui concerne notre chère et belle province, et
de l'intérêt que je prends à votre belle publication de
l'ouvrage de La Mure.

Agréez, etc.

DISCOURS

SUR LA NOBLESSE [1].

Messieurs, je commence par vous remercier de l'empressement avec lequel vous vous êtes rendus à mon
appel. Quand, il y a quelques mois, l'occasion se présenta de sauver de la ruine un monument précieux de

[1] Prononcé à Montbrison, le 29 août 1862, pour l'inauguration de la
DIANA, société historique et archéologique du Forez, fondée par M. le
duc de Persigny.

A propos de ce discours, le *Journal des Débats* s'exprime ainsi :

« Nous ne serions pas des gens de goût, et nous manquerions à nos

l'histoire du Forez ; quand la pensée me vint qu'on pourrait le faire servir à la création d'une société destinée à
glorifier notre province, je ne pouvais guère espérer
que tant de nombreuses et flatteuses adhésions viendraient si vite réaliser ce projet.

Je n'ai pas besoin de vous dire, Messieurs, combien
cette marque de votre confiance m'a touché; mais je
tiens à vous exprimer à quel point cette nouvelle preuve
du caractère noble et généreux de notre province a excité
ma sympathie. N'est-ce pas, en effet, un spectacle digne
d'intérêt que cette attention donnée aux choses spécula-
tives du passé, dans un temps et dans un pays si fort
absorbés par les préoccupations pratiques du présent,
dans une province qui a fait de sa capitale l'un des plus
riches foyers industriels de l'Europe et qui prépare, en ce

habitudes de haute impartialité, si, même parmi les graves préoccupations de la politique, nous laissions passer inaperçu le discours que
M. de Persigny a prononcé à Montbrison.

» On sait que M. de Persigny est président du conseil général du
département de la Loire, ancien Forez. Il se conduit, autant que le
permettent nos mœurs et nos lois, avec le Forez, « sa province », que
le département de la Loire ne lui fait point oublier, à la manière anglaise, qui est la bonne. Volontiers il y fonde, patrone et encourage
des établissements utiles. Il a tenu, cette année, à inaugurer les travaux
de la société savante de la *Diana*, qui s'est proposé pour œuvre principale l'étude approfondie de l'histoire et de la topographie du Forez.

» Le souvenir des temps féodaux, l'image de l'ancienne France était
partout dans cette salle des États du Forez, tapissée d'écussons, d'armoiries, d'orgueilleuses devises, où M. de Persigny a pris la parole. Il
ne dépendait que de lui de prononcer à ce propos une harangue hardiment triviale. Nous connaissons des gens, même ministres, qui n'y
eussent pas manqué ! Quel beau thème, en effet, pour parler à tort et à
travers de l'immortelle révolution, de la féodalité hideuse, de cette
époque ténébreuse et barbare de l'ancien régime où nous n'avions pas
d'autres poëtes que Racine ni d'autres généraux que Condé et Vauban !
Quelle occasion unique de compter avec satisfaction le nombre d'ins-
tituteurs primaires que ne possédait pas le Forez, en l'an 1200 !

» Au lieu de cela, M. de Persigny s'est inspiré d'une grande et patriotique idée, qui est redevenue, nous le disons avec tristesse, presque
neuve, bien qu'elle n'eût dû jamais sortir de l'esprit et du cœur d'un

moment même, une vaste opération agricole? Honneur
aux hommes éminents de la magistrature, de l'armée,
de l'agriculture, de l'industrie, qui ne craignent pas de
négliger un moment leurs intérêts pour venir rendre
hommage aux souvenirs de notre histoire ! Oui, Messieurs, je suis fier de trouver de pareils sentiments dans
notre province, car le culte du passé honore le présent.
Sans l'étude et l'expérience des siècles, pas de grandes
choses ! Pas de grand peuple, sans traditions !

D'ailleurs, plus la société moderne s'engage dans les
voies industrielles, et plus les esprits d'élite qui, dans
chaque pays, marchent à la tête de la civilisation,
doivent se retremper aux sources des idées généreuses.
La préoccupation exclusive des intérêts matériels serait
un danger pour l'esprit, un désenchantement pour l'âme,

Français : c'est celle de la perpétuité de la France. Il a parlé à ce sujet
avec une abondance sans prolixité, avec une distinction soutenue et
vraie, avec une originalité qu'il a su retenir sur la limite où l'originalité
devient paradoxe.

» Oui, il y a une âme de la France qui n'a pas attendu jusqu'à l'année 1800 pour se sentir elle-même et se faire sentir au monde ; et
cette âme indivisible, elle bat en chacun de nous, petits et grands, la
même chez tous, elle coule en nos veines avec le sang que nous ont
transmis trente générations de Français. M. de Persigny a trouvé moyen
de parler contre l'esprit de caste, non pas en déclamateur vulgaire,
mais en patriote qui sait le prix de ce beau nom de Français, quelle que
soit la condition de celui qui le porte, et en fin observateur de nos
mœurs, qui sait qu'être « honnête homme », selon le sens spécial du
mot dans notre langue, a presque toujours tenu lieu chez nous, dans
la société polie, d'être « gentilhomme ».

» On a beaucoup remarqué, peut-être pour plus d'un motif, le passage où M. de Persigny s'est attaché à démontrer mathématiquement
que, par nos aïeux et nos descendants, nous sommes tous également
nobles, tous également exposés à redevenir peuple. Celui que Saint-
Simon affecte d'appeler « le roi des gentilshommes », Louis XIII,
tout bon gentilhomme qu'il fût, s'en doutait déjà très-fort, lui qui
aimait à effaroucher ses courtisans en répétant de temps à autre : « Mon
grand-père le greffier et mon aïeul le boucher de Paris. »

» M. de Persigny a très-habilement et très-ingénieusement érigé en
théorie la boutade malicieuse de Louis XIII. Nous ne voulons pas

si la contemplation des temps chevaleresques et religieux ne réveillait sans cesse en nous les traditions d'honneur et de dévouement.

Au surplus, il ne faut pas croire qu'au point de vue même des intérêts purement matériels, l'étude du passé n'ait rien à nous apprendre. Quelque fiers que nous devions être des grandes découvertes de notre temps et des progrès que ces découvertes nous font accomplir chaque jour en nous livrant les forces de la nature, nous n'avons pas à dédaigner les enseignements du passé. Voici, par exemple, le barrage du *Furens,* œuvre magnifique qui doit non seulement préserver à jamais Saint-Étienne des désastres auxquels cette ville était sans cesse exposée, mais encore régler et emmagasiner des forces précieuses pour son industrie et pour la santé de ses habitants.

rechercher dans quelle situation respective cette théorie, acceptée au pied de la lettre, placerait l'ancienne noblesse et la nouvelle. Elle repose, en tout cas, sur un sentiment élevé et juste de la solidarité nationale. Elle resserre en la proclamant la solidarité provinciale elle-même. Ce n'est pas nous qui nous en plaignons.

» Les départements sont des êtres de convention qui n'ont pas réussi à détruire tout à fait ces êtres réels qui s'appelaient l'Aunis, la Bretagne, la Provence, le Poitou. M. de Persigny a le patriotisme du Forez avec celui de la France; il a le courage de s'en faire honneur, lui ministre, lui le représentant le plus haut placé de la centralisation administrative. Quel Français, soucieux de conserver intactes toutes les gloires de son pays, ne l'en féliciterait? Quel est celui d'entre nous qui n'a quelque part son Forez, dont il ne verrait pas sans regret périr les vieilles mœurs? Qui n'aime à se sentir ou à se figurer membre, selon l'heureuse et pittoresque expression de M. de Persigny, de quelque clan des Campbell et des Macdonald, uni de cœur et d'esprit à la France nouvelle comme à l'ancienne, vivant en elle, pour elle et par elle, mais ne voulant pas s'y anéantir? » — J. J. WEISS.

Le *Constitutionnel* contient l'appréciation suivante:

« J'ai regretté, l'autre jour, je l'avoue, de ne pas être un peu de l'opposition, afin d'être plus en droit de dire ce que je pensais, après avoir lu l'excellent et spirituel discours que M. le comte de Persigny a prononcé à Montbrison; mais enfin de ce qu'on a l'honneur d'être, par

Assurément, nous pouvons nous féliciter d'avoir, les premiers, mis en pratique la belle théorie que l'Empereur a exposée sur le barrage transversal des rivières comme moyen de prévenir les inondations; mais, il faut le dire à la louange du passé, nous avions sous les yeux le plus splendide ouvrage de ce genre dans la digue de *Piney*, élevée par les Romains, restaurée par Louis XIV, et qui sera, j'espère, rétablie un jour pour la prospérité de notre province et la sécurité d'une vaste région de la France.

Autre exemple bien digne de remarque : nous travaillons aujourd'hui à la transformation de la plaine du Forez par un système combiné de canaux de drainage et d'irrigation qui doit lui rendre la richesse et la salubrité, dont mille inductions historiques nous prouvent qu'elle

goût et par choix, le serviteur et l'ami des gens, ce n'est pas une raison pour éviter de dire d'eux le bien que l'on pense. Ici, nous avons été devancé par tout le monde, par tous nos confrères de la presse, et nous nous en félicitons. Ce discours, prononcé le 29 août dernier, à la séance d'inauguration solennelle d'une société historique locale, et accueilli avec une sympathie si marquée par toute la population d'un département et d'une province, est de nature à faire naître plusieurs réflexions.

» Je ne sépare pas le discours de tous les actes qui l'ont précédé, du rôle actif, bienveillant, vigilant, que M. de Persigny n'a cessé de remplir depuis des années dans le département de la Loire, dans ce vieux pays du Forez qui est le sien et où il s'est acquis une popularité, une amitié de toutes les classes, qui ne cherche que les occasions de se manifester. Voilà, me disais-je, en parcourant le recueil local où l'on a réuni les touchants témoignages rendus à M. de Persigny dans ses visites à Saint-Étienne et à Montbrison, et qui sortent tout à fait du ton officiel, voilà une province qui vit, qui échappe au reproche qu'on a souvent adressé à notre centralisation administrative, d'ailleurs si utile, de n'être qu'un mécanisme, un ensemble de rouages, et de laisser en dehors le cœur et l'âme des populations. Les provinces autrefois vivaient, mais elles se cantonnaient aussi; elles se séparaient volontiers du centre ; ici, en voilà une qui subsiste ou qui revit avec un fonds de souvenirs, d'affections, et qui cependant ne fronde pas. Le vieux cœur se remet à battre à travers les mailles du réseau moderne et ne cherche pas à les briser. On a pourtant souffert dans ce pays de Saint-Étienne

jouissait jadis. Or, Messieurs, savez-vous ce que l'habile
ingénieur qui préside à ce beau travail a déjà reconnu?
C'est qu'à une époque reculée, ce même travail a été
exécuté par nos ancêtres, car, en cherchant les points
inférieurs de la plaine pour le dessèchement et les points
supérieurs pour l'arrosement, il trouve, aux mêmes
points, les traces de canaux d'irrigation et par conséquent de drainage, et ne fait ainsi que reproduire
une opération antérieure. Il est donc démontré aujour-
d'hui que l'état actuel de notre plaine n'est que le
résultat de l'encombrement des canaux exécutés dans le
passé. Eh bien, Messieurs, si nous avions mieux connu
l'histoire de notre province, nous aurions su, avec l'existence de ces travaux, la cause de l'antique prospérité
comme de l'insalubrité actuelle de notre plaine; et l'in-

autant et plus que dans d'autres, depuis deux années; l'industrie y a
traversé une pénible crise; mais on a eu la force de souffrir sans s'irriter, sans accuser le gouvernement qu'on savait attentif et plein de sollicitude; les plaintes étaient patientes, elles sentaient qu'elles arrivaient
en lieu sûr, et personne n'eût dit ce mot injuste : *Ah ! si l'Empereur le
savait !* Cette confiance, cette union, cette fusion des diverses classes
dans un même intérêt, dans un même sentiment, offre un spectacle qui
fait du bien. La France est une belle patrie; elle a de ces jours où tous
les cœurs n'ont qu'un seul vœu, qu'un cri éclatant; ce sont des journées
héroïques, populaires, militaires, même civiles, où l'on se retrouve, où
tout se confond : dates immortelles, véritables époques dans notre histoire ! elles consolent de bien des intervalles. Mais aussi dans ces intervalles, que de misères, que de tiraillements, que d'inconséquences, que
de velléités chétives, que de bouderies contre ce qui existe, que de taqui-
neries de méchants enfants (et il y en a dans le nombre qui devraient
être sages, car ils sont grands et même célèbres), et combien ils seraient
attrapés tout les premiers, si un mauvais génie les prenait au mot! En
ces tristes journées, on est tenté de se demander vraiment si l'on est une
nation forte, sérieuse, ayant le caractère fait. Oh ! si l'on pouvait sur
tous les points de la France, à commencer par nous-mêmes au centre,
inspirer un esprit d'union qui ne soit point de servilité, mais d'affection
à une chose commune, à une seule et même chose qui soit nôtre, et
qu'on n'aspire qu'à améliorer, à perfectionner, oh ! comme alors la
France serait belle et forte, non-seulement dans ces grands jours qui ne
sont qu'à elle dans l'histoire et par où elle éclate au monde, mais aussi

.certitude où nous avons été à ce sujet n'aurait pas prolongé si longtemps l'état déplorable auquel nous allons
enfin remédier aujourd'hui.

Permettez-moi d'appeler encore votre attention sur
un dernier exemple : nous savons d'une manière certaine, par de nombreux documents sur le Forez, que
nos montagnes étaient anciennement couvertes de riches
pâturages ; que l'agriculture pastorale faisait la fortune de
notre pays, et que de grandes familles foréziennes trouvaient dans les troupeaux de nos montagnes la source de
leur puissance au dehors comme au dedans de la province. Or, que sont devenues ces richesses ? Aujourd'hui
nos montagnes, avec leurs crêtes déboisées, leurs pentes
dénudées et sans cesse appauvries par la culture même
qui en mobilise le sol, pourraient dire si nous avons

dans ce *tous les jours* qui est bien de quelque prix dans la vie des peuples
et dans celle des individus.

» Que chacun y travaille selon ses forces, à sa portée, ou sur plusieurs
points ou sur un seul. Il faut rendre à M. de Persigny cette justice qu'il
a dans le cœur ce je ne sais quoi d'élevé qui répond bien à un tel sentiment, qui y sollicite et peut y rallier même des adversaires, qui va
chercher en chacun ce qui est vibrant, et que le sentiment napoléonien
historique et dynastique tel qu'il le conçoit dans son esprit et dans son
culte, tel qu'on l'a entendu maintes fois l'exprimer avec une originalité
saisissante (toute part faite à un auguste initiateur), est à la fois ami de
la démocratie, sauveur et rajeunisseur des hautes classes, animateur de
la classe moyenne industrielle en qui il tend à infuser une chaleur de
foi politique inaccoutumée.

» En revenant au discours du Forez, on retrouve là dans la piquante
théorie de la noblesse qui, à la bien entendre, n'est plus un privilége et
doit se répartir à divers degrés entre tous les individus d'un même pays,
une variante ingénieuse pour exprimer ce sentiment patriotique d'union.
Il n'y a plus de démocratie absolue ; il n'y a plus d'aristocratie retran-
chée ; nous tous, enfants d'un même pays, nous nous divisons inéga-
lement et à l'infini en deux classes qui se modifient, se pénètrent et travaillent à se refondre chaque jour en vertu d'un va-et-vient aussi naturel
que l'est dans le corps la circulation du sang : parents riches et
parents pauvres, voilà toute la différence. Puisse une explication si
généreuse courir et se propager ! Et c'est ainsi que dans cette salle des
anciens États du Forez, sauvée, grâce à lui, de la ruine et consacrée

bien fait de renoncer aux traditions de nos ancêtres.

Ainsi, même au point de vue des intérêts matériels, nous avons avantage à étudier l'histoire de nos pères et à profiter de leur expérience.

Mais, Messieurs, comment étudier l'histoire de notre province, dans l'état actuel de nos renseignements, sans la connaissance des documents à consulter, sans la possibilité de se les procurer, sans un centre d'études et de recherches? Livré à ses seules ressources, l'esprit le plus désireux d'apprendre use son temps et ses forces à chercher les matériaux nécessaires, et finit par se décourager devant l'impuissance de ses efforts.

Que si, au contraire, vous fondez dans la Diana une sorte de cabinet historiographique où soient réunies toutes les sources d'informations, par exemple : une bi-

désormais à la société historique de Montbrison, sous ces voûtes et entre ces murailles toutes chargées d'armoiries et d'emblèmes, M. de Persigny a fait que chacun pût y jeter les yeux sans trop d'orgueil et sans trop d'envie.

» Mais il y a dans ce discours une autre idée toute pratique, et qui mérite qu'on la mette en vue et en saillie : c'est ce que j'appellerai l'idée de centralisation historique provinciale; réunir dans un seul et même local tout ce qui se rapporte à l'histoire de la province sous forme graphique, c'est-à-dire tout ce qui est écrit ou tout ce qui peut se dessiner; et pour être plus précis, j'emprunterai les termes de M. de Persigny lui-même : « Fonder une sorte de cabinet historiographique où soient » réunies toutes les sources d'informations, par exemple : une biblio- » thèque de tous les livres ou manuscrits qui peuvent concerner le pays ; » une seconde bibliothèque de tous les ouvrages faits par des compa- » triotes; un recueil des sceaux et médailles de la province, ou fac- » simile de ces objets; une collection de cartes géographiques et topo- » graphiques du pays, plans, dessins, vues, portraits des grands » hommes ; des albums photographiques pour la reproduction des monu- » ments archéologiques ; un cabinet de titres, chartes, actes authentiques, » originaux ou copiés, et surtout un catalogue suffisamment détaillé de » tous les documents qui peuvent intéresser la province, dans les collec- » tions publiques ou particulières, dans les archives, bibliothèques, » musées et cabinets de Paris, des départements et de l'étranger. »

» Voilà l'idée dans son originalité; et elle peut trouver son application ailleurs. Je sais bien que quelque chose d'analogue ou d'approchant

bliothèque de tous les livres ou manuscrits qui peuvent
concerner le Forez ; une seconde bibliothèque de tous
les ouvrages faits par des Foréziens ; un recueil des
sceaux et médailles de la province ou fac-simile de ces
objets ; une collection de cartes géographiques et topographiques du Forez, plans, dessins, vues, portraits ;
des albums photographiques pour la reproduction de
nos monuments archéologiques ; un cabinet de titres,
chartes, actes authentiques, originaux ou copiés, et
surtout un catalogue suffisamment détaillé de tous les
documents qui peuvent intéresser notre province, dans
les collections publiques ou particulières, dans les archives, bibliothèques, musées et cabinets de Paris, des
départements et de l'étranger ; si vous faites, enfin, de la
Diana un centre d'études et de recherches pour l'his-

doit exister déjà grâce aux différentes académies de province, aux sociétés
d'émulation, etc.; mais il n'y a rien de complet en ce genre : la disper-
sion, la dissémination est toujours ce qui nuit aux études provinciales.
Le ministre de l'instruction publique a, par une fondation heureuse,
réuni depuis quelques années les travaux des diverses sociétés provinciales et les a fait, en quelque sorte, comparaître à son ministère pour
être, après examen en commission et rapport, analysés ou mentionnés
dans la *Revue des sociétés savantes;* une solennité annuelle rassemble à
Paris sous sa présidence et met en contact, dans une sorte de congrès,
les membres de ces sociétés qui correspondent utilement avec son ministère. Mais ici le point de vue est autre ; c'est en province même et sur
les lieux qu'on a voulu fonder un centre approprié d'études et de recherches pour l'histoire locale. M. de Persigny, qui, il y a neuf ans, présentait à la signature de l'Empereur un plan *d'inventaire* sommaire de
toutes les archives de l'Empire et organisait ce travail qui n'a cessé,
depuis, de se poursuivre, et qui vient de produire ses premiers résultats
imprimés, a compris où est le point de la difficulté et suggéré un moyen
qui peut être d'un utile exemple. La *Diana,* organisée comme elle va
l'être, et d'après le plan indiqué, méritera de devenir une société modèle. Tout ce qu'on pourra réunir de livres, de manuscrits, on le réunira ; et, pour ces derniers, à défaut des originaux qui appartiennent le
plus souvent à des dépôts publics ou de copies longues à faire et inutiles,
on aura du moins les indications précises, immédiates. Il ne s'agit pas
de faire double emploi avec la bibliothèque de la ville et avec les archives
départementales, mais de *faire lien.* — SAINTE-BEUVE.

toire du Forez, je dis, Messieurs, que vous aurez élevé
à la gloire de notre province un monument qui fera
honneur à notre société; que vous aurez fait une grande
œuvre, peut-être sans rivale en Europe ; que vous aurez
légué un précieux héritage à vos enfants, et que, de cet
illustre monument de la Diana, restauré et relevé par
vos soins, sortiront un jour des travaux, des ouvrages,
qui signaleront notre province à l'attention du monde
civilisé.

Ici, permettez-moi de venir au-devant des objections
qui pourraient être faites. Personne, sans doute, ne
niera l'importance du but proposé, ni l'intérêt qu'a
notre province à voir fonder une société destinée à mettre
son histoire en lumière. On ne niera pas davantage la
convenance de choisir pour siége de la société notre
ancienne capitale, aujourd'hui déshéritée de ses avantages, et de consacrer à ses séances la salle même où se
tenaient les anciens États de la province. Mais, pourquoi, dira-t-on, attacher tant d'importance à la restauration d'un monument de la féodalité? Pourquoi se
préoccuper de ces blasons, de ces emblèmes, de ces
vestiges d'une société si loin de nous? Que sont devenues les familles dont les couleurs brillaient à côté des
armes du Forez? Et, s'il en existe encore quelques-unes,
pourquoi attirer l'attention de tout un pays sur des
choses qui semblent n'intéresser que quelques personnes?

Messieurs, avant de répondre à ces objections, je
ferai remarquer que, pour juger sainement les temps
anciens, il faut s'attacher à pénétrer le fond des choses,
sans plus se préoccuper des formes sociales que de la
coupe des vêtements de nos ancêtres.

Quelles que soient, en effet, les transformations

d'une société, il y a des choses essentielles qui peuvent
être considérées indépendamment de la physionomie
particulière qu'elles affectent. Si, par exemple, nous nous
transportons en imagination à la fin du treizième siècle,
à l'époque de la construction de la Diana, nous nous
trouvons en plein moyen âge, au milieu d'une cour féodale, avec tout son luxe de bannières, d'emblèmes et
d'armoiries. Ce spectacle semble bien différent de nos
réunions actuelles. Qu'y a-t-il, pourtant, au fond de
ces choses si étranges en apparence?

Le comte de Forez, grand feudataire de la couronne
de France, entouré de ses barons et de ses vassaux,
qu'est-ce autre chose que le délégué de la puissance
souveraine, comme nous dirions aujourd'hui? Ces hauts
barons qui concourent aux principaux actes administratifs de nos comtes, dont nous voyons les noms au
bas des chartes du temps et qui forment le conseil supérieur de la province, n'est-ce pas en principe le
conseil général de notre département? Enfin, ces seigneurs, ces possesseurs de fiefs, de manoirs, qu'est-ce
encore sinon les détenteurs du capital sous la forme
presque exclusivement terrienne qu'il avait alors, et que
remplacent aujourd'hui nos propriétaires de terres et
d'usines? En dépit des formes et des aspects variables
de siècle en siècle, c'est toujours la même société, le
même peuple; et nos pères pourraient se reconnaître
en nous comme nous pouvons nous reconnaître en
eux.

Quant aux écussons qui ornent la salle de la Diana,
nous allons voir à qui ils appartiennent et qui a droit de
s'en enorgueillir.

Au temps où nous vivons, Messieurs, nous sommes
frappés de la mobilité que présente l'histoire des fa-

milles tour à tour élevées ou abaissées par la fortune. Mais ce spectacle n'appartient pas seulement à notre siècle et à notre société telle que l'a faite le code Napoléon.

Si nous considérons le tableau que présente l'état social des huit derniers siècles, nous y voyons que, malgré les institutions tendant à immobiliser la propriété, pour une terre qui se maintient dans la même maison, mille autres passent de famille en famille; que la liste des possesseurs de fiefs se modifie de siècle en siècle avec une étrange rapidité, et que continuellement des familles disparaissent de la scène pour faire place à de nouvelles.

La noblesse féodale, c'est-à-dire la noblesse des fiefs grevés du service militaire au moyen âge, exposée par son dévouement même à mille causes d'affaiblissement et de ruine, ne cesse de se recruter dans les rangs de la bourgeoisie, qui, sortie elle-même du sein du peuple par le travail et l'économie, parvient sans peine à la noblesse par l'acquisition des fiefs. Même dans les derniers temps, quand la noblesse devient une classe privilégiée par le maintien abusif de l'exemption des taxes, alors que les fiefs ne sont plus astreints au service militaire qui justifiait auparavant l'exception, les voies pour arriver à la noblesse sont encore toutes grandes ouvertes à la bourgeoisie. Non seulement les anoblissements royaux, mais encore une foule de charges civiles, militaires ou judiciaires, accessibles au mérite ou à la fortune, lui en font franchir les degrés : de sorte que, tandis que la pauvreté rejette sans cesse d'anciennes familles et surtout les branches cadettes de ces familles hors de la classe privilégiée, de nouvelles y pénètrent à l'envi et comblent les vides laissés

par les premières. Pour quiconque, sans parti pris et
sans préjugé sur ces matières, parcourt les titres, les
registres, les terriers, c'est un singulier spectacle que
ces transformations continuelles de la société. A certaine époque, vous voyez des noms de laboureurs, d'ouvriers, que vous retrouvez, à peine un siècle plus tard,
portés par la bourgeoisie des villes et bientôt par la
noblesse. Le phénomène contraire se produit tout aussi
vite. Jetez les yeux sur les noms de la plus haute noblesse du treizième siècle : déjà au quatorzième, un grand
nombre d'entre eux se retrouvent dans la bourgeoisie et
bientôt après parmi les ouvriers et les laboureurs; et de
cette manière, se justifie ce proverbe fameux du moyen
âge qui peint si bien, dans l'histoire des familles, la mobilité des choses humaines : « *Cent ans bannière, cent
ans civière.* »

Ainsi, Messieurs, loin que la noblesse ancienne ait été
d'un sang différent du peuple, une race à part comme
on l'a dit pour flatter la vanité de quelques-uns aux dépens même de l'influence et de la popularité de la noblesse, la vérité est que, de même qu'il n'y avait pas de
famille noble qui ne sortît du peuple, il n'y en avait pas
non plus qui, au moins par quelques-unes de ses branches, ne finît tôt ou tard par y rentrer. Que si, par
exemple, nous considérons isolément l'histoire de notre
province depuis l'établissement de la féodalité, c'est-à-
dire depuis huit à neuf siècles, nous pouvons dire hardiment qu'après cette immense évolution de haut en
bas et de bas en haut, il n'existe peut-être pas de famille
aujourd'hui qui, par une ou plusieurs de ses branches,
n'ait passé par les divers degrés de l'échelle sociale et
touché, à son tour et à son temps, à la noblesse.

C'est, du reste, une loi mathématique qu'en remontant d'un certain nombre de générations en arrière, tout individu d'une nation a pour ancétres, à une époque déterminée, la population de cette nation tout entière. Comme le nombre des aïeux, en commençant par ceux du père et de la mère de chaque individu, se double à chaque génération, et que cette progression, pour vingt générations, dépasse déjà le chiffre d'un million, si nous prenons pour moyenne trois générations et demie par siècle, nous pouvons dire que chacun de nous a pour ancétre tous les habitants du Forez, noblesse et peuple, du temps du comte Jean, le fondateur de la Diana.

Voilà la vérité de toutes les généalogies; voilà les principes qui doivent servir de base à l'éducation des familles, et non ces règles d'orgueil, de vanité, de mensonge, qui, si longtemps, les ont égarées. Si, en effet, chacun pouvait connaître sa généalogie vraie, combien d'idées dans le monde ne seraient-elles pas modifiées! Le plus ancien noble sachant qu'il a des parents dans les plus humbles chaumières et jusque dans les réduits de la misère, tendrait la main à ses frères avec une charité plus sympathique. Le pauvre, de son côté, voyant des représentants de son sang, de sa race, dans les plus hautes situations de la société, supporterait son sort avec plus de résignation et passerait avec moins d'envie auprès des détenteurs actuels de la richesse.

Messieurs, je ne fais pas de vaines hypothèses : il y a deux peuples dans le monde qui comprennent de cette manière l'histoire de la famille, les Arabes et les Écossais; et c'est ainsi qu'ils ont été conduits à la tribu et au clan dont les membres, quelque nombreux qu'ils soient. à quelque rang social qu'ils appartiennent, se considèrent comme parents, portent le même nom, et forment en quelque sorte une même famille.

Eh bien! Messieurs, comme les Campbell et les Mac-Donald, nous aussi, nous formons un clan issu de la même souche, pétri du même sang, héritier des mêmes traditions, qui s'appelle Forez. Je n'ai donc pas besoin de dire qui a le droit de s'enorgueillir des couleurs, des emblèmes, des blasons de la Diana, car ce sont nos couleurs, nos emblèmes à tous. C'est notre passé, c'est notre histoire, c'est notre gloire; et nous faisons acte de bons citoyens en relevant et honorant ces reliques de nos pères.

OBSERVATIONS

RELATIVES A LA SOCIÉTÉ DE LA DIANA [1].

J'ai cru remarquer, d'après des observations qui m'ont été faites, que certaines personnes n'avaient pas suffisamment compris le but de la société que nous avons fondée. Je ne me suis point proposé, en faisant appel au pays, de créer une société archéologique, comme il en existe dans un grand nombre de départements. Je trouve assurément très-honorable que des savants, des archéologues, des historiens, des géographes, se réunissent pour s'occuper ensemble de recherches historiques et archéologiques, se faire part

---

[1] Présentées par M. le duc de Persigny aux membres de cette société réunis à Roanne, le 7 mai 1864.

de leurs travaux, de leurs découvertes, et publier des
mémoires. Il existe une société semblable à Lyon, dont
le recueil est très-estimé, et qui s'occupe de l'histoire du
Forez comme du Beaujolais et du Lyonnais proprement
dit. Les colonnes de ce recueil sont ouvertes aux archéologues de notre département comme à ceux du département du Rhône. Il n'y avait donc pas là de lacune à
combler, et nous ne pourrions pas faire mieux. Pour
moi qui ne suis, comme plusieurs d'entre vous, ni historien, ni archéologue, ni géographe, je n'ai pas songé
un instant à créer une société rivale de celle du Lyonnais : mon but a été tout autre. Ce que je me suis proposé, avec un grand nombre de mes concitoyens, c'est
de fonder un véritable monument pour notre province
en créant, dans la salle de la *Diana*, ancienne salle des
États de Forez, restaurée par nos soins, un cabinet historiographique, destiné à renfermer tous les documents
qui peuvent intéresser l'histoire de notre province. J'ai
pensé que le plus grand service à rendre aux hommes
d'étude et de travail qui auront un jour à illustrer
notre province, c'est de leur fournir des moyens d'étude
d'un accès facile, comme le sont, pour l'histoire de la
France en général, les musées, les bibliothèques, les
cabinets de tout genre dont le Gouvernement et les
gouvernements qui l'ont précédé ont enrichi Paris. Je
suis convaincu que le jour où nous aurons réuni dans
la *Diana* les livres, manuscrits, documents et renseignements concernant l'histoire du Forez, qui peuvent se
trouver dans les divers cabinets, musées ou bibliothèques de l'Europe, ou, à défaut des pièces elles-
mêmes, une nomenclature détaillée de ces pièces, nous
aurons rendu un grand service à notre province. Vous
n'ignorez pas que les documents qui concernent un pays

ne se trouvent pas toujours dans le pays même. Les
révolutions, les bouleversements, les vicissitudes de la
fortune, les guerres, les émigrations des familles, les
ventes et les héritages, mille causes enfin, tendent incessamment à les disperser. C'est ainsi qu'on retrouve
dans les dépôts de presque tous les départements et
même de l'étranger, comme par exemple à la bibliothèque d'Oxford, en Angleterre, des matériaux précieux
pour l'histoire de notre province.

Or, l'on comprend tout l'intérêt que présenterait,
au centre de notre province, un dépôt où l'homme
d'étude pourrait trouver sans peine les matériaux de
notre histoire, dans tous les genres : politique, religion, législation, littérature, science, industrie, etc.

Dans l'état actuel des provinces, faute de documents
suffisants, les recherches individuelles ne sont que des
efforts impuissants. Supposons qu'un écrivain veuille
faire l'histoire de nos industries métallurgiques et remonter à la source des magnifiques développements de
l'activité stéphanoise. En recherchant les procédés de
nos ancêtres et les comparant à ceux de notre époque,
on pourrait probablement faire jaillir de cette comparaison des idées précieuses, capables de conduire à
de nouveaux progrès. Mais aujourd'hui, de pareilles
recherches sont au-dessus des forces d'un homme.
Avec la *Diana,* au contraire, tout deviendra possible,
facile même, car il suffira de consulter nos registres
pour savoir à l'instant où se trouvent tous les documents
connus sur ces matières ; et ainsi de tous les autres sujets
d'étude.

Messieurs, tout bon citoyen a deux espèces de devoirs à remplir : les uns obligatoires, qui forment la
part contributive de tout homme en société, comme la

conscription et les impositions, les autres volontaires,
et qui ne sont pas les moins importants, comme ceux
de la bienfaisance et de la charité. Or, n'est-il pas juste
de comprendre au nombre de ces derniers ceux que
peut nous dicter l'amour de notre province? Ce que
l'État ne fait que pour la France en général, et ne peut
pas faire pour les départements en particulier, notre
patriotisme ne peut-il pas l'entreprendre? La bonne
volonté des principaux habitants ne peut-elle pas l'accomplir? Voilà ce que je me suis dit, en vous faisant un
appel auquel vous avez si généreusement répondu.
Permettez-moi de vous en féliciter. En vous associant
pour élever un monument à la gloire de nos ancêtres et
créer un foyer de lumière pour vos descendants; en
honorant ainsi le patriotisme du Forez comme le Gouvernement honore le patriotisme de la France, vous
aurez bien mérité de vos concitoyens, et vos enfants
seront un jour fiers et reconnaissants de l'œuvre que
vous aurez accomplie. (*Vifs applaudissements.*)

(A propos d'un rapport de M. de Chantelauze qui
fait valoir l'avantage d'étudier l'histoire sur les titres
originaux, M. le duc de Persigny cite un exemple
piquant des erreurs historiques accréditées par les écrivains qui se bornent à répéter d'autres livres.)

Vous connaissez, Messieurs, dit-il, l'*Histoire des Ducs
de Bourgogne* de M. de Barante, ouvrage d'ailleurs
estimé. Malheureusement pour l'auteur et pour son
œuvre, M. de Barante ne paraît pas avoir connu l'existence des archives de Dijon et de Lille. Au lieu de
reproduire les opinions de ses devanciers, il aurait pu
éclairer d'une vive lumière l'histoire des quatre ducs de

la maison de Valois, la plus étonnante succession de
grands princes qu'on connaisse dans une même famille.
L'un de ces princes, le dernier, Charles le Téméraire,
est un exemple mémorable des caprices de la renommée
comme de la fortune. Si M. de Barante avait fouillé
aux sources originales, il aurait trouvé les moyens de
venger la mémoire de ce prince. Il existe, en effet,
aux archives de Dijon, entre autres documents précieux, toute une collection de lettres de Charles le
Téméraire aux États de Bourgogne, lettres écrites par
lui pendant le cours de ses campagnes de Granson et
de Morat, et qui prouvent que ce prétendu fou, cet
écervelé, ce téméraire en un mot, était, au contraire,
un homme de guerre d'une prudence consommée et
un politique d'une remarquable hauteur de vues. Vous
savez que, de son temps, les phalanges suisses formaient
la principale force des armées, soit en France, soit
dans les États voisins. Dans les luttes de leur indépendance, les Suisses avaient retrouvé, comme par hasard, l'antique phalange macédonienne. Des masses
d'hommes organisées sur cinquante à soixante rangs de
profondeur, se tenant fortement reliés entre eux et
présentant de toute part un front hérissé de piques,
formaient de véritables citadelles mobiles, sur lesquelles
venait se briser l'impétuosité de la chevalerie. Ce mode
de combattre leur avait donné, au moyen âge, une
telle supériorité sur toutes les armées de l'Europe, que
si, au lieu de vendre misérablement leurs services,
ils avaient eu un gouvernement sérieux, capable de
lutter avec les autres gouvernements de cette époque,
ils auraient pu dominer une partie de l'Europe. L'invention de l'artillerie devait cependant mettre fin à cette
supériorité, en forçant les armées à renoncer à l'ordre

profond. où le canon a un si grand avantage. Mais, au
quinzième siècle, on ne s'était pas encore rendu compte
du vice de l'ordre profond. Charles le Téméraire fut le
premier homme de guerre qui devina la tactique moderne. Quoique son caractère impétueux et chevaleresque en fît le champion naturel de l'ancienne chevalerie française, il comprit que le canon seul pouvait
écraser les phalanges suisses, et il s'était appliqué, en
conséquence, à former une artillerie admirable pour le
temps. Ainsi, il traînait avec lui, dans ses campagnes
de Granson et de Morat, quatre-vingts pièces de canon
attelées, et s'occupait avec ardeur des moindres détails
de cette arme nouvelle. Avec une pareille force, il
devait se croire sûr d'écraser les Suisses. Mais, malheureusement pour lui, on ignorait à cette époque les
principes du tir, et surtout le phénomène du but en
blanc. Convaincu des ravages qu'un boulet pouvait
produire dans des masses profondes, le Duc de Bourgogne laissait approcher l'ennemi de fort près, afin
que sa cavalerie pût immédiatement profiter du désordre
que le canon allait jeter dans l'infanterie suisse pour
l'écraser. Mais les boulets passaient par-dessus la tête
des Suisses, qui tombaient alors de tout le poids de leurs
phalanges sur l'artillerie et s'en emparaient.

Charles le Téméraire fut donc victime de l'ignorance
militaire de son temps. Si ses officiers d'artillerie eussent
connu les principes du tir; s'ils avaient visé plus bas, à
une petite distance, les Suisses auraient été écrasés
comme ils le furent, quarante ans plus tard, à la bataille de Marignan. A quoi tiennent souvent la fortune et
la gloire!... Si l'artillerie bourguignonne eût su ce que
sait de nos jours le dernier artilleur, il eût triomphé à
Granson; vainqueur des Suisses, et disposant tout à la

fois de la plus belle chevalerie et de la première artillerie de son temps, il serait parvenu probablement, de
triomphe en triomphe, jusqu'au trône de France, et aurait certainement légué à la postérité le souvenir d'un
des plus grands princes de l'histoire. Il est hors de
doute que c'était un trait de génie d'avoir devancé son
époque et deviné le principe de la tactique moderne.
Quand on pense que tant de courage, tant d'héroïsme,
tant de qualités brillantes n'ont abouti qu'à ce malheureux surnom de *Téméraire,* on regrette que l'histoire
n'ait pas su trouver les titres qui devaient réhabiliter sa
mémoire dans l'estime des hommes.

V

LES PYRAMIDES

DE LA DESTINATION ET DE L'UTILITÉ PERMANENTE DES
PYRAMIDES D'ÉGYPTE ET DE NUBIE CONTRE LES IRRUPTIONS
SABLONNEUSES DU DÉSERT [1].

Je crois devoir présenter ici, pour servir d'introduction à ce travail, l'historique des circonstances particulières au milieu desquelles a été conçu ce nouveau système de la destination des pyramides d'Égypte.

Prisonnier politique, détenu au fort de Doullens,
j'étais occupé de différentes études historiques et scientifiques, lorsqu'un détail de ces études vint attirer mon

[1] La préface de ce livre est signée du fort de Doullens. Ce remarquable travail ne peut être reproduit ici entièrement, à cause de son
étendue. Cependant, comme nous tenons à en donner une idée, nous
publions une analyse du système conçu par M. de Persigny. Cette analyse, exacte, claire, rapide, a été faite par l'auteur lui-même et insérée
dans un journal, en 1849. Nous la faisons précéder d'une partie de la
préface dans laquelle il explique lui-même comment lui est venue l'idée
de ce travail, et nous y ajoutons quelques pages tirées du livre, afin de
mieux indiquer les vues, la portée d'esprit, et la manière de celui qui l'a
écrit.

attention sur les ravages causés par les sables du désert :
c'étaient des villes entières ensevelies sous les sables,
des rivières détournées ou englouties, de vastes contrées
submergées et enlevées à la culture par des vagues
errantes de cet océan singulier.

Ces phénomènes d'une nature si extraordinaire exci-
tèrent mon étonnement. Je compris quelle lutte la civilisation européenne aurait à soutenir contre ce fléau terrible, si jamais elle s'établissait au bord des déserts de
l'Afrique, à proximité des grandes masses de sable mou-
vant ; et il me sembla curieux, peut-être même utile au
grand rôle que la France est appelée à jouer en Afrique,
de rechercher les moyens de s'opposer à un fléau si peu
connu des Européens.

Mais dès les premières investigations sur ce sujet, un
soupçon étrange vint traverser mon esprit. Je savais que
plusieurs villes du littoral occidental de l'Afrique, exposées aux terribles irruptions du sahel, avaient vainement tenté d'opposer au fléau les plus hautes murailles.
Les sables poussés par les vents du désert, s'accumulant
au pied des murailles à l'abri des vents contraires, y
avaient formé des dépôts permanents dont la masse,
s'élevant sans cesse sur un plan incliné, avait fini par
déborder l'obstacle. La conclusion de ces faits semblait
évidente. Le problème à résoudre était, sans doute,
d'arrêter les sables entraînés par les vents du désert,
sans les mettre à l'abri des vents opposés qui doivent les
renvoyer au désert. Or, comment satisfaire aux conditions du problème ? A la place de murailles, de digues,
d'obstacles continus, il fallait peut-être supposer des
corps isolés, d'une forme particulière et disposés suivant
certaines données expérimentales ; et c'est ainsi que je
fus conduit à soupçonner la destination des pyramides.

J'étais loin alors de concevoir quelle pouvait être la
nature scientifique du problème, et ce n'était pas le
moment de m'en préoccuper; je devais examiner la valeur morale de l'hypothèse, avant d'en faire l'objet de
considérations scientifiques sérieuses. Mais c'était déjà
une singulière présomption en sa faveur que l'inconcevable mystère des pyramides. Un fléau si extraordinaire
pouvait rendre compte des plus gigantesques et des plus
durables monuments de la terre; ces travaux inouïs se
trouvaient justifiés par un grand intérêt.

Depuis quatre mille ans, les pyramides ne sont comp-
tées que pour des tombeaux; mais cette croyance même
révèle l'existence d'un grand secret et accuse le génie
mystérieux des collèges sacrés de l'ancienne Égypte
d'avoir dérobé au monde la véritable destination de ces
montagnes factices. Des tombeaux qui, d'après le calcul
d'un célèbre membre de l'Institut d'Égypte, supposent
chacun presque autant de matériaux, et peut-être autant
de travail et de dépense que la construction des plus
grandes villes modernes, sont en effet le plus inconcevable mystère de l'histoire. Aussi la raison politique ou
religieuse de l'Égypte à faire une question d'État du sépulcre de ses souverains, n'a-t-elle été pénétrée ni par
les anciens, ni par les modernes. On a fait mille suppositions pour expliquer ce prodigieux effort de la volonté
humaine; mais, en cela, la science est restée toute con-
jecturale, et par conséquent on ne sait rien de ce grand
secret historique. D'ailleurs, si la plupart des savants et
des philosophes se sont contentés de ce banal argument:
« Les pyramides renferment des sépultures; donc les
pyramides sont des tombeaux, » d'autres savants illustres, Diderot, Bailly, M. Jomard, et presque tous les
membres de l'Institut d'Égypte, n'ont vu dans l'usage

334 LE DUC DE PERSIGNY.

funéraire des vides intérieurs des pyramides qu'une destination tout à fait accessoire; et plusieurs d'entre eux
ont émis l'opinion que ces monuments cachent un mystère ou scientifique ou religieux.

Ainsi l'hypothèse de la destination des pyramides
contre le désert, dégagée de toute considération scientifique, me paraissait déjà plus satisfaisante pour la raison
que tous les systèmes dont ces constructions merveilleuses
ont été l'objet. Il me sembla que le moment était venu
de pénétrer ce grand mystère, et que le sphinx placé au
pied des pyramides pour défier la postérité d'en découvrir le secret, allait être enfin confondu.

Certes, je ne me dissimulais pas les difficultés de cette
antique énigme, mais je tenais peut-être dans mes mains
le fil d'Ariane qui devait me conduire sûrement au
milieu de ces épaisses ténèbres de l'histoire et de la
science.

Comme j'ignorais alors complétement la situation
géographique et topographique des pyramides d'Égypte,
je résolus de faire concourir mon ignorance même dans
les éléments d'un calcul de probabilités. Il était clair,
en effet, que si les pyramides avaient à protéger la vallée
du Nil contre les irruptions sablonneuses, elles devaient
satisfaire à certaines conditions géographiques et topographiques naturellement indiquées par les données de
la question du désert.

1° Ces monuments devaient se trouver sur le bord
du désert.

2° L'Égypte étant placée entre deux chaînes de montagnes, les chaînes libyque et arabique, qui la séparent,
l'une de la mer Rouge, l'autre de l'océan de sable africain, les pyramides devaient être opposées au désert
libyque, évidemment le plus redoutable.

3° Comme la montagne libyque est le rempart de l'Égypte contre les sables, s'il a fallu suppléer à cette ligne naturelle de défense par de grands moyens artificiels, c'est aux points où la montagne présente des solutions de continuité, c'est-à-dire à l'entrée des gorges, des vallées qui débouchent transversalement sur la plaine du Nil.

4° La chaîne libyque sur tout son développement n'offre que trois grandes vallées qui viennent se rattacher à la plaine du Nil : le Fayoum, province riche, cultivée, et les vallées des *Lacs de Natron* et du *Fleuve-sans-eau,* toutes les deux désertes; et l'on sait que la dernière est entièrement couverte de sables mouvants. Les débouchés des deux vallées désertes sont donc incontestablement les points les plus exposés de toute l'Égypte : c'est là qu'il faut chercher les pyramides.

5° Si les pyramides sont destinées à défendre l'entrée des gorges de la montagne, quelle que soit la manière dont elles s'opposent au mouvement des sables, elles doivent être, par leur nombre et leur volume, proportionnées à la grandeur du péril, et par conséquent groupées ou isolées selon la largeur des débouchés.

6° Dans chaque groupe, la plus grande pyramide doit être située au point le plus bas du site, la plus petite au point le plus élevé.

7° On sait que plusieurs pyramides furent démolies et toutes plus ou moins dégradées par les Arabes; la plaine du Nil a dû se ressentir de l'affaiblissement de sa défense; elle doit être entièrement recouverte par les sables sur les points qui correspondent aux pyramides détruites, etc., etc.

C'est ainsi que dans la solitude d'une prison, loin des documents nécessaires à des recherches de cette nature, et dans la plus complète ignorance de la situation géographique et topographique des pyramides, j'établissais, sur la connaissance des mouvements du désert, une série de conjectures auxquelles devaient nécessairement satisfaire ces monuments mystérieux, s'ils avaient été élevés contre le fléau des sables.

Bientôt une circonstance particulière vint me donner les moyens de vérifier la valeur de mes suppositions. Quel ne fut pas mon étonnement! Les faits connus réalisaient ces suppositions. Les pyramides d'Égypte, par leur position géographique et topographique, répondaient exactement aux données conjecturales de mon hypothèse. Elles se trouvaient situées sur les bords du désert·libyque, dans la région du *Fleuve-sans-eau,* à l'entrée des divers débouchés qui communiquent avec cette mer de sable, toutes, enfin, fermant en quelque sorte les gorges de la montagne et disposées dans des rapports merveilleux.

Ainsi la destination des pyramides contre les sables n'était plus pour moi une vague hypothèse. Le calcul des probabilités lui donnait une valeur énorme. J'étais sur la voie d'une grande découverte, et je résolus de la poursuivre jusqu'au bout.

Mais quelle était la nature scientifique du problème? Comment concevoir l'efficacité de ces montagnes artificielles pour arrêter le mouvement des sables? C'était là une question singulièrement embarrassante, et pour moi surtout qui n'ai vu ni le désert ni les pyramides. Cependant, après une analyse attentive des principaux faits archéologiques et topographiques qui concernent ces monuments, il me sembla que le voile de ce grand mystère tombait tout à coup devant moi.

Assises sur de si énormes bases et élevées jusqu'aux

cieux, les pyramides ne pouvaient être, en effet, de simples barrages; elles n'avaient été construites massives
que pour être éternelles, et peut-être parce que l'art des
voûtes n'était pas suffisamment connu des anciens Égyptiens. Mais ces masses prodigieuses cachaient un grand
problème de mécanique; c'étaient d'immenses surfaces
présentées aux vents du désert; elles avaient pour objet
d'opposer au fluide atmosphérique une résistance égale
à l'excès de vitesse capable d'entraîner les sables, et
devaient être enfin considérées comme de grandes machines aérostatiques, de puissants agents modificateurs
des causes météorologiques du fléau.

La question prenait ainsi de nouvelles proportions.
Le mystère des pyramides se liait à deux autres mystères,
puisqu'on ne connaît complétement ni les mouvements
du désert, ni les lois du choc et de la résistance des
milieux, surtout des fluides élastiques. Si donc l'énigme
du sphinx s'était dérobée pendant quarante siècles à
toutes les investigations, c'est que la question historique
des pyramides, la question du désert et celle des fluides
élastiques, ces trois inconnues d'un même problème, se
prêtaient un appui réciproque pour confondre la raison
humaine.

. . . .

. . . .

COMPTE RENDU

DU LIVRE INTITULÉ : DE LA DESTINATION ET DE L'UTILITÉ
PERMANENTE DES PYRAMIDES D'ÉGYPTE ET DE NUBIE CONTRE
LES IRRUPTIONS SABLONNEUSES DU DÉSERT.

L'Égypte est, comme on sait, une vaste oasis formée
par le cours du Nil, au milieu du grand désert oriental
de l'Afrique. L'étroite vallée qui constitue le bassin du
fleuve est encaissée sur toute la longueur de l'Égypte et,
au delà, par deux plateaux de 40 à 60 lieues de large,
mais de peu d'élévation, auxquels on a donné le nom
de chaîne arabique et de chaîne libyque.

Le premier massif sépare l'Égypte de la mer Rouge,
le second d'une région d'oasis parallèle au cours du Nil,
et séparée elle-même par une chaîne brusque, escarpée,
de l'océan des sables, c'est-à-dire du vaste *sahel* oriental
africain, qui s'enfonce dans les profondeurs de l'Afrique.
(CARL. RITTER, *Géogr. comp.*, t. III, p. 265 et 277.
V. la carte de l'Égypte.)

Pour comprendre cette expression de *sahel*, dont la
signification est généralement restreinte par les Européens à la désignation de certaines contrées des bords de
la mer, il faut savoir que le désert présente deux natures de sol bien distinctes : 1° les lieux élevés, les plateaux, les montagnes, qui forment des déserts simplement arides, appelés *saharas* par les Arabes, et
composés de surfaces rocheuses ou salines, où les sables
se forment par la triple action des pluies, des vents et
d'un soleil ardent sur des roches nues, mais où ils ne
restent pas, et 2° les lieux bas, les bassins du désert,
où les sables venus des plateaux ou tombés des mon-

CARTE DE L'ÉGYPTE.

Labels on map:

MÉDITERRANÉE

Alexand.

DELTA

Isthme

Lacs du Natron

Chaîne de Mokarrah

Région du Fleuve sans eau

GIZEH LE KAIRE Suez

SAHARA DU

Faïoum

Petite Oasis

GRAND SAHEL ORIENTAL D'AFRIQUE

SAHARA DU

Djebel el Dakhel

les Oasis

D.Syout

La Grande Oasis

PLATEAU LIBYQUE

ARABIE PÉTRÉE

MER ROUGE

PLATEAU ARABIQUE

Tor

NUBIE

Tropique

1/3,500,000

110 Kilomètres.

O. Mac Carthy del.

22.

tagnes s'accumulent comme dans de vastes réservoirs. C'est à ces bassins sablonneux que les Arabes ont donné le nom de *sahel*, le même nom s'appliquant également et pour les mêmes raisons aux contrées couvertes des dunes qui se forment au bord de la mer, comme dans nos landes de Bordeaux.

De ces deux sortes de déserts résultent pour les contrées cultivées deux natures d'irruptions sablonneuses : celles qui proviennent du *sahara*, et celles qui proviennent du *sahel*. Dans le *sahara*, c'est-à-dire dans les régions élevées, sur les plateaux, sur les montagnes où les sables se forment en se détachant peu à peu des surfaces rocheuses, comme le vent les précipite sur les régions basses du désert, au fur et à mesure de leur formation, ils n'y existent jamais qu'en petite quantité ; mais, par cette raison même, ils y sont déplacés, avec une telle facilité que le vent peut leur faire parcourir en quelques heures des distances considérables.

Il n'en est pas ainsi dans le *sahel :* l'accumulation prodigieuse des sables qui se trouvent dans ces bassins, dans ces réservoirs du désert, les rend beaucoup moins faciles à être déplacés par le vent. C'est là et seulement là qu'on les voit disposés en collines, montagnes ou ondulations successives comme les vagues de la mer, et exécuter cette marche curieuse que Costaz a décrite, et dont les dunes de Bordeaux nous donnent d'ailleurs un exemple bien connu, quoique dans des proportions beaucoup moins remarquables.

Le vent, frappant contre la face de la montagne exposée au rumb d'où il arrive, enlève des grains de sable et les chasse jusqu'à ce qu'ils parviennent dans l'espace abrité qui existe au revers de la montagne. Là, ils tombent comme s'ils s'échappaient d'un tamis et se disposent suivant le talus qui convient à leur mobilité. D'autres sables succèdent et se placent sur les premiers, de sorte qu'il se fait dans les deux faces, et par conséquent dans la montagne même, un déplacement suivant le sens où porte le vent.

Ainsi, les irruptions sablonneuses se présentent sous deux aspects bien distincts : tantôt ce sont les mouvements brusques, rapides, des petites masses sablonneuses clair-semées dans les vastes espaces du *sahara*, et obéissant à l'impulsion des vents, en rasant la surface du sol ; tantôt c'est la marche lente, presque insensible, mais irrésistible, des dunes du *sahel*, marche dont la direction est subordonnée à celle des vents dominants dans la contrée, et qui est capable d'envahir des pays entiers, d'ensevelir des villes et de détourner le cours des fleuves.

A quel genre d'irruption l'Égypte est-elle donc exposée ? Les déserts qui l'entourent sont-ils des *saharas* ou des *sahels* ? En d'autres termes, a-t-elle à contenir seulement les sables qui tombent peu à peu des plateaux du *sahara* au fur et à mesure de leur formation, ou lui faut-il aussi arrêter la marche des dunes mouvantes du *sahel* ?

Or, il est parfaitement reconnu par les géographes modernes, ce qui est, du reste, conforme à la définition du *sahara* et du *sahel*, que les deux plateaux de la chaine arabique et de la chaine lybique sont deux *saharas*, et que, loin d'avoir à lutter directement avec le grand *sahel* oriental de l'Afrique, la plus grande partie de l'Égypte s'en trouve séparée non seulement par tout le massif du plateau libyque, mais encore par la chaine escarpée des oasis, ainsi que déjà nous l'avons établi.

Voilà donc la cause de la sécurité de l'Égypte. Sur la plus grande partie de son développement, la vallée du

Nil n'est exposée qu'aux faibles attaques du *sahara*, et
encore la nature a-t-elle fait presque tous les frais de la
défense. C'est qu'en effet, à mesure que les sables *saha-*
riques, balayés des plateaux libyque ou arabique,
viennent tomber au pied de l'une ou de l'autre chaîne,
ils s'y trouvent à l'abri du vent du désert et condamnés
de la sorte à n'occuper éternellement, de chaque côté de
la vallée, que l'étroite lisière abandonnée de tout temps
par les Égyptiens comme une part faite à Typhon sur le
domaine d'Osiris.

Mais toute l'Égypte n'est pas également protégée
contre le *sahel*. Il est reconnu aujourd'hui (Voir RITTER,
t. III, p. 324) que la chaîne des oasis, qui forme comme
la côte orientale du grand *sahel*, présente une vaste
lacune entre le Fayoum et les lacs de Natron, car cette
chaîne vient se terminer au mont Dirkel, à l'extrémité
du Fayoum, laissant le *sahel* maître de tout l'espace
situé entre le Fayoum, la province de Gizeh et la chaîne
des lacs de Natron. Cette région, qu'on appelle la *Mer*
ou le *Fleuve-sans-eau*, est du reste bien connue. Elle a
été explorée par beaucoup de voyageurs, entre autres
par Andréossy, Bertholet et Fourier, qui ont constaté
qu'elle est entièrement envahie par les dunes mouvantes
dont la marche de l'ouest à l'est menace la province de
Gizeh. Cette province s'en trouve toutefois séparée
par un rameau de la chaîne libyque de 5 à 600 pieds
d'élévation, ce qui suffirait sans doute à la protéger, si
elle avait partout la même élévation. Mais, si elle offrait
des gorges, des vallées, des débouchés, des points faibles, les dunes sablonneuses pourraient évidemment faire
irruption par ces passages et se jeter dans la vallée du Nil.

Or, voici en peu de mots le système de M. de Persigny. Il existe, le long de la chaîne libyque, sur une

ligne de dix-huit à vingt lieues de développement, du
Fayoum à la pointe du Delta, quatorze emplacements
de pyramides, soit groupées, soit isolées, et pas ailleurs.
C'est, selon lui, quatorze points faibles qu'il a fallu fortifier artificiellement; ce sont quatorze débouchés par
lesquels le *sahel* du *Fleuve-sans-eau* menace d'envahir la
province de Gizeh.

L'auteur a justifié par un grand nombre de documents
la position des pyramides à l'entrée des débouchés de
la montagne. Cependant, plusieurs savants ou voyageurs
se sont inscrits contre cette opinion, en se fondant sur
ce que l'aspect des lieux ne semble pas autoriser l'hypothèse. L'auteur, qui n'a pas été en Égypte, ne se laisse
pas néanmoins imposer par ces témoignages. « Vous
prétendez, dit-il à ses contradicteurs, que l'aspect des
lieux est contraire à mon système; mais si mon système
est vrai, les vallées ou gorges dont il s'agit sont enfouies
sous des masses de sable immobilisées en avant des
pyramides, et, par conséquent, si ces vallées sont com-
blées, elles n'ont plus l'aspect de vallées. »

Quoi qu'il en soit, il est incontestable que les pyramides se trouvent dans la seule partie de l'Égypte voisine d'un *sahel;* et ce fait si important n'est pas seulement reconnu par les géographes européens : il a été
de tout temps l'objet des remarques des savants arabes.

C'est une opinion générale encore aujourd'hui parmi
les peuples égyptiens, que la province de Gizeh est protégée contre les sables par des talismans : tous les auteurs arabes en font mention. Abd-el-Rachid, dans sa
géographie de l'Égypte, dit que cette province est célèbre
par les talismans qui y ont été placés contre les irruptions du désert, et que, sans ces talismans, elle serait
entièrement engloutie par les sables mouvants qui s'éten-

dent du côté du couchant, et qui y forment comme une
vaste mer. D'après Macrizi, ce sentiment populaire est
encore plus digne de fixer l'attention, car on supposait,
de son temps, que les talismans dont il s'agit étaient
renfermés dans les pyramides mêmes.

Comment expliquer ces anciennes traditions? Comment rendre compte du mystère qui aurait plané depuis
tant de siècles sur la destination des pyramides? Rien
n'est plus facile.

Dans nos sociétés, où il n'existe ni caste, ni démar-
cation entre les différentes classes, où la science, pro-
fessée publiquement, pénètre, en se vulgarisant sous
toutes les formes, jusqu'au sein des populations les plus
déchues des avantages sociaux ; dans nos temps surtout
d'universelle publicité, nous ne concevrions pas qu'un
peuple exécutât, sous la direction de ses savants, d'immenses travaux d'utilité publique sans avoir aucune intelligence du problème scientifique renfermé dans les
monuments de ses travaux. Mais, si nous considérons
la société égyptienne dans son organisation particulière,
avec ses cinq castes de prêtres ou *lettrés,* de guerriers,
d'artisans, de laboureurs et de pasteurs, castes distinctes
et héréditaires, nous n'avons plus à nous étonner qu'un
tel phénomène social ait pu se produire. Là, en effet,
où la science formait l'apanage exclusif d'une caste
jalouse d'en conserver le monopole, et qui, loin de professer publiquement, n'admettait les siens aux différents
degrés de ses colléges qu'après les avoir soumis à de
longues initiations et en s'entourant des plus secrètes et
des plus mystérieuses pratiques, là, évidemment, la
masse entière de la nation devait rester dans la plus
complète ignorance. Un tel peuple était incapable de
rien concevoir à un grand problème de mécanique. En

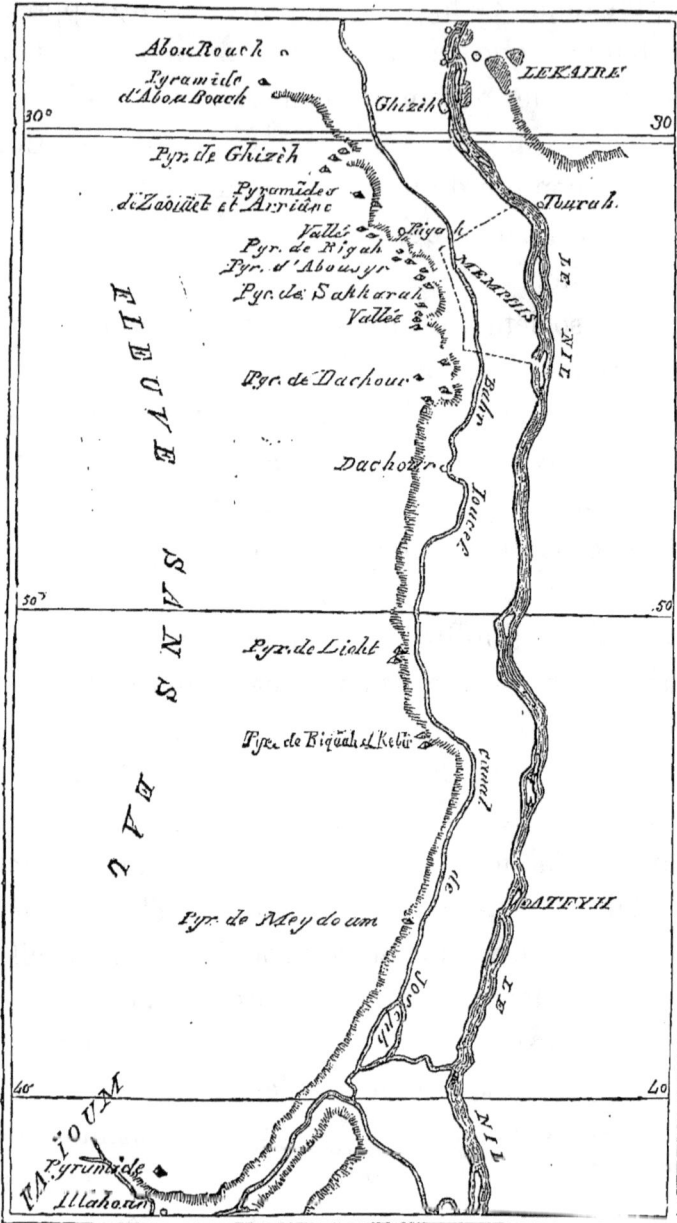

CARTE DE LA PROVINCE DE GIZEH OU RÉGION DES PYRAMIDES.

ce qui concerne la question des pyramides, il n'a dû,
il n'a pu savoir qu'une chose, c'est qu'il s'agissait de
conjurer le fléau des sables. Quant au mode d'action des montagnes factices élevées par ses mains ; quant
à l'*arrêtement* des dunes sablonneuses par ces grands
massifs isolés, la superstition était un genre d'explication
beaucoup mieux approprié à son ignorance.

Or, il existe un mystère célèbre dans l'antiquité, qui
nous apprend qu'Isis, *personnification de la nation égyptienne,* éleva un grand nombre de tombeaux à Osiris,
personnification du Nil, pour protéger son corps de la
fureur de Typhon, *personnification du fléau des sables.*
Voilà donc la défense de l'Égypte contre les irruptions
sablonneuses associée à l'idée de tombeaux. Mais, pres-
sons davantage ce mystère. Nous savons qu'Osiris ou le
Nil avait le bœuf Apis pour représentation vivante ; que
partout où Osiris se portait, il faisait reculer Typhon,
parce que le Nil féconde le désert lui-même ; qu'enfin
l'on a trouvé, en 1821, le squelette d'un bœuf Apis
dans le sarcophage de la deuxième pyramide de Gizeh.
(V. la carte de la province de Gizeh.)

Ces circonstances mystérieuses semblent donc s'expliquer de la manière la plus claire. Les pyramides ont été,
pour la masse du peuple égyptien, des tombeaux élevés
à Osiris, selon le système de Dupuis et de Langlès ; et le
bœuf Apis, enseveli sous ces masses énormes, a figuré
le talisman qui devait faire reculer Typhon, c'est-à-dire
arrêter la marche des montagnes mouvantes du *sahel.*

Pour ce qui est des nombreuses momies d'hommes
ensevelies dans ces monuments, car le colonel Wyse en
a trouvé jusqu'à trente dans une seule pyramide, il était
conforme à l'esprit de la civilisation égyptienne que les
rois, les grands dignitaires de l'État et les savants qui

eurent la gloire d'élever ces monuments, aient reven-
diqué et obtenu l'honneur, comme fils ou principaux
serviteurs d'Osiris, d'être ensevelis à côté du dieu.

Maintenant, rien n'est plus simple que d'expliquer
comment a pu périr le secret des pyramides, car dans
un pays où la science n'était qu'entre les mains d'un petit
nombre d'hommes, il a suffi de fermer les colléges sacrés
pour anéantir d'un seul coup, non seulement la connaissance du problème des pyramides, mais toutes les
branches de la science des Égyptiens.

Enfin, quant à la cause qui a accrédité dans le monde
la singulière croyance de la destination funéraire des
pyramides, il ne faut l'attribuer qu'à l'ignorance des
Grecs et des Romains, qui, ne connaissant rien du fléau
des sables, et ne pouvant se faire aucune idée des moyens
de le combattre, ont dû rejeter tout naturellement, dans
cette double version égyptienne de tombeaux et de talismans contre les sables, la partie qui leur a paru l'objet
d'une grossière et vaine superstition. Du reste, s'ils ont
cru à la destination funéraire de ces monuments, ils n'en
ont pas moins considéré comme un mystère inexplicable
que les grandes pyramides surtout, qui représentent
chacune presque autant de peine, de dépense et de matériaux que la construction des plus grandes villes du
monde, aient été élevées pour un si futile objet.

Ici, nous devons faire une observation. On sait que
les pyramides ont souffert beaucoup de dégradations.
Toutes ont été dépouillées de leur revêtement et plusieurs entièrement démolies par les Arabes. Il est donc
naturel de penser que la province de Gizeh a dû se ressentir de l'affaiblissement de sa défense. L'auteur a établi, en effet, par de nombreux témoignages, que cette
province a souffert beaucoup de l'inondation des sables.

La commission d'Égypte a reconnu que c'est la seule province qui ait subi des irruptions graves dont l'existence moderne soit bien constatée. Le sphinx qui s'élève au pied des grandes pyramides, comme un défi jeté à la postérité d'en découvrir le secret, se montrait du temps de Pline dans toute sa hauteur, et il est aujourd'hui enseveli sous quarante pieds de sable. Enfin, le colonel Wyse a découvert récemment qu'en face de la pyramide d'Abou-Roarh, dont il ne reste plus que la base, toute une cité égyptienne est aujourd'hui ensevelie.

Comment donc les Arabes expliquent-ils ces circonstances? Macrizi, un de leurs plus sages historiens, va nous l'apprendre. Après avoir raconté la mutilation qu'un scheik fanatique fit subir à la figure du sphinx, il ajoute : «Depuis cette époque, les sables inondent le ter-» ritoire de Gizeh, et les habitants attribuent ce fléau à » la mutilation du sphinx. »

Ceci est clair. Les Arabes ont connu un temps où la province de Gizeh se trouvait garantie du fléau. Étonnés de la sécurité de cette province en présence des grands débouchés du *sahel* qui la menacent, et obéissant à d'antiques traditions, ils l'ont attribuée à des causes surnaturelles. Puis, avec la démolition des pyramides, quand l'envahissement des sables est venu se faire sentir, la superstition, qui ne s'embarrasse jamais de rien, a continué l'interprétation du phénomène. Ce ne sont pas les Arabes qui pouvaient deviner qu'en démolissant les pyramides, en renversant ces montagnes artificielles, ces grands agents modificateurs des causes météorologiques du fléau, ils détruisaient de leurs mains les véritables talismans de la protection du territoire.

Ici, nous n'entrerons pas dans l'analyse des circonstances de forme, de nombre, de grandeur, d'orienta-

tion et des diverses particularités qui concernent les pyramides, particularités que l'auteur s'est efforcé, dans son
ouvrage publié en 1845, de rattacher à la pensée d'utilité
publique dont il gratifie ces merveilleuses constructions.
Nous ne répéterons pas non plus ce que nous avons dit
sur les principes théoriques du problème de mécanique
que suppose le système de l'auteur. D'après ce système,
les pyramides, placées aux divers débouchés de la montagne, ont pour fonction d'opposer à la vitesse du vent
du désert une résistance égale à l'excès de vitesse nécessaire au déplacement des dunes sablonneuses. Il reste à
vérifier sur les lieux si cette fonction est remplie; si, par
leur nombre, leur volume, leur rapprochement, les
pyramides opposent au courant aérien une résistance
suffisante. Mais, quant aux principes théoriques de ce
système, ils sont incontestables : la plus complète ignorance des lois de la résistance des milieux peut seule les
mettre en doute.

On a dit avec raison que, dans l'intervalle de deux
pyramides, la vitesse, loin d'être ralentie, devait être
augmentée comme sous l'arche d'un pont; car, en même
temps que la résistance des obstacles annule la vitesse
sur les obstacles mêmes, comme sur les piles du pont, la
compression du fluide accélère la vitesse dans l'intervalle. Mais en est-il ainsi à une certaine distance en
amont des obstacles, en amont du pont? Non, évidemment, car là il n'y a plus, à cause de l'égalité des pres-
sions, ni vitesse nulle, ni vitesse accélérée; mais une
vitesse nécessairement inférieure à la vitesse ambiante.
Le plus simple villageois sait qu'en jetant quelques
pierres à l'orifice d'une prise d'eau, il diminue le
volume de l'écoulement, et, par conséquent, la vitesse
totale du fluide, quelle que soit d'ailleurs l'accélération

partielle de la vitesse dans l'intervalle des obstacles.

Rendons compte maintenant des expériences qui ont été faites par l'auteur, c'est-à-dire exposons son système, non plus comme problème de haute mécanique, mais comme problème de physique; c'est ainsi que les Égyptiens eux-mêmes ont dû le considérer, car quelque savants qu'on puisse les supposer, il est impossible d'admettre que les sciences mathématiques aient été assez avancées en Égypte pour triompher, par le calcul, des énormes difficultés d'un tel problème. Il était plus naturel, et d'ailleurs plus conforme aux procédés habituels de l'esprit humain, de demander les lois de ce système de défense à l'observation attentive des phénomènes qui se manifestent dans le désert en présence de certains accidents de la nature; et c'est, en effet, d'une manière analogue, que l'auteur a découvert le phénomène curieux et jusqu'alors inconnu qui fait le sujet de ses expériences.

Après avoir publié son premier mémoire, dans lequel il s'était borné à établir son système sur des considérations théoriques, l'auteur se trouvait détenu comme prisonnier d'État, à la citadelle de Doullens, lorsqu'un jour, par un vent furieux d'équinoxe, il eut l'idée d'en surveiller les effets dans un large fossé qui sépare l'ouvrage à couronne de la citadelle. Le vent frappait directement la haute muraille de la citadelle; et cependant, pour l'observateur placé au milieu du fossé, le courant allait en sens contraire et provenait de la muraille même (fig. 1); c'était, en un mot, une violente réaction, un phénomène curieux qui rentrait dans l'ordre de ses recherches et qu'il expliqua par cette considération que la contrescarpe, en abritant le fossé, permettait au fluide aérien comprimé contre la haute muraille de la citadelle, de déployer son ressort dans l'espace au repos. Dès ce moment, il conçut la possibilité de reproduire le phénomène des pyramides, car, d'après son système, les circonstances étaient analogues, la dune sablonneuse qui débouche sur un groupe de pyramides produisant le même effet que la contrescarpe, c'est-à-dire abritant un vaste espace dans lequel la masse énorme

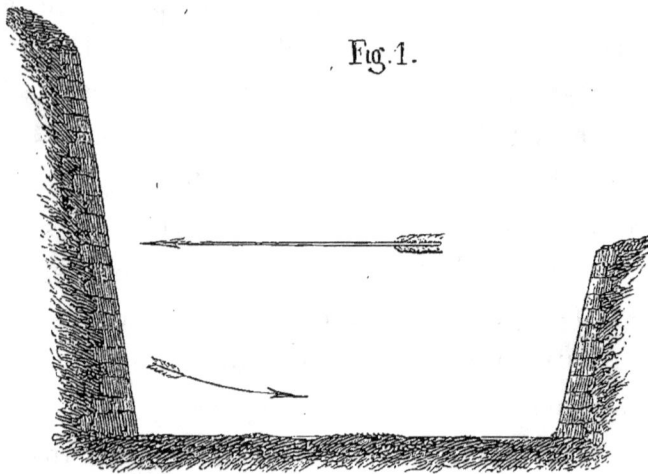

Fig. 1.

du fluide comprimé par les pyramides doit nécessairement réagir.

Faisons d'abord, en peu de mots, la description du mécanisme qui a servi aux expériences. L'instrument est à peu près semblable aux ventilateurs qui sont en usage dans certaines fabriques pour aérer les ateliers ou dégager la poussière des matières en fabrication. C'est une roue à palettes suspendue dans un tambour par les extrémités de l'arbre et recevant l'air au travers de deux ouvertures latérales, pour le lancer horizontalement par un large orifice perpendiculaire à l'axe du ventilateur, de manière à déterminer un courant aérien rasant horizontalement et uniformément la surface d'un plateau de

5 à 6 décimètres de large, et qui sert de champ d'observation. Ce plateau est limité de chaque côté par une
planchette sur champ et légèrement inclinée, de manière
à figurer une espèce de vallée ou débouché du désert et
à contenir les sables qui doivent servir aux expériences.

La première expérience consiste à reproduire la marche d'une dune sablonneuse. On dispose un petit monti-

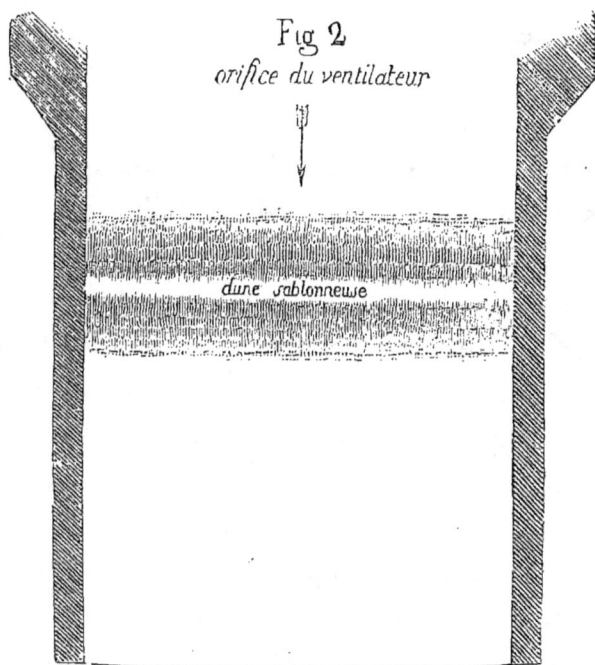

Fig 2
orifice du ventilateur

dune sablonneuse

cule de sable ou grès pilé très-fin perpendiculairement
à l'axe du champ d'observation, comme l'indique la
figure 2, laquelle ne reproduit que le champ d'observation, car il n'est pas nécessaire pour l'intelligence des
expériences que le ventilateur soit compris dans la figure;
puis on met le ventilateur en mouvement à une vitesse
convenable, et l'on obtient alors la reproduction très-
régulière de la marche des dunes. Les grains de sable
sont enlevés tour à tour de la face antérieure de la dune

et rejetés sur la face postérieure, de sorte que le monticule tend à s'avancer insensiblement comme dans un véritable *sahel*.

Ici, il est nécessaire de proportionner la vitesse du courant à la petite masse de sable dont on dispose, et voici pourquoi, outre la marche des dunes, outre l'irruption des masses sablonneuses, il existe en Égypte un autre fléau redoutable : ce sont les sables les plus fins qui, se détachant des dunes, s'élèvent dans l'air à de grandes hauteurs et vont au loin s'abattre sur les terrains cultivés, en saupoudrant la surface du sol. Contre cette pluie de poussière, il n'existe d'autre remède que les débordements périodiques du Nil, dont le limon fertile restitue sans cesse à l'Égypte les éléments de sa fécondité. Or, cette pluie de poussière est évidemment d'autant plus considérable que le vent est plus rapide et les dunes moins élevées. Dans les expériences dont il s'agit, et qui n'ont pour objet que la marche progressive et l'*arrêtement* des dunes, il faut donc ou se servir de petites vitesses pour éviter la pluie de poussière, ou en négliger la considération dans l'emploi des grandes vitesses.

Ceci compris, il s'agit maintenant de constater le phénomène du rejaillissement des sables en face d'un grand obstacle. Supposons que la vallée que figure le champ d'observation soit fermée par une véritable montagne, c'est-à-dire par un obstacle continu deux ou trois fois plus élevé que la dune sablonneuse. Il est évident que la dune ne pourra pas franchir un tel obstacle ; mais de quelle manière sera-t-elle arrêtée ? On pourrait croire d'abord que les sables vont venir s'amonceler au pied de l'obstacle comme ferait un liquide arrêté par une digue. Il n'en est rien, et c'est là le point curieux de la question (voir fig. 3 et 4), car aussitôt que le ventilateur

est en mouvement, une vive réaction se manifeste en
avant de l'obstacle solide. Désormais, la dune ne peut

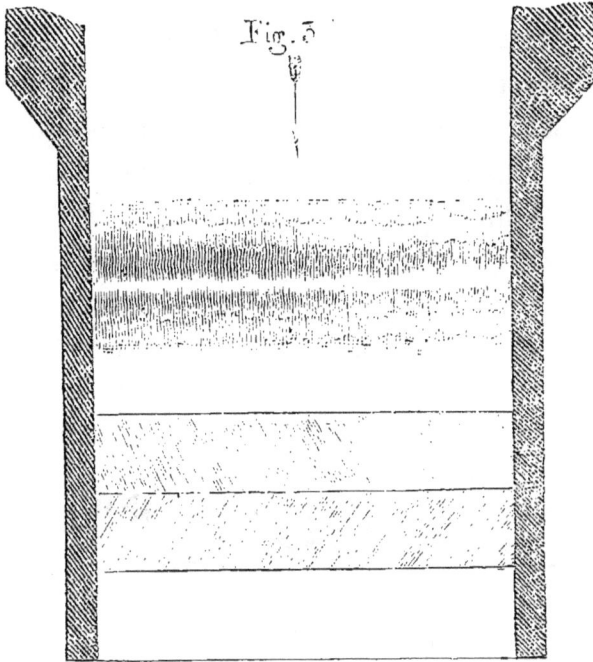

Fig. 3.

plus s'avancer. Elle est maintenue à distance de l'obstacle par le courant réfléchi qui, balayant tout ce qui se

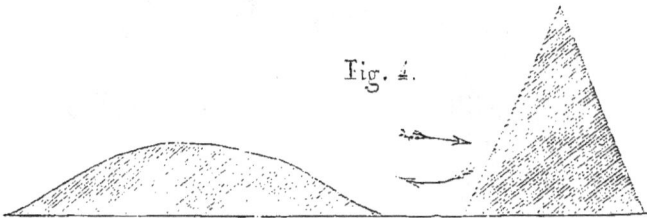

Fig. 4.

présente et ne permettant à aucun grain de sable de s'approcher de l'obstacle, va faire équilibre au courant direct
sur la crête même de la dune. Ainsi, entre la dune et
l'obstacle, il existe toujours un intervalle entièrement

dégarni de sable ; et, si l'on jette des sables dans cet intervalle, le courant réfléchi les a bientôt rejetés sur la dune.

Dans cette expérience, l'on a donné d'assez grandes proportions à l'obstacle solide, puisqu'il domine de plus du double la crête de la dune et figure une véritable montagne. Cette disposition est nécessaire pour obtenir une réaction suffisante, car, si l'on réduit les dimensions de l'obstacle continu, de manière à n'avoir plus qu'une muraille égale à la hauteur de la masse sablonneuse, la dune ne peut plus être contenue (fig. 5) ; on la voit bientôt s'ap-

Fig. 5

procher de l'obstacle, malgré [la résistance du courant qui la soulève comme une vague (fig. 6), jusqu'à ce

Fig. 6.

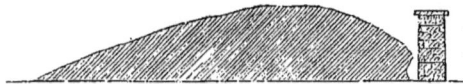

qu'enfin la muraille soit entièrement envahie et que les sables la débordent (fig. 7).

Fig. 7

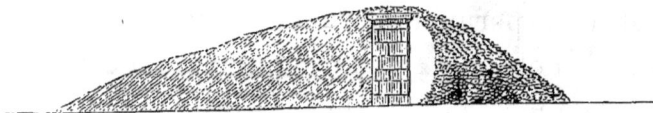

Conservons donc, pour les expériences qui suivent,

des obstacles deux ou trois fois plus élevés que la dune,
et essayons l'effet des obstacles isolés. En face de la
dune sablonneuse, plaçons une pyramide (fig. 8). Dans
cette situation, le phénomène de réaction se manifeste

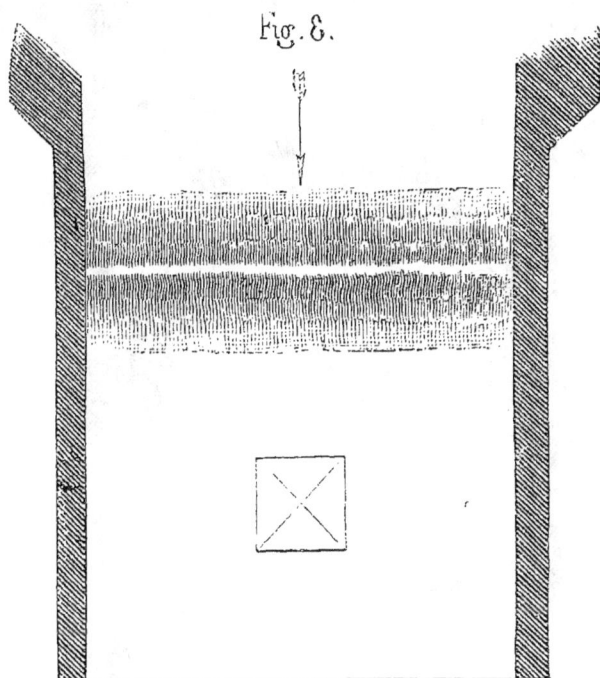

Fig. 8.

d'une manière plus curieuse encore. Le courant réfléchi,
au lieu d'agir uniquement en arrière, comme dans l'expérience de l'obstacle continu, se fait sentir en outre de
chaque côté du corps isolé, car, partant du centre de
la pyramide, il balaye en éventail tous les grains de sable
qui se présentent, de manière à décrire une large plate-
forme en demi-lune, où aucun grain ne peut plus abor-
der. Le monticule sablonneux lui-même abandonne la
ligne droite qu'il occupait pour se mouler sur cette demi-

lune et contourner l'obstacle à une distance sensible des faces latérales (fig. 9).

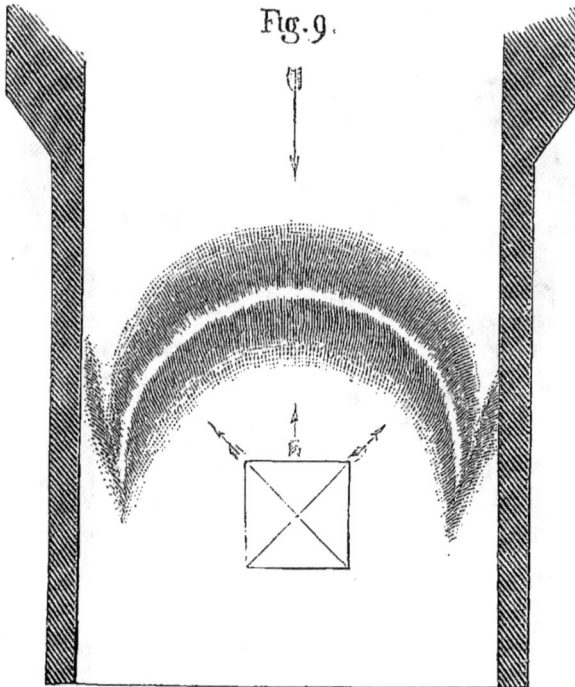

Fig. 9.

Si maintenant l'on place de nouvelles pyramides aux points où la réaction latérale cesse de se faire sentir, on obtient de nouveaux centres de réaction qui forcent la dune à décrire de nouvelles courbes, et l'on arrive à garnir ainsi toute la largeur du champ d'observation par un système de corps isolés, devant lequel le monticule sablonneux reproduit autant de courbes que de pyramides et qu'il ne peut plus contourner nulle part (fig. 10). Voilà donc, grâce à cette action latérale des surfaces résistantes, une immense économie réalisée par la substitution des corps isolés aux obstacles continus.

Dans cette expérience, si l'on augmente la vitesse

hors de proportion avec cette petite masse sablonneuse,
l'on obtient, suivant l'observation qui a été faite précé-
demment, une pluie de sable ou poussière à laquelle le petit
groupe de pyramides ne saurait offrir ni plus ni moins

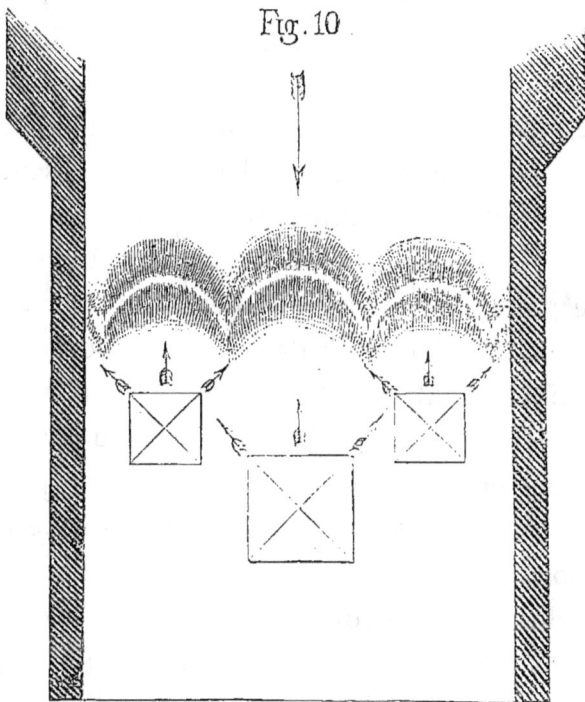

Fig. 10

de résistance qu'un obstacle continu; mais, quant à la
dune elle-même, le véritable fléau qu'il s'agit de combattre, sa place est désormais invariablement fixée, et
il ne lui est plus possible de franchir le passage.

Du reste, quelle que soit la manière plus ou moins
régulière dont on reproduit ces curieuses expériences,
dès qu'en amont des corps solides, le monticule affecte
des courbes fixes et invariables, il est clair que ce sont
des courbes d'équilibre entre le courant direct et le cou-

rant réfléchi ; il est visible que sur tous les points de ces courbes, la réaction est égale à l'action.

Une circonstance digne de remarque, c'est que ce singulier phénomène de réaction ne se manifeste que lorsque les sables se présentent en dunes. Si, à la place du monticule, l'on ne dispose sur le sol qu'une légère couche sablonneuse devant le groupe de pyramides, on peut bien, dans cette expérience, reconnaître une diminution de vitesse assez sensible ; mais le phénomène de réaction ne se produit plus, et les sables passent alors par les intervalles avec une grande facilité. Ainsi, la réaction ne se manifeste que lorsque le fluide aérien, comprimé par l'obstacle solide, peut déployer sa force élastique dans un espace abrité contre le courant direct. Les pyramides n'ont dû et n'ont pu être raisonnablement opposées qu'à la marche des dunes du *sahel*.

Nous n'entrerons pas dans le détail des expériences faites pour justifier les diverses particularités de forme, d'inclinaison, d'orientation et de position qui concernent les pyramides. Nous dirons seulement qu'il résulte on ne peut plus clairement des expériences, que la forme pyramidale, exigée d'ailleurs pour la solidité architecturale de si prodigieuses masses, les bases carrées ou rectangulaires des constructions, la présentation des faces au vent du désert, la position des monuments sur une ligne transversale ou en échelons, et certains rapports entre l'inclinaison des faces et l'inclinaison du vent, sont autant de circonstances favorables à la réflexion du courant aérien, et, par conséquent, à la résistance totale du système. Du reste, ce qui précède suffit pour donner une idée de ce système et des nombreuses combinaisons auxquelles il peut se prêter, selon les circonstances topographiques. Nous avons vu, par

exemple, un groupe en échiquier que représente la
figure 10 ; mais il est tout aussi facile d'obtenir un
groupe en échelon, comme celui des grandes pyramides
de Gizeh (fig. 11).

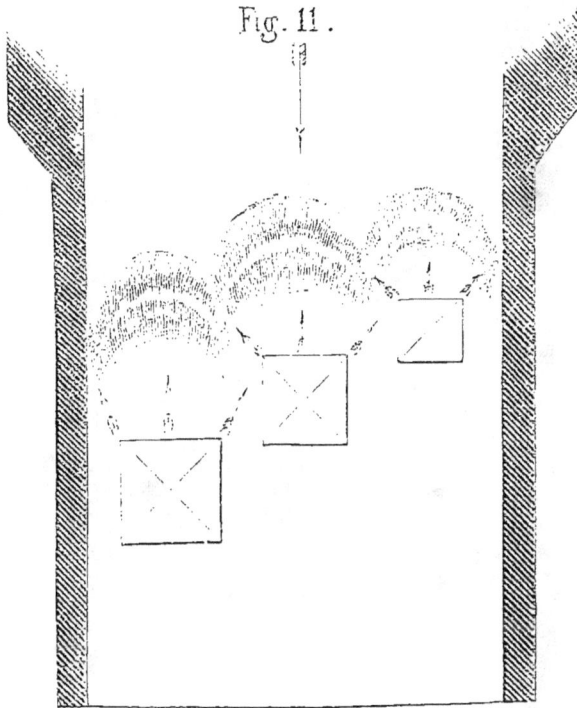

Fig. 11.

Nous n'ajouterons plus qu'une observation. Jusqu'ici
l'on ne pouvait se rendre compte de la disposition des
sables du *sahel* en dunes parallèles ou ondulations successives. On sait, par exemple, que nos landes de
Bordeaux présentent le singulier spectacle de trois ou
quatre dunes parallèles séparées chacune de sept à huit
cents mètres, et marchant simultanément de l'ouest à
l'est, en laissant toujours à l'agriculture l'intervalle qui
les sépare, libre et dégarni de sable. Or, ce phénomène

curieux se trouve aujourd'hui suffisamment expliqué.
Si l'on place, en effet, deux dunes parallèles sur le champ
d'observation des expériences (fig. 12), les deux dunes ne
peuvent plus se confondre, parce que le courant réfléchi

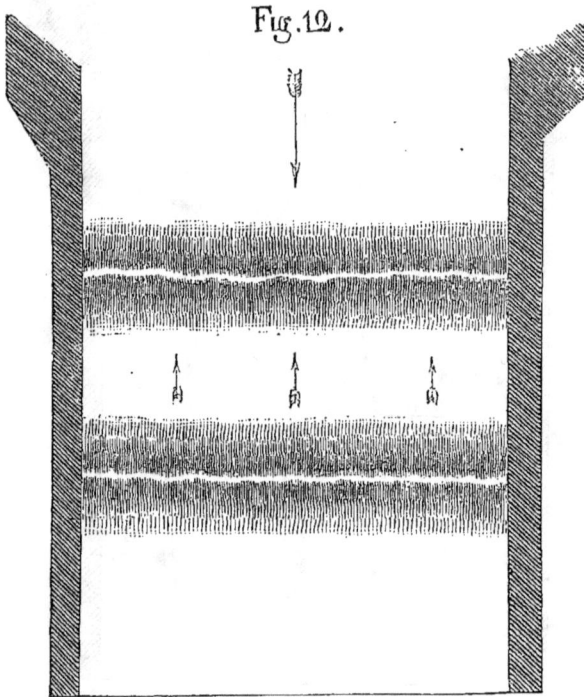

Fig.12.

de la face antérieure du premier monticule tend sans
cesse à repousser les sables sur la face postérieure du
second. Ainsi, une nouvelle dune ne peut se former sur
les bords de la mer avec les sables qui en proviennent,
que lorsque la dune voisine est assez éloignée du rivage
pour que la résistance aérostatique qu'elle oppose au
vent cesse de se faire sentir.

Résumons, en peu de mots, cet exposé du nouveau
système.

Le désert présente deux natures de sol distinctes : le
sahara et le *sahel,* c'est-à-dire les lieux élevés où se
forment les sables, et les lieux bas où ils s'accumulent,
comme dans de vastes réservoirs, en se disposant en
dunes ou ondulations successives.

De ces deux espèces de désert résultent deux modes
d'irruptions sablonneuses, les mouvements rapides des
petites masses de sable du *sahara*, mouvements qui
s'exécutent en rasant la surface du sol, et la marche
lente, mais irrésistible, des dunes mouvantes du *sahel.*
A ces deux fléaux, il faut en ajouter un troisième qui
procède des deux premiers : c'est cette pluie de poussière sablonneuse qui saupoudre toute la surface de
l'Égypte et dont l'inondation du Nil est le remède.

La plus grande partie de l'Égypte n'est exposée qu'au
sahara. Les sables qui tombent des plateaux libyque ou
arabique viennent s'accumuler sur une étroite lisière de
terrain au pied de la montagne où ils s'arrêtent, parce
qu'ils s'y trouvent à l'abri du vent du désert.

Une seule province, celle de *Gizeh*, est voisine d'une
région *sahélique* dite le *Fleuve-sans-eau*. Elle en est séparée
toutefois par un rameau de la chaine libyque qui a 5
à 600 pieds d'élévation. Mais sur tous les points faibles
de la montagne, aux gorges, vallées ou débouchés, il a
fallu lutter contre la marche des dunes mouvantes. Les
pyramides occupent ces divers passages du *sahel*, et elles
sont disposées de manière à opposer aux vents du désert
une résistance égale à l'excès de vitesse nécessaire au
déplacement des dunes mouvantes.

Théoriquement, ce système est conforme aux lois
de la résistance des milieux : des expériences curieuses
en justifient l'hypothèse. Ces expériences prouvent, en
effet, qu'opposés à la marche d'un monticule sablon-

neux, des corps solides, et particulièrement des corps pyramidaux, ne produisent pas seulement une diminution de vitesse, mais une vive réaction qui, partant du centre des corps, se déploie en éventail, en amont et latéralement, à une distance considérable : de sorte que ce phénomène singulier permet de reproduire les dispositions d'un groupe de pyramides arrêtant la marche des dunes sablonneuses.

Enfin, considérées historiquement, les pyramides ont été, aux yeux du peuple, en Égypte, des tombeaux élevés à Osiris pour préserver son corps de la fureur de Typhon; et le bœuf Apis, enseveli sous ces masses énormes, a figuré le talisman qui devait faire reculer Typhon.

HYPOTHESES

SUR LA DESTINATION DES PYRAMIDES.

. . . .

. . . .

Les arguments en faveur de la destination funéraire des pyramides ne sont pas nombreux; ils peuvent se résumer à ce peu de mots : démonstration vaine et insensée de l'orgueil et de la richesse des rois; calcul politique pour prévenir les rébellions en occupant le peuple; crainte des rois de laisser leurs trésors à leurs successeurs ou à leurs ennemis; enfin la fameuse raison des modernes, hasardée par Jaucourt, dans l'*Encyclopédie* [1], et nettement formulée par Volney [2] : intérêt des rois à se créer des sépultures impénétrables, éternelles, d'après ce dogme que les âmes revenaient au bout de six mille ans habiter le corps qu'elles avaient quitté.

Quelle que soit la valeur de ces arguments, et malgré les efforts de quelques savants pour découvrir dans les pyramides une destination plus importante, ces monuments, depuis quarante siècles, ne sont comptés dans le monde que pour des tombeaux; et cette antique opinion est faite pour imposer au plus ferme courage. Les plus célèbres écrivains de l'antiquité, les plus grands savants des temps modernes ont déploré l'aveuglement d'un peuple qui a pu élever de si merveilleuses constructions pour un si futile objet; mais ils ont cru à cet aveuglement, et ont essayé de l'expliquer. Je me trouve

[1] Le chevalier de Jaucourt, *Encyclopédie*, au mot Pyramides, t. XXVIII.

[2] Volney, OEuvres complètes, *Voyage d'Egypte*, t. II, p. 226.

donc contraint de m'attaquer aux plus imposantes autorités de l'histoire ; mais si la vérité me guide, cette lutte
ne m'épouvante pas ; malgré le glorieux cortége qui l'en-
toure, l'erreur sera vaincue. Le génie ne lui aura prêté
son éclat que pour la rendre plus reconnaissable.

Je commence par repousser une doctrine introduite
dans le monde savant par un philosophe célèbre, et qu'on
oppose à toutes les tentatives faites pour pénétrer le
mystère des pyramides.

« Quelques écrivains, a dit Volney, se sont lassés de
« l'opinion que les pyramides étaient des tombeaux ; ils
« ont regardé comme absurde qu'une nation sage et
« policée fît une affaire d'État du sépulcre de son souve-
« rain, et comme extravagant qu'un monarque écrasât
« son peuple de corvées, pour enfermer un squelette de
« cinq pieds dans une montagne de pierres ; mais on
« juge mal les peuples anciens quand on prend pour
« terme de comparaison nos opinions, nos usages. Les
« motifs qui les ont animés peuvent nous paraître extra-
« vagants, peuvent l'être même aux yeux de la raison,
« sans avoir été moins puissants, moins efficaces. On se
« donne des entraves gratuites de contradictions, en leur
« supposant une sagesse conforme à nos principes ; nous
« raisonnons trop d'après nos idées, et pas assez d'après
« les leurs [1]. »

Oui, il est bon de le répéter, ce n'est point à travers
les usages, les préjugés, les erreurs d'un peuple, d'un
siècle, qu'il est possible de juger sainement les analogues
d'autres siècles, d'autres peuples. Mais que veut dire
le philosophe ? S'agit-il de faire le procès des idées reli-

[1] Volney, OEuvres complètes, *Voyage d'Égygte*, t. II, p. 225.

gieuses ou philosophiques des Égyptiens? Nullement.
Les Égyptiens croyaient que les âmes revenaient au
bout de six mille ans habiter les corps qu'elles avaient
quittés : soit ; cela n'est ni plus ni moins extravagant que
tant d'autres dogmes religieux de la Grèce, de Rome, etc.,
devant lesquels les plus grands hommes ont humilié leur
raison. Mais en dehors des dogmes, des lois, des idées,
des préjugés, des erreurs qui forment comme la physionomie particulière de chaque peuple, de chaque époque,
il y a dans l'esprit de l'homme une raison de tous les
pays, de tous les temps, une logique éternelle qui sert
à le diriger dans l'intérêt même des préjugés, des erreurs
de son siècle.

Que les despotes d'un peuple superstitieux aient voulu
bâtir pour leur sépulture une demeure impénétrable ;
qu'ils n'aient pas craint de tourmenter toute une nation
pour se ménager l'espoir d'une seconde vie royale : cela
est possible ; il n'y a rien qui dépasse les bornes de
l'égoïsme, de la folie humaine.

Si donc ce dogme a réellement existé en Égypte, et
surtout parmi les chefs de l'État, ce qui est loin d'être
prouvé, que je sache, on peut certainement expliquer,
jusqu'à un certain point, par cette croyance singulière,
les dispositions mystérieuses de l'intérieur des pyramides, et la peine qu'on s'est donnée pour en fermer
l'entrée, en remplissant de pierres les canaux inclinés,
selon l'excellente explication de Maillet [1], bien que rien
de semblable ne se rencontre dans les autres tombeaux
des rois et des grands de ce pays. Mais quant aux pyramides elles-mêmes ; quant à la construction de ces
masses énormes, comme moyen de conserver éternel-

---

[1] Maillet, *Description de l'Égypte*. — Savary, *Lettres*, t. Ier,
p. 196-238.

lement le cadavre d'un roi et de le dérober à la profa-
nation, c'est là, aux yeux de la raison, du bon sens de
tous les temps, de tous les pays, l'acte le plus insensé,
le plus absurde qui se puisse imaginer.

Eh quoi! ces princes qui attachaient une si haute importance à soustraire leur cadavre à la violation des
hommes, n'ont pas eu le bon sens de comprendre
qu'élever ces fastueux monuments aux regards du monde
entier, c'était provoquer, comme à plaisir, la curiosité,
l'avidité même des siècles à venir! Tandis que le plus
humble tombeau, la plus obscure retraite mystérieuse-
ment enfouie au sein de la terre, quelque excavation
creusée dans les profondeurs du désert et abandonnée
ensuite à l'océan de sable, eût été la plus cachée, la
plus inviolable des sépultures, ils ont dit à toute la terre
où se trouvaient leurs précieuses dépouilles. Quelle singulière aberration! Avaient-ils la simplicité de croire
que quelques dispositions d'architecture, des conduits
inclinés pratiqués dans un massif énorme et remplis de
pierres, interdiraient à jamais l'accès de leur tombeau?
Mais pourquoi créer des montagnes, quand elles existaient
toutes faites par la nature même; quand le Mokattam
offrait aux ressources de l'art des masses bien autrement
profondes, bien autrement mystérieuses, bien autrement éternelles! Ces vingt à trente rois, peut-être, qui
figurent dans l'histoire des pyramides, aidés des lumières
de leurs colléges fameux, cette assemblée de savants
géomètres, tout cet illustre aréopage, enfin, préoccupé
de dérober au monde une momie royale, déterminé dans
ce but à remuer toutes les forces d'une nation et qui ne
peut en venir à bout! Les insensés! il leur faut toute une
montagne pour cacher un squelette de cinq pieds, et ils
ne s'aperçoivent pas que la montagne même trahit le

squelette. Quel bon sens! quelle logique! Dira-t-on,
comme les Arabes, que les Égyptiens croyaient à un
nouveau déluge? Mais alors pourquoi choisir sur la chaîne
libyque les points les moins favorables à l'élévation de
ces nouvelles tours de Babel, et alors que le Mokattam
domine de quatre à cinq cents pieds le site des pyramides?

Et voilà cependant à quoi se réduit ce fameux argument dont on a tant abusé. Dans son impuissance de
donner une raison sensée de la construction de ces prétendus tombeaux, l'illustre philosophe a érigé son impuissance en principe, et il ne s'est servi de son admirable talent que pour la rendre célèbre.

Après cette grande raison des modernes, examinons
celles des anciens. Un trait de l'histoire va nous servir
d'introduction. Hérodote [1] et Diodore [2] nous apprennent
que ni Chéops ni Chephren ne furent enterrés dans ces
magnifiques tombeaux, qui avaient coûté tant de dépenses, tant de peines à élever. Les peuples, irrités de
ces travaux odieux, jurèrent qu'ils arracheraient les deux
momies de leur sépulture pour les mettre en pièces. Ils
se soulevèrent à la mort des deux princes; et l'on fut
forcé, pour dérober les deux cadavres à l'indignation
publique, de les ensevelir dans des lieux écartés et secrets. Ces rois, prévenus des dispositions du peuple,
avaient ordonné eux-mêmes à leurs serviteurs de prendre
ce parti.

Voilà donc cette grande vanité royale qui n'a pu être
satisfaite, ce caprice insensé qui est justement puni! Mais
ce n'est pas la moralité que je veux tirer de ce trait
curieux. Je demande comment ces deux faits réunis et
se donnant la main, ont pu traverser si tranquillement

_____

[1] Hérodote, liv. II, chap. cxxviii.
[2] Diodore de Sicile, *Bibliothèque historique*, liv. Ier, chap. lxiii.

les siècles. Bien qu'ils soient évidemment séparés d'au moins vingt ans, par quelle singulière préoccupation n'a-t-on pas songé à les isoler? Chéops est contraint de renoncer pour sa sépulture à cette merveilleuse tombe, œuvre des efforts d'un peuple entier; à sa mort, ce peuple indigné se soulève, menace de sa fureur le cadavre de son souverain; et cependant voilà Chephren, le successeur de Chéops, qui n'a rien de plus pressé que de recommencer ces grands travaux. L'exemple et le désappointement de son frère ne l'éclairent pas; et, chose plus extraordinaire, cette nation, qui vient de se soulever contre un caprice insensé, se remet immédiatement au service de la même folie; elle attend, pour se révolter de nouveau, que le deuxième monument soit terminé, toute prête ensuite à commencer le troisième. Quelle inconcevable contradiction! Des rois qui mettent en œuvre toutes les forces d'un pays, qui bouleversent toute l'économie d'une nation pour élever de fastueux tombeaux, sans l'espoir, ou tout au moins, sans la certitude raisonnable d'y être enterrés; et des peuples indignés, toujours prêts à se soulever, quand les travaux sont finis, et toujours disposés à les recommencer. Les pyramides ont-elles joui de tout temps du privilége de faire déraisonner les hommes? Mais qui a déraisonné? Est-ce l'Égypte ou l'histoire?

Maintenant, que faut-il dire de la sagesse des rois qui auraient entrepris ces grands travaux pour prévenir les rébellions? Singulière sagesse, qui provoquait comme à plaisir ce qu'elle voulait empêcher! Dans un pays où la civilisation tout entière n'est qu'un effort constant de l'industrie humaine sur la nature; où, sans parler de la lutte incessante du désert, du combat perpétuel d'Osiris et de Typhon, il a fallu élever chaque ville, chaque vil-

lage sur des collines artificielles, à l'abri des débordements du Nil, creuser des canaux, construire des digues
innombrables, exécuter enfin les plus grands ouvrages
économiques qui aient été faits dans le monde, le lac
Mœris, le canal du Fayoum et celui des Deux-Mers;
chez une nation qui, dans les constructions gigantesques
de ses monuments, semble n'avoir été guidée que par la
plus sage économie; qui ne les a faits éternels que pour
n'avoir point à les refaire : conçoit-on cette raison d'État
qui aurait commandé, pendant deux ou trois siècles,
durée probable de la reconstruction des pyramides,
d'amuser tout un peuple à des travaux inutiles? Est-il
possible qu'une nation si naturellement occupée des
soins de sa vie agricole, industrielle, commerciale ou
domestique, ait eu besoin, comme une armée dans ses
quartiers d'hiver, d'un principe anormal d'activité; que
son gouvernement n'ait su donner aucune direction utile
à cette grande superfétation de l'industrie publique; et
qu'enfin, une situation si extraordinaire se soit prolongée si fort au delà des bornes raisonnables d'une mesure
politique? En vérité, l'absurdité est tellement manifeste
que j'aurais honte de la discuter plus longtemps.

Quant à l'autre raison des anciens, la crainte des rois
de laisser leurs richesses à leurs successeurs ou à leurs
ennemis, elle est encore plus bizarre que la première.
Quelle singulière idée se faisaient donc les philosophes
de la Grèce et de Rome de la richesse des rois? Voilà
des princes bien embarrassés, qui ne savent que faire de
leurs trésors! Mais, la fortune d'un roi c'est le revenu
public; et il n'est pas besoin d'entreprendre des travaux
si extraordinaires pour mettre en équilibre les dépenses
et les recettes. Ne rien laisser à sa mort dans les coffres
de l'État qui puisse tenter l'avidité d'un ennemi, n'est

pas pour un prince une affaire si difficile. Il a été de
tout temps, je m'imagine, plus aisé de vider le trésor
royal que de le remplir. Mais le plus curieux, c'est cette
appréhension de transmettre sa fortune à ses successeurs.
Chéops élève la grande pyramide pour ne rien laisser à
son frère Chephren, et celui-ci construit la deuxième
pour déshériter son fils Mycerinus, qui, à son tour,
comme vingt rois ses prédécesseurs, s'empresse d'enfouir
ses économies dans une autre pyramide. Voilà un roi,
un homme qui a peur de laisser ses trésors à son fils, à
ses proches. Quelle intelligence du cœur humain! Mais
Pline qui nous transmet cette belle raison, aurait mieux
fait de nous expliquer la monarchie et la famille, car,
une fois le sentiment de la transmission des biens et des
avantages sociaux mis hors du cœur de l'homme, la monarchie et la famille seraient de bien autres mystères
que les pyramides.

Laissons là ces puérilités! Il s'agit bien de la dépense des pyramides! Un pays qui a pu élever ces
gigantesques monuments formait une société riche, bien
réglée, bien administrée : voilà tout ce que prouve le chapitre des dépenses. Mais qu'est-ce que les trésors des
rois auprès des sueurs de tout un peuple? L'extraordinaire, le merveilleux de ces grands travaux, c'est une
nation entière mise en réquisition pour les exécuter;
cent mille hommes relevés tous les trois mois [1], et
pendant soixante-dix ans, pour les seules pyramides de
Gizeh [2]!

Quand on songe à la grandeur, à la durée d'une telle
entreprise, à cet effort prodigieux, si vigoureusement

1 Hérodote, liv. II, chap. CXXIV.
2 Pline, *Histoire naturelle*, liv. XXXVI, chap. XII.

commencé, si imperturbablement continué jusqu'à la
fin, on n'a pas assez d'admiration pour ce magnifique
spécimen de la volonté de l'homme. Toute la sagesse des
philosophes si pompeusement opposée à la vanité des
rois ne saurait en imposer. La folie qui a su élever les
plus grands, les plus durables monuments de la terre,
vaut bien, ce me semble, la sagesse qui n'a pu en donner aucune raison sensée.

Ici d'autres observations me paraissent indispensables.
On a dit que de pareils efforts, faits dans l'unique
objet de couvrir la dépouille mortelle d'un seul homme,
ne présentaient rien qui ne fût conforme à l'esprit général de la civilisation égyptienne ; que le labyrinthe et
les syringes de la nécropole royale des environs de
Thèbes avaient coûté aussi inutilement presque autant
de travaux et de peines. Comme cette assertion, qui va
se répétant de siècle en siècle, n'a jamais été, je crois,
sérieusement examinée, une juste appréciation des faits
répandra peut-être quelque lumière sur la question.

De toutes les pratiques consacrées en Égypte par la
religion, celles qui avaient pour objet le soin des sépultures nous donnent peut-être la plus haute idée de la
sagesse qui présida à l'organisation de ce peuple. C'était
là, en effet, une question de salubrité publique d'un
intérêt capital dans un pays tour à tour inondé par le
débordement d'un fleuve et desséché par le soleil le plus
ardent. Aussi paraît-il certain que la peste, qui a fait
tant de ravages en Égypte depuis la domination arabe,
y était jadis inconnue. Mais on peut abuser des meilleures institutions. Voyons si dans les exemples cités on
peut trouver quelque chose d'analogue aux travaux des
pyramides, et expliquer une folie par d'autres folies.

D'abord, le labyrinthe n'était pas un tombeau. Le

témoignage d'Hérodote [1] et de Strabon [2] aurait dû suffire
pour éclaircir entièrement ce point historique. Mais
après les travaux de la commission d'Égypte [3], de Champollion [4], et la savante dissertation de M. Letronne [5],
il n'est plus permis de mettre en doute la glorieuse destination du labyrinthe. C'était le grand palais de la
nation, le lieu de réunion des députés et des prêtres, et
le panthéon des différentes provinces : ce qui n'empêche
pas, selon la remarque de M. Jomard, qu'il n'ait été
consacré au soleil, et que les caveaux du palais n'aient
servi à la sépulture des princes qui avaient concouru à
sa construction.

Quant aux hypogées royaux des environs de Thèbes,
sans parler de l'utilité sérieuse que donne à ces monuments leur caractère historiographique, nous pouvons
apprécier facilement la nature des difficultés vaincues et
l'ordonnance des travaux exécutés.

L'usage était sous les dynasties thébaines, comme
nous l'a fait connaître Champollion le jeune, de commencer l'hypogée du roi à son avénement au trône, et
d'arrêter les travaux à sa mort [6]. La grandeur de l'excavation dépendait ainsi de la durée du règne. S'il y avait
des hypogées composés de très-vastes galeries, d'autres
ne formaient que de petits réduits à peine ébauchés et
creusés à la hâte. Ce travail de patience, au fond d'une
vallée solitaire, aidé peut-être de moyens expéditifs, et

1 Hérodote, liv. II, chap. CXLVI.
2 Strabon, *Géographie*, liv. XVII, chap. I.
3 M. Jomard, *Description de l'Égypte antique*, t. II, chap. XVII, page 30.
4 Champollion, *l'Égypte sous les Pharaons*, vol. I, p. 73.
5 M. Letronne, *Essai sur le plan et la disposition générale du labyrinthe d'Égypte.* — Maltebrun, *Nouvelles annales des voyages*, p. 133-154.
6 Champollion-Figeac, *l'Égypte antique*, p. 51.

favorisé d'ailleurs, comme l'a remarqué la commission d'Égypte [1], par une pierre tendre, facile à exploiter, constituait ainsi un service régulier, permanent; et ce service ne devait pas imposer une charge bien lourde à la maison royale, car veut-on savoir combien d'hommes y pouvaient être employés? le nombre en est facile à déterminer. L'hypogée royal se composait d'une longue galerie interrompue de loin en loin, de manière à former une suite de chambres rectangulaires disposées sur le même axe et aboutissant à une pièce principale où se se plaçait le sarcophage [2]. Cette galerie avait quatre à cinq mètres de largeur sur autant de hauteur [3]. En supposant trois rangs d'ouvriers mineurs, et donnant à chacun un mètre de large sur deux de hauteur, cela fait quinze hommes occupés à la fois à creuser le rocher; autant peut-être à transporter près de là les éclats de pierre, et enfin le double d'artistes à sculpter ou à peindre les galeries; qu'on double, qu'on triple ce nombre, si l'on veut.

Et voilà ce qu'on a comparé aux pyramides, à ces monuments qui ont mérité le nom de merveilles du monde, et dont chacun, dit M. Jomard, suppose presque autant de matériaux, et peut-être autant de travail et de dépense que la construction des plus grandes villes modernes [4]!

Qu'on se figure cent mille ouvriers [5] (trois cent soixante au rapport de Pline le naturaliste [6]) travaillant à la fois

[1] M. Jomard, *Hypogées de Thèbes*, *Description de l'Égypte antique*, sect. X, p. 313.

[2] Costaz, *Tombeaux des rois*, *Description de l'Égypte antique*, t. Ier, p. 399.

[3] Belzoni, *Voyages*, t. II, p. 378.

[4] M. Jomard, *Description de l'Égypte antique*, t. II, chap. XVIII, page 72.

[5] Hérodote, liv. II, chap. CXXIV.

[6] Pline, *Histoire naturelle*, liv. XXXVI, chap. XIII.

pendant quelque trente années pour une seule pyramide ;
toute la contrée autour de Memphis encombrée d'hommes
et d'animaux, de machines et de matériaux ; des montagnes mises en mouvement sur une rive du fleuve pour
aller se reformer sur l'autre ; la navigation du Nil gênée,
interrompue peut-être par cet immense passage ; enfin,
le pays entier ému de ce grand travail : et tout ce déran-
gement dans l'économie d'une nation, sans autre objet
que de couvrir la chétive momie d'un roi !

Les exemples cités ne servent donc qu'à mieux faire
sentir l'invraisemblance d'une telle destination. Dans
un pays riche comme l'Égypte, il était naturel que les
pratiques si sages, si sensées, en ce qui concerne les
sépultures, fussent pour les rois et les particuliers
opulents, des occasions de déployer un certain luxe,
une certaine magnificence ; mais en dehors des pyramides, on ne trouve rien que la plus froide raison
puisse condamner. L'exagération n'a été que dans
l'esprit de ceux qui ont imaginé de ridicules rapproche-
ments.

J'ai dit que la grandeur des hypogées royaux dépendait uniquement de la durée du règne, et que les travaux commencés à l'avénement d'un prince se termi-
naient à sa mort. Mais dans la construction des pyramides
on ne voit rien de semblable. Tous ces monuments ont
été terminés. Or, il n'est pas supposable que chacune
des trente-neuf pyramides qui existent en Égypte ait été
commencée et achevée par le même prince. On doit
même présumer, qu'entre la pose de la première et de
la dernière pierre d'une grande pyramide, plusieurs
règnes ont pu s'écouler. Dans ce cas, à quel prince le
monument servit-il de tombeau? Est-ce à celui qui le
commença ou à celui qui le termina? Au prince qui en

arrêta le projet ou à celui qui l'exécuta? Question embarrassante qui n'a pas été résolue.

Mais peut-on croire sérieusement que la construction
d'une pyramide commencée sur l'énorme base d'un
carré de deux cent trente-deux mètres de côté, et dont
les travaux préparatoires seuls ont coûté dix, vingt ans
d'efforts inouïs, ait été subordonnée à l'éventualité de la
durée d'une vie d'homme? Se figure-t-on ces grands
travaux interrompus par la mort du prince, ces gigantesques monuments arrêtés au quart, au tiers de leur
construction; tant de peines, tant de dépenses inutilement sacrifiées! La raison repousse une telle supposition; des faits éclatants la démentent, car, en admettant
quelque incertitude au sujet des deux constructions dont
on a parlé, il est du moins reconnu que sur trente-neuf
pyramides qui existent aujourd'hui, trente-sept ont été
terminées incontestablement; et il est désormais acquis
à la science, depuis l'admirable, la lumineuse dissertation
de M. Letronne, que non seulement elles ont été terminées, mais toutes, mêmes les pyramides à degrés,
couvertes d'un revêtement de pierres polies et décorées
d'innombrables hiéroglyphes [1].

Ainsi l'argument reste entier, absolu. La construction
d'une pyramide commencée par un prince n'a pu être
interrompue à sa mort; une seule pyramide a pu être
l'ouvrage de différents rois et servir de sépulture à tous ses
fondateurs. Nous voyons, d'après une relation d'Abd-oul-
Rahhman [2], qu'une des grandes pyramides ouvertes par
le calife Al-Mamoun renfermait quatre momies royales :

---

[1] M. Letronne, *Journal des savants*, cah. d'août 1841, p. 461.
[2] Abd-oul-Rahhman, d'après Langlès, édition de Norden, t. III,
page 303.

voilà donc plusieurs princes, plusieurs règnes intéressés à une œuvre commune! Nous savons, d'ailleurs, d'une manière positive, par le grand nombre de momies décóu-vertes dans la huitième de Gizeh et surtout dans la grande de Saccara[1], que ces pompeuses sépultures n'ont pas toujours gratifié la vanité d'un seul homme : le mer-veilleux commence à se dissiper; la vérité se fait jour au milieu de ces ténèbres!

Ici, je ne dois pas oublier un autre argument des modernes, car on semble lui avoir accordé une grande importance; je le trouve en tête de toutes les raisons présentées par les partisans de la destination funéraire. Les pyramides, a-t-on dit, sont situées dans la région des tombeaux de la basse Égypte. Chaque groupe, et même chaque pyramide isolée, signale l'emplacement d'une nécropole. Les pyramides sont entourées d'in-nombrables sépultures : donc ces monuments sont des tombeaux. Singulier argument! Ces masses énormes n'ont pas eu l'honneur d'expliquer la présence des con-structions qui rampent à leur pied, comme des cailloux au bas d'une montagne; c'est le caillou qui a rendu compte de la montagne.

Et d'abord, il n'est pas nécessaire, je pense, de re-chercher quel motif a fait choisir pour l'emplacement des nécropoles un terrain improductif et désert, et pré-férer, pour l'économie des constructions, les points les moins élevés de la chaîne lybique. Mais ce qui ne semble pas aussi naturel, c'est que ces nécropoles soient toutes situées sur les bords du désert de Libye, et qu'il n'en existe aucune sur le Mokattam. Dans la haute, comme dans la basse Égypte, tous les tombeaux sont sur la rive

---

1 Colonel Howard Wyse, *Oper.*, t. II, p. 70, *Append.*, t. III, p. 55.

occidentale[1]. Que faut-il penser d'une circonstance si
remarquable? La religion des Égyptiens nous expliquera
peut-être ce mystère.

Nous avons vu comment leur mythologie rattachait la
lutte d'Osiris et de Typhon à l'idée des tombeaux. Nous
savons leur crainte religieuse que Typhon ne vint à
découvrir le corps d'Osiris. Il est donc probable que,
dans l'esprit de ce peuple, placer les sépultures aux
portes de l'empire de Typhon, c'était concourir à la
sécurité d'Osiris en augmentant les difficultés de la re-
cherche de son ennemi. La grande quantité de momies,
d'animaux trouvés dans les nécropoles[2], autorise à croire
qu'élever des tombeaux, creuser des hypogées étaient
autant d'œuvres pies conseillées par la religion aux riches
particuliers, et multipliées peut-être par la superstition
sans l'intelligence des sages prévoyances du culte.

Quant à la pensée raisonnable de ces pratiques,
il ne faut pas douter, du moins dans de certaines circonstances, de l'utilité de ces constructions accumulées
à l'entrée du désert. Nous verrons, dans l'examen des
questions physiques de la destination des pyramides
contre les sables, et particulièrement en ce qui concerne
le col de Gizeh, des massifs de tombeaux de trente à quarante pieds de hauteur et de deux cents mètres d'épais-
seur[3], jouer un rôle évident, incontestable dans l'ensemble des dispositions dont ce grand débouché du désert
a été l'objet. Nous admirerons le génie de la religion
égyptienne qui n'avait, sans doute, inspiré au peuple
cette tendre compassion des malheurs de son dieu, que
.pour placer la sécurité publique sous la sauvegarde d'un

[1] Ritter, *Géographie comparée*, t. II, p. 489.
[2] Savary, *Lettres sur l'Égypte*, t. II, p. 11.
[3] M. Jomard, *Description de l'Égypte*, t. II, chap. xviii, p. 92.

sentiment sublime, capable d'inspirer les plus héroïques résolutions. Le charme singulier qu'éprouve l'homme, dans sa faiblesse même, à étendre autour de lui sa protection, ce généreux instinct de la nature humaine appliqué à la défense d'un dieu, peut avoir enfanté bien des merveilles. Il expliquerait mieux, à lui seul, l'obéissance des Égyptiens à se soumettre aux travaux des pyramides, que toutes les raisons fondées sur le despotisme et l'autorité des rois.

En effet, le despotisme royal, le caprice d'un seul homme, rend-il compte de si prodigieux travaux? Et ce caprice a-t-il pu se satisfaire tant de fois? En vérité, je ne sais si, dans l'état présent des sciences morales et politiques, cette supposition mérite un examen sérieux, car, si certaines institutions permettent de soumettre un peuple aux plus onéreux, aux plus humiliants sacrifices, ne sait-on pas aussi que le despotisme a ses bornes; qu'il existe toujours autour d'un trône des classes élevées, des grands, des intermédiaires enfin du prince avec le peuple; que là gît l'opinion publique des États absolus, et que cette opinion est souvent mille fois plus terrible pour la personne royale que celle des États libres? Il ne suffit donc pas de nommer le despotisme royal pour nous faire concevoir qu'un grand pays ait été si souvent victime d'un caprice insensé : il faut aussi nous dire quel intérêt, quelle passion, a pu soumettre les grands de ce pays aux exigences d'une vanité si humiliante pour eux-mêmes. C'est avant tout un si absurde despotisme qu'il faut expliquer.

Que parlons-nous de despotisme dans l'histoire d'un peuple où les rois ne périssent de mort violente que devant l'ennemi, quand tout ce que nous connaissons de ce peuple prouve l'existence d'un gouvernement sage, modéré, sans cesse occupé des grands intérêts religieux et économiques du pays ! Nous savons que, dès la plus haute antiquité, un corps de prêtres était le dépositaire tout à la fois des mystères de la religion, des raisons de la politique et des secrets de la science. Mais de si hautes attributions entre les mains d'une assemblée recrutée dans les mêmes familles, et par conséquent indépendante de sa nature, sont inconciliables avec l'idée du despotisme royal. Tout semble prouver que la véritable puissance sociale émanait, au contraire, de ce corps extraordinaire; que la royauté en était la déléguée, la représentation extérieure, la force exécutive. On ne voit point, en effet, dans la longue série des rois d'Égypte, de ces monstres odieux qu'enfante parfois la puissance absolue. C'étaient ou des hommes nuls, ou de grands princes; ils avaient la faculté de s'illustrer par de belles actions et non le pouvoir de se rendre fameux par des crimes. On ne peut donc nier que l'autorité royale n'ait été du moins singulièrement limitée. Or, avec une pareille organisation politique, comment supposer que le seul intérêt d'un fol orgueil ait pu imposer de si grands sacrifices à un pays constamment en lutte avec une nature ingrate, où le travail des peuples était si précieux? Se peut-il que la caste sacerdotale ait autorisé un tel gaspillage des forces de l'homme, et se soit prêtée à une folie étrangère, sinon opposée, à tous les grands intérêts religieux et matériels de la nation?

Plus on étudie l'histoire de ce peuple, plus on est convaincu que tout ce qu'il a fait de grand appartient à cette caste d'hommes d'État, de savants et de pontifes. Cette caste cependant se rendit coupable d'une grande iniquité : elle usurpa pour elle seule le flambeau de l'esprit humain; elle ne dota les peuples que des effets sensibles

et matériels de la science; elle leur en déroba les causes.
Mais cette iniquité explique sa constante sagesse. Sans
rivalité, elle fut aussi sans passion. Si elle exalta le sentiment religieux par les monuments les plus gigantesques,
elle fit aussi les plus vastes entreprises économiques dont
l'histoire ait conservé le souvenir. Garantie par le trône
des séductions de la puissance extérieure, calme et re-
cueillie au fond de ses sanctuaires, elle ne vit dans
l'existence d'un peuple qu'un grand problème à résoudre, et s'y appliqua avec cette ardeur sublime qu'inspire
la science et cet amour du bien public qui en découle.
Longtemps d'épaisses ténèbres ont recouvert les traces
innombrables de ses travaux; mais à mesure qu'elles
se dissipent, sa gloire éclate plus resplendissante, car
toutes ses créations révèlent un sens profond, tous ses
actes une utilité sérieuse. Et les pyramides, les plus
merveilleux monuments des connaissances astronomi-
ques, mécaniques et mathématiques de cette caste,
n'auraient aucun sens, aucune utilité! Non, cela n'est
pas possible. Il y a là un grand mystère, et le moment
est venu de le pénétrer.

DU SECRET DES PYRAMIDES.

La destination des pyramides contre les sables du désert ouvre un champ très-vaste aux conjectures historiques, et soulève une foule de questions importantes. Ce n'est assurément ni le lieu ni le moment de les examiner ; mais comme parmi ces questions il en est plusieurs qui se trouvent intimement liées à la question même de la destination des pyramides, je crois devoir en faire l'objet de quelques considérations particulières.

Le secret qui présida à la construction des pyramides d'Égypte n'a rien qui doive nous étonner : il était conforme au génie mystérieux de cette société singulière. La caste sacerdotale ne pouvait révéler la pensée de ce grand mystère sans ébranler en même temps l'édifice de sa puissance. Il serait superflu d'énumérer tous les intérêts politiques et religieux liés à ce secret : un seul mot explique tout ce mystère. Il était mille fois plus facile d'imposer au peuple ces immenses travaux par la crainte de la religion, que de lui en faire comprendre la démonstration scientifique. Le système seul des trois pyramides de Gizeh coûta soixante ans de travaux inouïs. Ce sacrifice de toute une génération, au profit des générations futures, ne pouvait s'accomplir que par une pensée religieuse.

Le merveilleux de l'histoire des pyramides, ce n'est

donc pas que la destination en ait été cachée au peuple égyptien, mais qu'elle ait pu être dérobée au monde entier.

C'est, en effet, un des traits les plus curieux de l'histoire de la civilisation égyptienne que le secret de ses mystères, si fidèlement gardé pendant sa prospérité, ait été enseveli sous ses ruines. Subjuguée tour à tour par les Perses, par les Grecs et par les Romains, il ne parait pas que cette société extraordinaire ait livré son secret à ses vainqueurs. Après César, comme après Alexandre, les historiens grecs et romains en sont réduits à de simples conjectures. Ils n'en savent pas plus que ceux qui ont visité l'Égypte avant la dynastie des Lagides. Ce que les prêtres d'Héliopolis et de Memphis ont bien voulu dire à Hérodote, ceux d'Alexandrie l'ont répété à Strabon, à Diodore, à Plutarque, mais pas davantage. Les vainqueurs ont pu soumettre le peuple égyptien : ils n'ont pu violer le sanctuaire de ses colléges fameux ; et quand cette société, frappée au cœur par la conquête et la politique romaine, rendit le dernier soupir, elle emporta son secret dans la tombe.

Ce silence obstiné de la caste sacerdotale, jusqu'aux derniers moments de son agonie, a lieu de nous surprendre, mais il n'est pas plus extraordinaire que l'existence même de cette caste; son secret a péri de la même manière qu'il s'était conservé à travers tant de siècles. L'organisation singulière des colléges d'Égypte explique également l'un et l'autre phénomène.

Ce qui distingue, en effet, l'ordre sacerdotal en Égypte de toutes les sociétés secrètes qui ont figuré dans le monde, c'est le double caractère scientifique et religieux de ses travaux. Les plus grandes découvertes de l'esprit humain, soit de l'ordre physique, soit de l'ordre moral, toutes également cachées sous le voile emblématique de la religion, tels étaient ces fameux mystères dont les colléges d'Égypte avaient à continuer la tradition; et il ne faut pas s'étonner que la caste sacerdotale ait été si jalouse d'en conserver le dépôt. D'ailleurs, comme toutes les sociétés secrètes, fondée sur une hiérarchie de degrés, d'initiations successives, elle se résumait, sans doute, en un petit nombre de dignitaires qui seuls devaient avoir connaissance des mystères les plus importants de l'ordre; et l'on conçoit combien ces hommes éminents étaient intéressés à garder un secret dont dépendaient leur gloire, leur autorité, leur supériorité sociale.

Aussi voit-on que, sous les Ptolémées, comme sous les dynasties thébaines ou memphites, le prince n'était initié aux grands mystères qu'à son avénement; et il est probable que pour lui les révélations des prêtres se mesuraient à la confiance qu'il inspirait.

Des princes éclairés comme les princes grecs, qui s'attendaient, sans doute, en se prétant aux cérémonies de leur couronnement, à n'être initiés qu'à de simples pratiques religieuses, devaient être singulièrement émus quand se déroulait devant eux le tableau des plus hautes conceptions de l'esprit humain, des plus grandes découvertes scientifiques.

Alexandre sortit comme illuminé de ses entretiens secrets avec les prêtres. Son génie s'exalta. Il forma les plus vastes, les plus nobles desseins. L'Égypte devint dans sa pensée le foyer de la civilisation du monde, Alexandrie la capitale de l'univers. Dans son enthousiasme, il voulut que toute la terre fût témoin de sa vénération pour le dieu des Égyptiens. Et l'on vit, pour la première fois peut-être, le vainqueur se prosterner

devant la science des vaincus. Ce fut la plus grande
gloire d'Alexandre.

Certes, il ne faut pas demander si la confiance fut
entière de part et d'autre. C'était, en effet, pour les
collèges d'Égypte une fortune inespérée de passer du
gouvernement des Perses sous celui d'un si grand homme.
La caste sacerdotale, qui s'était toujours montrée plus
préoccupée de la prospérité de l'Égypte que des changements de dynastie, dut saluer avec ivresse l'avénement
d'un prince qui lui faisait entrevoir de si hautes
destinées. Aussi l'Égypte pleura-t-elle amèrement sa
fin prématurée. Elle sut, du reste, habilement tirer
parti des circonstances. La fidélité extraordinaire des
Égyptiens envers Ptolémée, dès le début de son administration et pendant les longues guerres qu'il eut
à soutenir, prouve bien qu'après la mort d'Alexandre,
les espérances des collèges d'Égypte s'étaient reportées
sur son lieutenant. En adoptant Ptolémée, l'Égypte
sauva sa nationalité du naufrage, et le fils de Lagus,
en gagnant un trône, devint Égyptien. On ne saurait
donc douter qu'entre le sacerdoce et la dynastie des
Lagides, il n'y eut dès lors une entente réciproque.
La fameuse pierre de Rosette en est un monument remarquable.

Mais, quand César paraît, la scène change complétement. Rien ne ressemble moins à l'attitude d'Alexandre
en Égypte que celle du dictateur romain. Autant le fils
d'Ammon dut inspirer de confiance à la caste sacerdotale, autant l'amant de Cléopatre dut lui paraître odieux.
L'un avait délivré l'Égypte du joug des Perses,
l'autre ne se montrait que pour l'asservir. Alexandre,
maître d'un empire immense, tout entier créé de ses
mains victorieuses, était libre de ses résolutions. La

Macédoine n'était qu'une province de ses États. Pour César, au contraire, simple chef de parti, l'opinion de Rome était tout.

Dans de telles circonstances, et quand l'Égypte se voyait menacée, non d'un simple changement de dynastie, mais de sa ruine entière, il eût été insensé à la caste sacerdotale de confier son secret à ses vainqueurs, de livrer ses armes à ses ennemis. Elle fit donc, sans doute, ce qu'elle avait fait dans toutes les grandes calamités. En courbant la tête devant les Romains, comme jadis devant les Perses, elle leur cacha le dépôt sacré dont elle avait fait sortir tant de fois le salut de l'Égypte. Mais la politique romaine, si habile à désorganiser les nations vaincues, et qui avait commencé la ruine de l'Égypte bien avant César, déjoua toutes ses tentatives. Réunie à l'empire par Auguste et devenue une province exploitée par la cupidité romaine, l'Égypte se souleva souvent ; elle essaya de gagner à sa cause ses préfets impériaux, en leur montrant le prix d'une grande ambition. Elle en corrompit plusieurs, mais aucun d'eux ne fut à la hauteur des circonstances. D'ailleurs, Rome acheva la désorganisation de ce malheureux pays en réduisant ses préfets à un rôle secondaire et en isolant ses administrations provinciales. Ce fut le dernier coup porté aux collèges d'Égypte.

Il est probable que dès lors ne pouvant plus se réunir et se recruter, ce que l'on pourrait appeler la Haute-Vente de la caste sacerdotale cessa bientôt d'exister. Mille causes, d'ailleurs, avaient contribué à hâter sa ruine. N'ayant plus le monopole exclusif des sciences, depuis que les savants grecs et romains affluaient en Égypte, elle avait dû perdre beaucoup de son importance. Mais sa fin n'en fut pas moins une perte irréparable pour le monde. Dieu sait combien de découvertes scientifiques, combien de connaissances précieuses périrent avec cette antique société, ce premier foyer des sciences humaines.

. . . .

. . . .

FIN.

TABLE GÉNÉRALE DES MATIÈRES

CONTENUES DANS CE VOLUME.

II. ADMINISTRATION.

III. ALLOCUTIONS.

IV. DIANA.

V. LES PYRAMIDES.

CONCORDANCE DES MATIÈRES

PAR ORDRE ALPHABÉTIQUE.

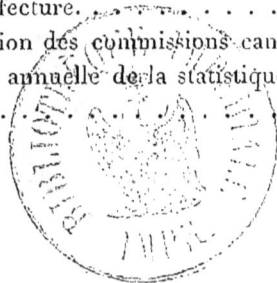